Zäsuren nach 1945

Schriftenreihe
der Vierteljahrshefte für Zeitgeschichte
Band 61

Im Auftrag des Instituts für Zeitgeschichte
Herausgegeben von Karl Dietrich Bracher und Hans-Peter Schwarz
Redaktion: Norbert Frei und Hans Woller

R. Oldenbourg Verlag München 1990

Zäsuren nach 1945

Essays zur Periodisierung der deutschen
Nachkriegsgeschichte

Herausgegeben von
Martin Broszat

R. Oldenbourg Verlag München 1990

CIP-Titelaufnahme der Deutschen Bibliothek
Zäsuren nach 1945 [neunzehnhundertfünfundvierzig] : Essays zur
Periodisierung der deutschen Nachkriegsgeschichte / hrsg. von
Martin Broszat. - München : Oldenbourg, 1990
   (Schriftenreihe der Vierteljahrshefte für Zeitgeschichte ; Bd. 61)
   ISBN 3-486-64561-7
NE: Broszat, Martin [Hrsg.]; Vierteljahrshefte für Zeitgeschichte /
   Schriftenreihe

© 1990 R. Oldenbourg Verlag GmbH, München

Das Werk einschließlich aller Abbildungen ist urheberrechtlich geschützt. Jede Verwertung außerhalb der Grenzen des Urheberrechtsgesetzes ist ohne Zustimmung des Verlages unzulässig und strafbar. Das gilt insbesondere für Vervielfältigungen, Übersetzungen, Mikroverfilmungen und die Einspeicherung und Bearbeitung in elektronischen Systemen.

Gesamtherstellung: Appl, Wemding

ISBN 3-486-64561-7

Inhalt

Vorwort 7

Martin Broszat
Einleitung 9

Hans-Peter Schwarz
Segmentäre Zäsuren
1949–1989: eine Außenpolitik der gleitenden Übergänge 11

Knut Borchardt
Zäsuren in der wirtschaftlichen Entwicklung
Zwei, drei oder vier Perioden? 21

Hans Günter Hockerts
Metamorphosen des Wohlfahrtsstaats 35

Thomas Ellwein
Verfassung und Verwaltung 47

Hellmut Becker
Bildung und Bildungspolitik
Über den Sickereffekt von Reformen 63

Joachim Kaiser
Phasenverschiebungen und Einschnitte
in der kulturellen Entwicklung 69

Alf Mintzel
Der akzeptierte Parteienstaat 75

Arnold Sywottek
Konsum, Mobilität, Freizeit
Tendenzen gesellschaftlichen Wandels 95

Ute Frevert
Frauen auf dem Weg zur Gleichberechtigung –
Hindernisse, Umleitungen, Einbahnstraßen 113

Hans Maier
Kirche, Religion und Kultur 131

Hermann Rudolph
Mehr als Stagnation und Revolte
Zur politischen Kultur der sechziger Jahre 141

Dieter Simon
Zäsuren im Rechtsdenken 153

Hermann Graml
Die verdrängte Auseinandersetzung mit dem Nationalsozialismus 169

Vorwort

Am 13. Juli 1989 feierte das Institut für Zeitgeschichte sein 40jähriges Bestehen. Zwischen der offiziellen Feierstunde am Vormittag und dem abendlichen Fest blieb Zeit für ein kleines Kolloquium, zu dem der Hausherr Martin Broszat sechs Vertreter unserer Wissenschaft eingeladen hatte. Unter jeweils verschiedenen Gesichtspunkten die Frage nach Zäsuren und Brüchen in der auf den ersten Blick so kontinuierlich erscheinenden Geschichte der Bundesrepublik zu behandeln, und zwar in prägnanter, essayistischer Form: Das war die Aufgabe, der die Eingeladenen in glänzender Weise entsprachen. Für den vorliegenden Band, der diese Referate in leicht überarbeiteter Form präsentiert, hat Martin Broszat sieben weitere Gelehrte hinzugewonnen, deren Beiträge das zunächst notwendigerweise fragmentarisch gebliebene Bild abrunden.

Im Sommer 1989 ahnte niemand, daß uns nur noch wenige Monate von der tiefsten Zäsur in der deutschen Nachkriegsgeschichte trennten. Was seit der Oktoberrevolution des letzten Jahres zusammenwächst und wohl schon morgen zusammengehört, schien im Westen wie im Osten auf Dauer und Eigenständigkeit angelegt. Nicht einmal als Zwischenbilanz nach 40 Jahren Bundesrepublik war dieser Essay-Band geplant, der Martin Broszats letzte Publikation für das Institut für Zeitgeschichte wurde. Weil die Geschichte es so will, ist er unter der Hand zu einer ersten vorläufigen Bilanz geworden.

München, im April 1990 *Die Redaktion*

Martin Broszat
Einleitung

Was bedeutet in einer Gegenwart, der der selbstgewisse Fortschrittsoptimismus früherer Zeiten längst abhanden gekommen ist, die Frage nach Zäsuren in der Geschichte der Bundesrepublik? Lassen sich solche Zäsuren denn nicht nur im Rahmen der grundsätzlichen Vorstellung entweder einer aufsteigenden oder einer absteigenden Gesamtentwicklung, als Stufen des Fortschritts oder Verfalls bestimmen? Und ist es nicht bezeichnend, daß wir noch am entschiedensten von Fortschritt zu reden bereit sind, wenn es in diesem und jenem Bereich, z. B. dem der Altstadtsanierung und Verkehrsberuhigung in den Kerngebieten unserer Großstädte, in den letzten 20 Jahren gelungen ist, der Zerstörung des guten Alten Einhalt zu gebieten? Das hieße also: Fortschritt ist am überzeugendsten nur noch darstellbar als Gegenwendung zur ungehemmten Progression wirtschaftlichen Wachstums und technischer Entwicklung. Mir scheint, daß die Gebrochenheit zwischen Fortschritts- und Verfallsvorstellung, in der wir leben, es uns auch besonders erschwert, die 40jährige Geschichte der Bundesrepublik in bestimmte, nicht nur äußerliche Perioden einzuteilen.

Und wie haben sich dabei auch die Begriffe gewandelt. Hat der Begriff Modernisierung denn überhaupt noch die Bedeutung von „Verbesserung", ist er nicht schon seit der NS-Zeit zu einem rein technischen Begriff ohne politisch-moralischen Inhalt geworden? Und ist der Modernisierungs- und Rationalisierungsfetisch, der in der Wiederaufbaugesellschaft der Bundesrepublik in den fünfziger und sechziger Jahren weit größere Bedeutung erhielt als in den benachbarten europäischen Industrieländern, nicht längst zur Fatalität geworden? Ähnlich steht es mit dem Begriff der „offenen Gesellschaft", die in der Bundesrepublik sicher stärker verwirklicht wurde als im benachbarten Westeuropa. In den sechziger Jahren bewertete Ralf Dahrendorf die Herausbildung einer solchen offenen Gesellschaft, bedingt auch durch den Kahlschlag, den der Nationalsozialismus hinterlassen hatte, noch durchaus positiv und als wichtige Voraussetzung politischer und sozialer Demokratisierung. Fünfzehn Jahre später beurteilte er sie, auch aus langjährigen britischen Erfahrungen, eher als gefährdete, in sozialer Hinsicht mehr und mehr bindungslose und amorphe Gesellschaft.

Aber gleichwohl: Nach 40 Jahren Bundesrepublikgeschichte ist es längst an der Zeit, über Auf- und Abschwünge, Brüche und nachhaltige Veränderungen intensiver historisch zu reflektieren, als das bislang geschehen ist. Zwingt doch erst solche Periodisierung, wenn sie sich nicht nur an Formalia, etwa an Regierungszeiten, orientiert, das Geschehen auf Begriffe zu bringen und zu bewerten. Zeitnahe Geschichtsschreibung tut sich freilich hier besonders schwer, denn solche Begriffe und Bewertungen lassen sich häufig erst aus größerem historischen Abstand, in Kenntnis der längerfristigen Nachwirkung von Ereignissen und Figuren der Geschichte finden. Daran mag es wohl auch liegen, daß offensichtliche Einbrüche und Veränderungen, wie die Studentenrebellion in der Mitte dieser 40jährigen Bundesrepublikgeschichte, für solche gültige historische Begriffsbildung und Bewertung noch nicht reif erscheinen. Die meisten Historiker werden darin übereinstimmen, daß es sich hierbei um eine wichtige Zäsur handelt. Aber kaum einer wagt sich schon daran, dieses in seinen Wirkungen und Folgen höchst ambivalente Geschehen zu deuten und in eine Signatur der Geschichte zu verwandeln.

Die Frage nach Zäsuren der Geschichte geht im übrigen davon aus, daß nicht jedes Jahr der Geschichte gleich zu Gott ist, sondern daß es dicht beschriebene, aber auch ziemlich leere Blätter der Geschichte gibt. Und daß ein Staatswesen wie die Bundesrepublik 40 Jahre alt geworden ist, hat an sich noch nichts mit geschichtlicher Bedeutung zu tun. Nicht jedes neue Lebensjahrzehnt macht bedeutsamer oder würdiger. Die Frage nach Zäsuren der Geschichte der Bundesrepublik kann in diesem Sinn deshalb wohl auch abgewandelt werden in die Frage nach besonders wichtigen und spannenden Teilgeschichten und Entscheidungsprozessen innerhalb des Gesamtverlaufs. Durch solche Auswahl wird die allgemeine Geschichte häufig erst Farbe und Leuchtkraft gewinnen.

Und noch ein anderes: Haben die historischen Veränderungen materieller und zivilisatorischer Verhältnisse, die in der Bundesrepublik eingetreten sind und objektiv in vieler Hinsicht als revolutionär bezeichnet werden können – ich denke zum Beispiel an die Rationalisierung der Agrarwirtschaft und die Entprovinzialisierung des flachen Landes, die hier stärkere Veränderungen hervorgerufen haben als die hundert Jahre zuvor – auch zu einer nachhaltigen Veränderung des politischen Bewußtseins geführt? Oder ist es für die dynamischen Veränderungsprozesse in der Bundesrepublik in singulärer Weise typisch, daß sie nur in einem sehr geringen Maße auch zu Mentalitätsveränderungen und zur Wandlung von habituellen Einstellungen und Lebensgewohnheiten geführt haben? Ist die Dickfelligkeit des privatistischen Pragmatismus, der im Positiven wie im Negativen nach 1945 die Notbewältigungs- und Aufbaugesellschaft bestimmte, typisch auch für die Weiterentwicklung der Bundesrepublik geblieben? Oder hat es nicht doch in bestimmten Phasen deutlich erkennbare politische Lernprozesse gegeben, ist nicht doch im Laufe allmählicher, durch die wirtschaftliche Prosperität begünstigter Demokratieeingewöhnung in weit stärkerem Maße als in Weimar eine politische Klasse überzeugter Demokraten entstanden? Ich denke hier vor allem an die Spanne von der späten Adenauerzeit bis zum Beginn der sozialliberalen Koalition. Haben wir dadurch mehr Demokratie-Stabilität erhalten, oder sind diese, wie ich meine, positiven Demokratisierungsprozesse aus eigenem westdeutschen Wuchs nicht später eher wieder rückläufig geworden?

Hans-Peter Schwarz

Segmentäre Zäsuren

1949–1989: eine Außenpolitik der gleitenden Übergänge

Wir sind gebeten, über historische Zäsuren in der vierzigjährigen Geschichte der Bundesrepublik einige Überlegungen vorzutragen. Der Historiker weiß aber, daß die Fruchtbarkeit seiner Forschungen vielfach schon durch die Definition der Fragestellung vorentschieden wird. Man kann natürlich alles untersuchen. Aber vielleicht stellen die Zäsuren *in* der Geschichte der Bundesrepublik gar nicht das interessanteste Thema dar. Vielmehr müßte man formulieren: Die Geschichte der Bundesrepublik Deutschland ist vor allem deshalb ein so reizvolles Thema historischer Forschung, weil und insoweit sie selbst eine tiefe Zäsur in der neueren deutschen und europäischen Geschichte darstellt.

Als John Harold Plumb vor gut zwei Jahrzehnten analysierte, wie eigentlich in England nach den großen Konvulsionen des 17. Jahrhunderts die so bemerkenswerte politische und gesellschaftliche Stabilität des 18. Jahrhunderts zustande kam, bemerkte er: Es gebe eine von Edmund Burke und den Historikern des 19. Jahrhunderts genährte Annahme, daß diese englische Stabilität langsam, gleich einer Koralle, gewachsen sei. Doch nichts, so formulierte er dann, sei von der Wahrheit weiter entfernt. Wenn politische Stabilität erreicht werde, trete dies oft ganz schnell ein – wie wenn Wasser zu Eis gefriert. Eine Welt voller Unsicherheiten und Erschütterungen, im Fall Englands bis 1715 während, beginnt fast urplötzlich in einen neuen Aggregatzustand einzutreten, nämlich den der Stabilität. Die historisch interessante Zäsur ist somit die zwischen einer längeren Periode der Instabilität und der Phase neu erreichter Stabilität.

Nach meinem Dafürhalten trifft das auch in bezug auf die Geschichte der Bundesrepublik zu. Wie kommt, so müßte die erkenntnisleitende Frage lauten, jene von niemand so recht für möglich gehaltene fast unerschütterliche Beständigkeit, jene fast provozierende Trägheit zustande, die trotz aller Oberflächenbewegungen für die Außen- und Innenpolitik der Bundesrepublik so kennzeichnend ist? Wie kommt es, daß diese Geschichte im Unterschied zu den vorhergehenden Jahrzehnten eben *keine* tiefen, abrupten Zäsuren aufweist, vielmehr jene evolutionäre Prozeßnatur erkennen läßt, die für moderne Systeme im Zustand eines dynamischen Gleichgewichts charakteristisch ist – also „Strukturierungen, Destrukturierungen, Umstrukturierungen", mit Fernand Braudel zu sprechen, aber eben *keine* bis auf die Knochen einschneidenden Zäsuren? Der Begriff Zäsur bezeichnet dabei, wenn er überhaupt Sinn machen soll, nur jene Veränderungen in Strukturbedingungen oder im Verhalten, die fundamentaler Natur sind und die sich im zeitlichen Ablauf auch einigermaßen präzise lokalisieren lassen. Die Eigentümlichkeit dieses geschichtlichen Makroprozesses erhellt in der Tat nur im Vergleich mit früheren Zäsuren. Er wäre aus sich heraus nur partiell verstehbar.

Damit bin ich bei dem Begriff der Zäsur im engeren Sinne, dessen Erörterung mir die Regie dieses Symposions zugedacht hat: die Zäsuren im Bereich der Außenpolitik. Auch dazu ist eine allgemeine Bemerkung vonnöten. Die deutsche Geschichtswissenschaft pflegt sich von Zeit zu Zeit einer ganz unproduktiven Diskussion hinzugeben, ob die deutsche Geschichte unter einem Primat der Außenpolitik stehe oder ob die Außenpolitik als Emanation der Gesellschaftsgeschichte und innenpolitischer Determinanten begriffen werden müsse. Beide Ansätze, zum Extrem getrieben, sind bemerkenswert weltfremd und daher auch unhistorisch: Moderne deutsche und europäische Geschichte vollzieht sich in einer unauflöslichen Dialektik der Entwicklungen im Binnenbereich der Staaten einerseits, im internationalen System andererseits.

So gesehen müßte man eigentlich zögern, die Außen- und Sicherheitspolitik analytisch vom Parteiensystem, von der binnenwirtschaftlichen Entwicklung, vom öffentlichen Bewußtsein abzulösen. Um noch einmal kurz auf Plumb zurückzukommen: Dieser englische Historiker sieht drei große Faktoren, die die Stabilitätszäsur im England nach 1715 bewirkt haben: Einparteienregierung, feste Kontrolle der Exekutive über die Legislative und – drittens – ein alle Inhaber ökonomischer, gesellschaftlicher und politischer Macht verbindendes Identitätsbewußtsein, das den inneren Frieden sichern hilft.

Eine vergleichbare Analyse der innenpolitischen Stabilitätsbedingungen in der Bundesrepublik würde ähnlich anzusetzen haben und dabei auf jene Phänomene stoßen, deren Bedeutung den Zeitgenossen schon bekannt war und auch durch die intensivere zeitgeschichtliche Forschung der vergangenen eineinhalb Jahrzehnte immer und immer wieder erhärtet wurde, also: Kanzlerdemokratie und Konzentrationsprozeß im Parteiensystem, Überwindung der vorhergegangenen Modernisierungskrise durch den „neuen Kapitalismus", wie Thomas Nipperdey das genannt hat, einen Reformkapitalismus also, der Marktwirtschaft und Sozialstaat miteinander verbindet, Überwindung des Klassenkampfdenkens ebenso wie der überholten Idee des autoritären Beamtenstaates zugunsten komplex vernetzter pluralistischer Strukturen und – damit verbunden – Entstehung eines Identitätsbewußtseins, das die Bundesrepublik als moderne pluralistische Demokratie begreift, in der liberale und solidarische Elemente miteinander eine Verbindung eingegangen sind, die aber zugleich Teil des internationalen Verbundsystems der Demokratien beiderseits des Nordatlantik ist.

Man könnte leicht zeigen, wie diese stabile innere Ordnung auf die Außenpolitik ausstrahlt. Wo Gewichtsverlagerungen im Parteiensystem nie durch Regierungswechsel aufgrund von Bundestagswahlen, sondern immer nur mittels einer Großen Koalition oder aufgrund von Umorientierung der FDP stattfinden, müssen sich auch außenpolitische Kurswechsel in Grenzen halten. Wo die Sozialdemokraten ungeachtet ihrer egalitären und sozialen Zielvorstellungen die Marktwirtschaft akzeptieren müssen, um innenpolitisch und international handlungsfähig zu sein, wo auf der anderen Seite die Christlichen Demokraten den Sozialstaat ausbauen müssen, weil sie dies einerseits für richtig halten, andererseits aber sonst auch keine relativen Wählermehrheiten finden könnten, wo die Freien Demokraten, zeitweilig auch die CSU, als wirtschafts-, sozial- und außenpolitisches Korrektiv wirken und wo alle zusammen mit Blick auf die internationale Wirtschaftsverflechtung für weitgehend offene Märkte eintreten müssen – da besteht nicht allzuviel Spielraum für außenpolitische Neuorientierungen. Und wo die Kultur in vielen Bereichen wie ein Ei ohne Schale äußeren Einflüssen offenliegt, kann auch kein altertümlicher Nationalismus mehr recht gedeihen, der ein erhebliches Maß an Abschottung, an Provinzialismus, an Überlegenheitsgefühl oder an Ressentiment voraussetzt.

Genauso wie die außenpolitische Stabilität aus der Stabilität des Parteiensystems, der Wirtschaftspolitik und des kulturellen Selbstverständnisses erwächst, werden die stabilisierenden Elemente des Binnensystems aber auch durch die weltweite und ganz Westeuropa erfassende Stabilisierung verstärkt. Darauf kann in der Kürze der Zeit nur verwiesen werden. Für Zeitgenossen und Kenner der Zeitgeschichte, die wir sind, bedarf dieser stabilisierende Effekt des europäischen Staatensystems aber keiner ausführlichen Begründung. Zwar erscheint der Ost-West-Konflikt jahrzehntelang als Existenzgefährdung, und dies ist mehr als nur eine sozialpsychologisch auflösbare Bedrohungsperzeption – aber die Spannungen sind erträglich und die Sicherheit wird gewährleistet, weil die Bundesrepublik Teil der westlichen Allianzsysteme ist. Sogar die Teilung wird zwar nicht politisch hinnehmbar, aber insofern erträglich, als sie die Stabilität nicht gefährdet.

Gewiß befindet sich die Bundesrepublik genauso wie vor ihr das Deutsche Reich in einem globalen und europäischen Konkurrenzsystem kapitalistischer Staaten. Doch anders als vor dem Ersten Weltkrieg und in der Zwischenkriegszeit haben es die westlichen Mächte gelernt, ihre Interessen in umfassende Ordnungssysteme einzubringen. So gewährt das von den USA durchgesetzte, erneuerte Freihandelssystem Zugang zu Rohstoffen und Märkten. So wirken die europäischen Integrationssysteme auch außenwirtschaftlich zusätzlich stabilisierend. Die Bundesrepublik lebt gewissermaßen in der besten aller Welten, indem sie zwei der klassischen Optionen früherer Außenwirtschaftspolitik des Deutschen Reiches miteinander kombiniert: die Option für eine den eigenen Wirtschaftsinteressen dienliche Weltpolitik *und* die Option für einen großen kontinentalen Markt. Ausgeschlossen ist allerdings nun auf Dauer und durchaus bekömmlicherweise die Option einer Sicherung der eigenen Wirtschafts- und Sicherheitsinteressen durch autonome Großmachtpolitik oder gar durch Hegemonie.

Zwar hält die Bundesrepublik bis heute am Konzept der Einheit der deutschen Nation fest, und das Fernziel der Wiederherstellung eines deutschen Nationalstaates ist bekanntlich nie offiziell aufgegeben worden, auch wenn darüber seit den frühen sechziger Jahren große Meinungsverschiedenheiten bestehen. Aber die Einbindung in die westlichen Gemeinschaften und die Erfordernisse, auch die Ost-West-Spannungen abzumildern und zu überwinden, haben auch auf diesem Feld über die Jahrzehnte hinweg stabiles, der Friedenserhaltung bekömmliches Verhalten bewirkt. Dies Bestreben beginnt mit Aufnahme der deutsch-sowjetischen Beziehungen im September 1955. Es ist von Phase zu Phase unterschiedlich stark, wird mit unterschiedlicher Konzessionsbereitschaft verfolgt und ist unterschiedlich erfolgreich. Doch die Stabilität wird trotz der Teilung nie fundamental erschüttert.

Desgleichen hat sich die Bundesrepublik stets in die Konfliktfelder der Ost-West-Spannungen einbezogen gesehen. Aber sie war – aus Einsicht, aus Eigeninteresse, aus gefestigter Moralität, was auch immer – stets entschlossen, in Europa jeder Konfrontation, die zum Krieg führen könnte, so gut dies eben möglich war, aus dem Wege zu gehen. Friedenspolitik aus Eigeninteresse und aufgrund von innerer Läuterung – auch dies also ein Merkmal der Stabilitätszäsur, die wiederum nicht erst in den siebziger und achtziger Jahren beginnt, sondern viel weiter zurückreicht. Deutsche Hegemonialpolitik, Lösung der deutschen Versorgungslage durch Autarkie, Krieg als Mittel zur Zukunftssicherung – das alles ist nicht mehr möglich, weder moralisch noch praktisch, ist Schnee von gestern. Es bleibt nur behutsame Friedenspolitik in einem sehr eng gewordenen und zudem lange Zeit geteilten Europa.

Meine These nun: Dieser Übergang von einem durchaus labilen, katastrophenträchtigen und von Katastrophen gekennzeichneten System der ersten Jahrhunderthälfte zu jenem System prinzipiell stabiler Außenbeziehungen, an das wir uns schon gewöhnt haben wie an einen guten alten Hausrock, ist bereits sehr früh in der Geschichte der Bundesrepublik erfolgt. Die tiefste Zäsur zu den vorhergehenden Phasen liegt in den frühen fünfziger Jahren, für die sich die Bezeichnung „Ära Adenauer" eingebürgert hat. Seither vollziehen sich auf dem Feld der Außenpolitik Modifikationen, leichte Umakzentuierungen, Variationen, Fortentwicklungen – aber eben keine Zäsuren, die irgendwie mit denen der ersten Jahrhunderthälfte vergleichbar wären. Freilich, auch Modifikationen oder – so können wir sagen – *segmentäre Zäsuren* sind wichtig. Und ich möchte im Rest der verfügbaren Zeit auf zwei von ihnen hinweisen.

Werfen wir also zuerst einen Blick auf segmentäre Zäsuren in den Außenwirtschaftsbeziehungen. Da ist beispielsweise – gewiß nicht unwichtig – der Außenhandel. Unterscheidet man Exporte und Importe nach Ländergruppen, so läßt sich seit den fünfziger Jahren ungeachtet verschiedener Veränderungen eine bemerkenswerte Kontinuität erkennen. Im Jahr 1950 gehen 80,5% der bundesdeutschen *Exporte* in die industrialisierten westlichen Länder, 1970 sind das 83,6%, im Juni 1989 (laut der Monatsberichte der Deutschen Bundesbank) 86,0%.

Weist man die EG-Länder (ohne Griechenland, Portugal und Spanien) gesondert aus, so ergeben sich 1950 45,9%, 1970 46,3%, im Juni 1989 49,1%. Die Schweiz liegt im Schnitt der Jahre stets um 5–6%, Österreich seit den sechziger Jahren um 5%, der Exportanteil der USA variiert zwischen 5,1% im Jahr 1950, 9,1% im Jahr 1970, 6,1% im Jahr 1980 und 8,0% heute. Die Staatshandelsländer liegen 1950 bei 4,3%, haben 1975 mit 7,9% einen Höhepunkt und liegen heute bei 4,4%.

Ich will Sie mit Zahlen nicht ermüden; diese können aber doch die These illustrieren, daß auf einem zentralen Feld der deutschen Außenbeziehungen ein bemerkenswertes Maß an Kontinuität herrscht – scheinbare Zäsuren gleichen sich über die Jahre hinweg wieder aus. Vergleichbare Gegebenheiten zeigen sich im Importbereich. Dieser Interessenlage entspricht naturgemäß die Außenhandelspolitik des Landes. Zwar sind gewisse Veränderungen – etwa gegenüber den Staatshandelsländern oder bestimmten OPEC-Ländern – *auch* politisch bedingt. Aber von wirklichen Zäsuren kann nur in Ausnahmefällen gesprochen werden.

Das Bild verändert sich allerdings, wenn man Unterscheidungen nach Warengruppen vornimmt. Noch im Jahr 1960 beträgt der Anteil ernährungswirtschaftlicher Produkte an der Gesamteinfuhr 25,7%. 15 Jahre später, im Jahr 1975, sind es nur noch 16,9%, 1987 12,7%. Dank Intensivierung der eigenen Erzeugung ist die Bundesrepublik zwar nicht autark. Sie kann und will dieses Ziel auch gar nicht anstreben. Aber die große Abhängigkeit von Nahrungsmittelimporten, ein Zentralproblem früherer deutscher Außenpolitik, ist geschwunden – ganz abgesehen davon, daß sich diese Frage im Gemeinsamen Agrarmarkt gar nicht mehr stellen kann. Zweifellos hat sich auf diesem Sektor gegenüber den fünfziger Jahren ein ganz wesentlicher Wandel ergeben, wobei die Veränderungen eben gleitend und ohne scharfe Zäsuren erfolgt sind.

Eine ähnlich deutliche Veränderung zeigt sich bei den Importen von Erdöl und Erdgas. Wie wir wissen, spielt das Energieproblem im deutsch-französischen Verhältnis der Jahre sowohl nach dem Ersten wie nach dem Zweiten Weltkrieg eine Schlüsselrolle. Die Regierungen operieren noch unter der Annahme, daß man sich primär im Kohlezeitalter befindet. Die zweite Hälfte der fünfziger Jahre markiert in dieser Hinsicht den Wendepunkt. Jetzt befindet sich auch die Bundesrepublik im Erdölzeitalter. 1960 liegt der Importanteil von Erdöl und Erdgas an den gesamten Importen bei 4,5%, 1975 bei 12%, 1981 – auf dem Höhepunkt – bei 17,2%, von da an sinkende Tendenz. Vor diesem Hintergrund sind die Erdölpreissteigerungen durch das OPEC-Kartell in den Jahren 1973 und 1979 in der Tat segmentäre Zäsuren im Wortsinne. Auch der Ölpreisverfall, zusammen mit den Auswirkungen der Energiesparmaßnahmen und des AKW-Baus, wirkt erneut als segmentäre Zäsur.

So könnte man fortfahren – Entwicklung der Rohstoffpreise, der Frachtraten, des Tourismus mit seiner erheblichen Bedeutung für den Zahlungsausgleich usw. Man müßte die Kaufkraft der D-Mark analysieren, die Zäsur des Smithsonian Agreement von 1971 mit dem Abgehen von festen Wechselkursen für den Dollar erwähnen, die Währungsentwicklung im EWF-Bereich und vieles andere mehr. Die hier zu beobachtenden Veränderungen fallen größtenteils in die beiden Jahrzehnte seit 1971, so daß die Annahme kontinuierlicher Entwicklung der Außenwirtschaft *ohne* segmentäre Zäsuren in der Tat nicht zutreffend wäre. Wahrscheinlich wird Herr Borchardt näher auf diese Zusammenhänge eingehen. Ich mußte sie aber doch erwähnen, weil ein Verständnis von Außenpolitik, das die außenwirtschaftlichen Zusammenhänge und Institutionen nicht systematisch einbeziehen würde, natürlich defizitär wäre.

Und da in bezug auf die Stabilisierungszäsur zu Beginn der fünfziger Jahre zu bemerken war, daß dabei die Re-Integration in die Weltwirtschaft von zentraler Bedeutung war, sollte doch noch nachgetragen werden, daß diese Re-Integration zu einem Zeitpunkt erfolgte, als die Weltwirtschaft eben in den großen Nachkriegsboom eingetreten war, der sich erst in den frühen siebziger Jahren abflachte. Bekanntlich sind damals, in den siebziger Jahren, die Ölpreiserhöhungen in Verbindung mit den Konjunktureinbrüchen als tiefe Zäsuren begriffen worden – mit erheblichen psychologischen Auswirkungen in der Innenpolitik bis weit in die Bereiche des Daseinsgefühls und der kulturellen Wertesysteme. Allerdings zeigt die historische Analyse der Entwicklung in den achtziger Jahren doch auch, wie voreilig die daraus gezogenen politischen und zivilisationskritischen Schlußfolgerungen waren. Jedenfalls trifft es aber zu, daß dort, wo in der vierzigjährigen Geschichte der Bundesrepublik in der Tat segmentäre Zäsuren bemerkbar sind, diese Einschnitte zu einem Gutteil daraus resultieren, daß das Land, ohne dies irgendwie ändern zu können oder zu wollen, in die Weltwirtschaft verflochten ist. Das ist freilich, wie wir wissen, in der deutschen Geschichte keine grundlegend neue Gegebenheit. Und man wird es als Anzeichen gewachsener außenpolitischer Reife der Deutschen zu werten haben, daß die deutsche Öffentlichkeit nie mehr – wie letztmalig im Dritten Reich – einen Gedanken darauf verwendet hat, diese Abhängigkeit grundlegend zu beenden. Die produktive Antwort der aufeinander folgenden Bundesregierungen bestand vielmehr darin, Systeme zum Management der Interdependenz zu entwickeln und die Öffentlichkeit auf die entsprechenden Erfordernisse einzustimmen.

Lassen Sie mich jetzt noch einen zweiten Hauptpunkt ansprechen: die Zusammenhänge zwischen nordatlantischer, europäischer und östlicher Orientierung bundesdeutscher Außenpolitik. Immer wenn die zeitgenössischen Analytiker und später die Historiker nach Zäsuren suchten, haben sie sich auf das Verhältnis dieser Bezugskreise bezogen.

Wir alle kennen jene berühmte Theorie der drei Kreise, die seinerzeit von Churchill, später von Macmillan zum Zweck der Komplexitätsreduktion britischer Außenpolitik in der Nachkriegszeit entwickelt worden ist. Großbritannien, so die Feststellung, liege im Schnittpunkt dreier Bezugskreise: des Bezugskreises der Völker englischer Kultur in der nordatlantischen Region, des Bezugskreises des Commonwealth und des Bezugskreises Europa.

Da bei einem kurzen Vortrag Vereinfachungen erlaubt, ja geboten sind, mag es auch angehen, die Außenpolitik der Bundesrepublik auf drei zentrale Bezugskreise orientiert zu sehen: den nordatlantischen Bezugskreis mit der Hegemonialmacht USA und der NATO-Allianz, den europäischen Bezugskreis mit der EWG, später der EG als Zentralinstitution, und den Bezugskreis der kommunistischen Staaten mit der Vormacht Sowjetunion.

Jeder weiß, daß dies eine ganz unzulässige Vereinfachung ist. Man müßte einen weltwirtschaftlichen Bezugskreis hinzufügen, ursprünglich mit den USA, doch auch – in den fünfziger Jahren noch – mit Großbritannien als Kapitalen, später konzertiert auf den Weltwirtschaftsgipfeln der großen westlichen Industrienationen. Man müßte im europäischen Bereich differenzieren – EG-System, EFTA-Länder, WEU-Staaten usw. Man müßte herausarbeiten, daß sich die bundesdeutsche Außenpolitik seit den sechziger Jahren auch auf die Entwicklungsländer der Dritten Welt hin definiert und dabei nicht nur außenwirtschaftliche und humanitäre Ziele verfolgt, sondern auch eine entschiedene Menschenrechtspolitik betreibt.

Das alles ist richtig, ebenso wie es richtig ist, daß die Aufgabe des Historikers primär darin besteht, zu nuancieren, zu differenzieren und voreilige Generalisierungen tunlichst zu vermeiden. Dennoch läßt sich nicht bestreiten, daß die eben skizzierten Bezugskreise – zumeist als Westpolitik, Europapolitik und Ostpolitik bezeichnet – im Zentrum der Diskussion und der Entscheidungen liegen, demnach auch vorrangige Beachtung des Historikers verdienen, der nach segmentären Zäsuren Ausschau hält. Dabei ist die Suche nach Zäsuren ja kein Selbstzweck. Sie soll uns vielmehr erlauben, das Wichtige vom Unwichtigen, das genauerer Erforschung Würdige von dem zu scheiden, was vernachlässigt werden kann.

Doch trifft es tatsächlich zu, daß die Akzentverlagerungen zwischen diesen drei großen Bereichen – USA mit NATO, EWG bzw. EG und die sich zunehmend pluralistisch auffächernde Staatenwelt Ostmitteleuropas und Osteuropas – als tiefe Zäsuren begriffen werden müssen? Am ehesten wird noch einzuräumen sein, daß die Ostverträge einschließlich der Verträge mit der DDR zwischen 1970 und 1973 merkliche segmentäre Zäsuren darstellten. Die Zeitgenossen waren davon überzeugt, und obwohl sich der Staub in den Auseinandersetzungen um die „neue Ostpolitik" schon recht lange gelegt hat, wird auch der Historiker darin in vielerlei Hinsicht eine segmentäre Zäsur erkennen. Freilich: Wie tief reichte und reicht sie wirklich? Und wann haben diese Veränderungen begonnen? Trifft es nicht zu, daß sich die Öffentlichkeit, doch auch die Politik der Bundesregierungen seit 1958, erst heimlich, immer widerstrebend, zögernd, mit vielen grundsätzlichen taktischen Vorbehalten auf einem Weg fanden, an dessen Ende die vorläufige, wiederum mit den bekannten Vorbehalten verbundene Hinnahme der Teilung und eine definitive Hinnahme der Westgrenze Polens stehen mußten? Ist es aber nicht ebenso richtig, daß dies in der Europapolitik ebensowenig eine tiefe Zäsur brachte wie in der Außenpolitik gegenüber den USA und der NATO? Hat die Bonner Diplomatie ihre Hauptaufgabe nicht gerade darin gesehen, zwar die Beziehungen zu den Staaten des Ostens zu entkrampfen, zu intensivieren, zu harmonisieren – ohne aber deshalb Zäsuren nach Westen hin eintreten zu lassen. Schließlich sind die bis heute wichtigen Parallelstrukturen zur Multilateralisierung westlicher Ostpolitik – im KSZE-Rahmen, bei den Wiener Verhandlungen – ja ausgerechnet zu einem Zeitpunkt entwickelt worden, als die „neue Ostpolitik" durchgesetzt worden ist. Auch die Multilateralisierung der EG-Außenpolitik im EPZ-Rahmen ist damals entwickelt worden.

Wahrscheinlich muß also der Historiker zwei formative Phasen bundesdeutscher Außenpolitik erkennen: die frühen und mittleren fünfziger Jahre, denen Adenauer den Stempel seines Wollens und seines pragmatischen Innovationswillens aufgedrückt hat. Sie haben definitiv in die westlichen Gemeinschaften geführt. Dann die weitere Phase in der ersten Hälfte der siebziger Jahre, während der nach Osten wie nach Westen hin gleichfalls neue Strukturen und Politiken entwickelt wurden, die sich bis heute auswirken – allerdings unbeschadet der Einbindung in die schon verfestigten westlichen Beziehungssysteme. Ob und wieweit wir heute im Zeichen der Entwicklung post-kommunistischer Systeme in den Anfängen einer neuen Phase stehen, kann der Historiker noch nicht beurteilen.

Vielmehr zeigt die historische Analyse bundesdeutscher Außenpolitik eben doch, daß die Elemente der Kontinuität überwiegen. Zwar besteht in der Öffentlichkeit im allgemeinen und bei den Regierungen im besonderen unablässig die Neigung, jede Gipfelbegegnung und jeden Vertragsabschluß, jede Meinungsverschiedenheit innerhalb der Allianz und jedes Rüstungskontroll- oder Abrüstungsabkommen, jeden europapolitischen Fortschritt oder jede weltwirtschaftliche Erschütterung als tiefe Zäsur von historischen Ausmaßen zu feiern. Das ist nun einmal so in einer Kultur, die zumindest seit den Tagen der Französischen Revolution mit Krisenbewußtsein geschlagen ist und das epochale Denken gewissermaßen schon in der Grundschule gelernt hat.

Seit fünfzig Jahren, hat Lorenz von Stein im Jahr 1843 in einem Aufsatz über die Municipalverfassung Frankreichs bemerkt, beschleunige sich das Leben: „Es ist, als ob die Geschichtsschreibung der Geschichte kaum mehr zu folgen im Stande sei." Das scheint bis heute richtig, aber doch auch wieder nicht. Denn der Historiker gehört ja eben auch zu den Skeptikern, die sich vom Lärm des Tages und von der regierungsoffiziellen Historienmalerei nicht täuschen lassen. Alle Bundesregierungen seit Adenauer haben sich in Historienmalerei versucht und waren mehr oder weniger gut darin. Der Historiker aber erkennt eben nicht nur die Kontinuitäten, die das Reden von tiefen Geschichtszäsuren als voreilig erscheinen lassen; er erkennt vielfach auch, daß Veränderungen, die scheinbar tiefgreifend sind, nach wenigen Jahren korrigiert wurden. Im öffentlichen Bewußtsein, manchmal auch in den Schulbüchern, lebt dann noch das Bewußtsein von einer tiefen Zäsur, während die politische Wirklichkeit vieles schon wieder zurechtgerückt hat. Und der Historiker ist eben nicht allein Zeithistoriker, kennt vielmehr jene früheren Epochen, wo tatsächlich sehr tiefe Zäsuren erfolgten, „von denen eine neue Epoche ihren Ausgang genommen hat". Demgegenüber erscheinen die Zäsuren in der deutschen Außenpolitik eher wie leichtere Einkerbungen, so daß mir der relativierende Begriff bloß segmentärer Zäsuren angebracht erscheint.

Im Licht der weiter zurückliegenden Zäsuren sind also diejenigen in den Außenbeziehungen der Bundesrepublik Deutschland nicht allzu dramatisch und tiefgehend. Sie rechtfertigen es jedenfalls nicht, die grundlegende Auffassung zu revidieren, daß sich die Geschichte der Bundesrepublik nach innen wie nach außen als Stabilitätsgeschichte darstellt. Insofern sei die These dieser kurzen Betrachtung nochmals unterstrichen: Die eigentliche Zäsur in der neuesten Geschichte Deutschlands und Europas ist die Geschichte der Bundesrepublik selbst. Die Bedingungen, Akteure, Institutionen und Politiken, die den Umschlag von der Instabilität zur Stabilität bewirkt haben und weiter bewirken, sind die interessantesten Themen. Was sich innerhalb dieser von ständigem, erfolgreichem Bemühen um dynamisches Gleichgewicht gekennzeichneten Stabilitätsgeschichte an segmentären Zäsuren eingestellt hat, verdient zwar sicher auch ein gewisses Interesse. Es ist aber doch zweitrangig vor der großen Frage, wie es eigentlich kam und möglich war, daß ein ursprünglich zutiefst hysterisiertes Volk inmitten eines aufgewühlten Kontinents fast auf Anhieb zur zivilisierten Ruhe kam und im großen und ganzen dabei geblieben ist. Diese Zäsur gilt es zu erforschen.

Literatur

John Harold Plumb hat die hier referierte These vor allem in der Untersuchung The Growth of Political Stability in England, 1675–1725, London 1967, entfaltet. Meine eigenen Analysen zu den Themen Kontinuität und Stabilität in der Geschichte der Bundesrepublik finden sich implicite in den beiden Bänden der *Geschichte der Bundesrepublik Deutschland* entwickelt, die sich mit der Ära Adenauer befassen: Die Ära Adenauer. Gründerjahre der Republik, 1949–1957, Stuttgart/Wiesbaden 1981; Die Ära Adenauer. Epochenwechsel, 1957–1963, Stuttgart/Wiesbaden 1983.

Eine explizite Formulierung meiner Thesen zur Bedeutung der fünfziger Jahre als Stabilisierungsepoche wurde erstmals in der Festschrift für Gerhard Schulz veröffentlicht: Schwarz, Hans-Peter, Die Fünfziger Jahre als Epochenzäsur, in: Jürgen Heideking/Gerhard Hufnagel/Franz Knipping (Hrsg.), Wege in die Zeitgeschichte. Festschrift zum 65. Geburtstag von Gerhard Schulz, Berlin/New York 1989, S. 473–496. Die Zahlen zu den Exporten und Importen der Bundesrepublik sind den Monatsberichten der Bank Deutscher Länder/Deutschen Bundesbank, Frankfurt a. M. 1950 ff. entnommen. Das Zitat von Lorenz von Stein entstammt der Studie Die Municipalverfassung Frankreichs, Leipzig 1843.

Knut Borchardt

Zäsuren in der wirtschaftlichen Entwicklung

Zwei, drei oder vier Perioden?

1. Keine der „Zäsuren" in der Wirtschaftsgeschichte der Bundesrepublik kann sich vergleichen mit der großen, der eigentlichen Zäsur der Nachkriegswirtschaftsgeschichte, die noch *vor* der Gründung der Bundesrepublik lag: der Währungs- und Wirtschaftsreform des Juni 1948. Im Festkalender der Westdeutschen rangierte denn auch die Erinnerung an diese Reform lange Zeit weit vor jedem der bis heute noch unsicheren Kandidaten für einen Erinnerungstag an die Gründung des neuen Staatswesens.

Wenn es auch seit 1949 keinen Einschnitt von ähnlicher Wucht gegeben hat, ist die wirtschaftliche Entwicklung doch alles andere als gleichmäßig auf- oder vorwärts verlaufen. Ich sehe meine Aufgabe darin, zu veranschaulichen, wie unterschiedlich im Muster ihrer Bewegtheit, in der Konstellation der Wirkungskräfte, in der Kombination ihrer vordringlichen wirtschaftlichen Probleme die fünfziger, sechziger, siebziger und achtziger Jahre gewesen sind. Zieht man eine ähnlich lange Phase staatlicher Existenz im Frieden zum Vergleich heran, nämlich die im Kaiserreich zwischen 1871 und 1914, so scheint die jüngste Vergangenheit sogar weit mehr Konstellationswechsel („Zäsuren", wenn man so will) aufzuweisen.

2. Dies vorausgeschickt, muß nun allerdings sogleich gesagt werden, daß es *die* gleichsam selbstverständliche Periodisierung nicht gibt. Je nach Fragestellung beziehungsweise Interessenschwerpunkt lassen sich verschiedene Periodisierungen vertreten. Das betrifft schon ihre Zahl. Vermutlich wird man es frivol finden, wenn ich frage: „Wie viele Perioden hätten Sie denn gerne? Zwei, drei oder vier?" Aber es liegt in der Natur der Sache, daß für jede Antwort gute Gründe geliefert werden können. Und so finden sich denn auch in der Literatur zur deutschen Wirtschaftsgeschichte der Nachkriegszeit recht verschiedene zeitliche Gliederungen.

Indem ich im folgenden solche Entscheidungen anhand von Indikatoren nachvollziehe, hoffe ich, sowohl Interessantes über die Wirtschaftsgeschichte der letzten vierzig Jahre berichten zu können als auch Probleme ihrer Periodisierung sichtbar zu machen. Ich werde mich dabei einiger Abbildungen bedienen, die rascher als Worte die nötige Anschauung vermitteln.

3. Beginnen wir aber mit einem Bild, das uns zunächst zu suggerieren scheint, es habe gar keine Zäsur in der Wirtschaftsgeschichte der Bundesrepublik gegeben – wie Herr Schwarz uns dies für die Außen- und Sicherheitspolitik eindrucksvoll dar-

gelegt hat. Die Abbildung veranschaulicht den Anstieg der industriellen Produktion auf mehr als das Vierfache der Ausgangsmenge. Kenner bemerken gewiß die Verlangsamung des durchschnittlichen Wachstumstempos; aber insgesamt ging es bis in die jüngste Vergangenheit aufwärts. Wo sollte, suchen wir *einen* Einschnitt, dieser liegen?

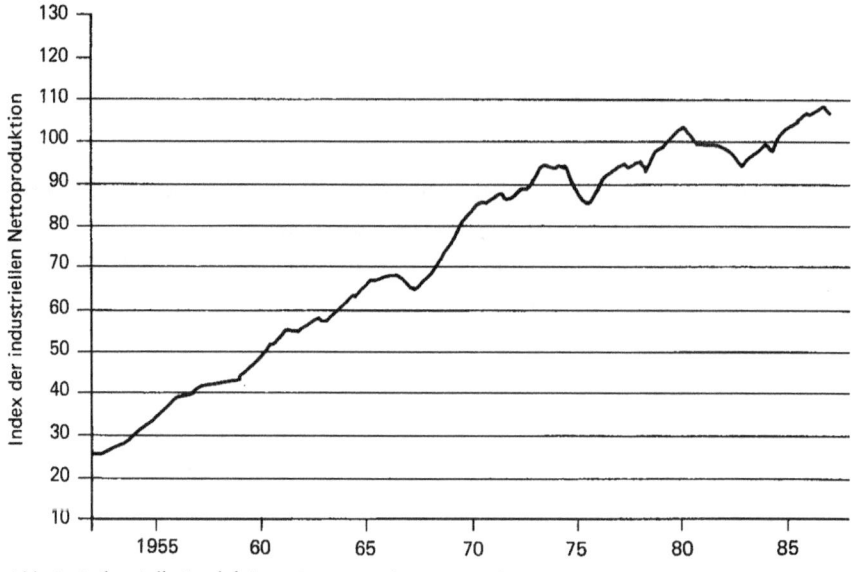

Abb. 1: *Industrielle Produktion 1953–1987 (1980 = 100)*

Natürlich nicht nur anhand dieser Zeichnung, sondern auch in Kenntnis des ganzen Ensembles von Ereignissen kann man eine Entscheidung treffen: *Die Jahre 1966/67 waren ein Einschnitt in der Nachkriegsgeschichte der (west-)deutschen Wirtschaft.* Erstmals ist die Industrieproduktion, die bis dahin von Jahr zu Jahr gestiegen ist, zurückgegangen. Das war seinerzeit eine große Überraschung, ja ein Schreck. Man hatte sich inzwischen an das Fehlen konjunktureller Abschwünge gewöhnt, sogar geglaubt, Schrumpfungen dank einer fortgeschrittenen Wirtschaftstheorie und mit verbesserten wirtschaftspolitischen Instrumenten in aller Zukunft vermeiden zu können. Das war nicht nur in Deutschland so. Für Anfang 1967 waren international renommierte Wirtschaftswissenschaftler eingeladen, sich auf einer Konferenz mit der Frage zu beschäftigen: „Is the Business Cycle Obsolete?" Das Jahr 1967 gab auch den Deutschen eine deutliche Antwort, was immer die tieferen Ursachen für dieses „Versagen" der Wirtschaft oder der Wirtschaftspolitik gewesen sein mögen.

Seither haben sich, wie Abbildung 1 zeigt, bei tendenziell anhaltendem Wachstum Schrumpfungen der Industrieproduktion wiederholt. Die Jahre 1966/67 trennen somit ein „Vorher" von einem „Nachher" typischer Bewegungsmuster. Weil auch andere Indikatoren diese Jahre als Trennungslinie hervortreten lassen, scheint es gerechtfertigt, mit Werner Abelshauser den Zeitraum 1949 bis 1966 „die langen fünfziger Jahre" zu nennen. Danach ist tatsächlich vieles anders geworden. Um noch ein anderes, dem Ökonomen wichtiges Zeichen zu nennen: von 1950 bis 1966 ist der Anteil der investiven Ausgaben am Sozialprodukt (die Investitionsquote) ständig gestiegen. Dieser Trend bricht jetzt ab. Nie wieder hat die Zuwachsrate des Kapitalstocks das Niveau des Jahres 1965 (über 6 Prozent) erreicht.

4. Um 1966 endeten in der Bundesrepublik nicht nur für die unmittelbare Nachkriegszeit bezeichnende Entwicklungen. Wir können sogar Zäsuren in säkularer Perspektive ausmachen. So bricht jetzt der Anstieg des Anteils jener Erwerbstätigen, die im warenproduzierenden Gewerbe (Handwerk und Industrie) beschäftigt sind, an der Gesamtzahl der Erwerbstätigen ab (siehe Abb. 2). Weit mehr als ein Jahrhundert deutscher Wirtschaftsgeschichte war durch die „Industrialisierung", die

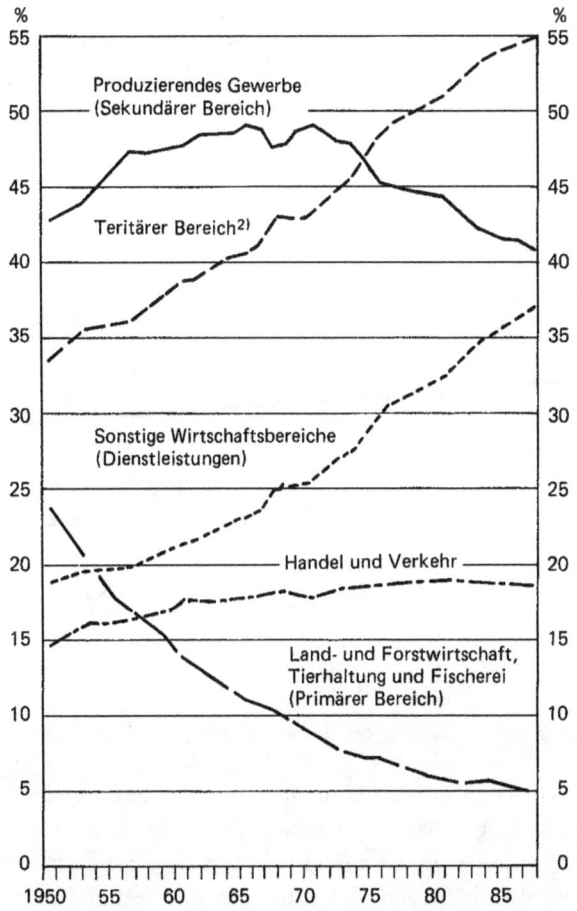

[1] Geschätzte Jahresdurchschnittszahlen: 1985 – 1987 = Vorläufiges Ergebnis. –
[2] Teritärer Bereich = „Handel und Verkehr" und „Sonstige Wirtschaftsbereiche (Dienstleistungen)".

Statistisches Bundesamt 880385

Abb. 2: *Erwerbstätige nach Wirtschaftsbereichen 1950–1987*

Zunahme des Anteils der Beschäftigten in der Industrie, geprägt. In anderen Staaten, wie vornehmlich in den USA, hatte sich der Trend schon früher umgekehrt, haben sich die Anteile des primären und des sekundären Bereichs zugunsten des tertiären vermindert. Zwar war auch in Deutschland die „Tertiarisierung" schon lange im Gang; aber erst in der Mitte der sechziger Jahre schien sich dieser Prozeß zu beschleunigen, und bereits wenige Jahre später tauschten sekundärer und tertiärer Bereich ihren Rang.

5. In die vierzig Jahre Wirtschaftsgeschichte der Bundesrepublik fallen also nicht nur Zäsuren, die diesen Zeitraum gliedern, sondern auch solche, die in säkularer Betrachtung Gewicht haben. Das gilt insbesondere auch für den 1966/67 beginnenden Abfall des Geburtenüberschusses, den man vielfach unzutreffend als „Pillenknick" bezeichnet (siehe Abb. 3). Seit 1973 gab es in der Bundesrepublik Sterbeüberschüsse, in Deutschland ein Phänomen ohne Beispiel in Friedenszeiten. Ohne die Abbildung genauer ausdeuten zu können, entnehmen wir ihr die Information, daß es offenbar zwei sehr verschiedene Perioden der Geschichte der natürlichen Bevölkerungsbewegung in der Bundesrepublik gegeben hat, mit einer deutlichen Zäsur.

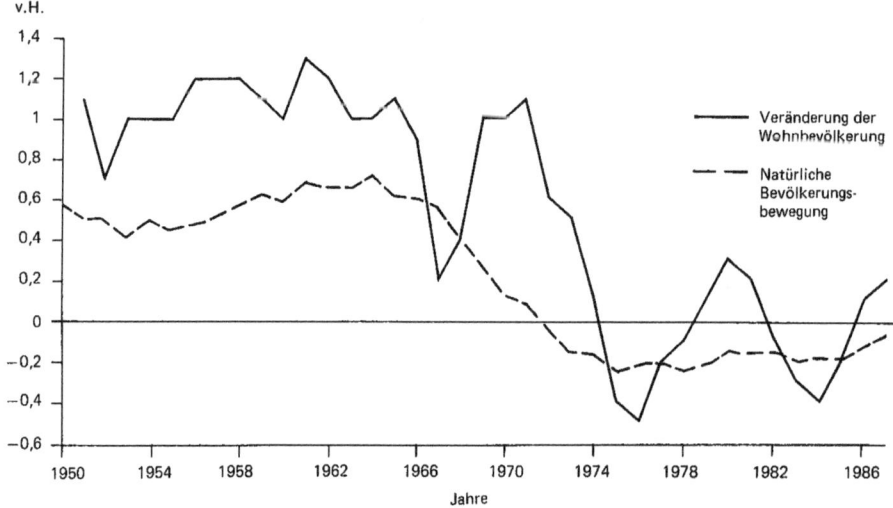

Abb. 3: *Natürliche Bevölkerungsbewegung und Veränderung der Wohnbevölkerung 1950–1987*

6. Wo bleibt über all dem die Wirtschaftspolitik? Nun, auch hier gibt es eine wirkliche Zäsur. 1966 endete die Ära Ludwig Erhard, und zwar nicht nur in dem Sinne, daß Erhard nicht mehr Wirtschaftsminister und Kanzler war. Oft wird als Zeichen der Zäsur das 1967 verabschiedete Stabilitäts- und Wachstumsgesetz zitiert, mit dem nun auch offiziell die Steuerung der gesamtwirtschaftlichen Entwicklung zur Aufgabe von Legislative und Exekutive werden sollte. Das ist insofern nicht ganz korrekt, als die Vorarbeiten zu diesem Gesetz schon unter Erhard weit gediehen waren. Aber es ist richtig, daß seither insbesondere die Finanzpolitik unter neuen Sternen stand. Dies veranschaulicht Abb. 4.

Die Bundesrepublik hat, als sie noch arm war, bis in die Mitte der sechziger Jahre in ihren öffentlichen Haushalten immer Überschüsse gehabt. Die öffentlichen Verwaltungen waren Nettokreditgeber an die in- und ausländische Wirtschaft. Genau in der Mitte der sechziger Jahre ist dies zum Ende gekommen. Es folgten Jahre zunächst noch mäßiger und unbedenklicher, ja allseits gewünschter Defizite, die sich sogar mit Überschüssen abwechselten. Dies ist das, was man die „Ära Schiller" genannt hat. Doch darf auch Strauß erwähnt werden, der als Finanzminister diese Entwicklung mitgetragen hat. Freilich: Die Staatsausgaben waren schon seit der Mitte der fünfziger Jahre schneller als das Sozialprodukt gewachsen, und so stieg auch die in Abb. 4 veranschaulichte Relation von Staatsausgaben zu Sozialprodukt weiter an, bis das Tempo in der Mitte der siebziger Jahre atemberaubend wurde, zumal das Wachstum der Staatseinnahmen damit nicht Schritt zu halten vermochte. Seither gehören „strukturelle Defizite" wie in anderen Ländern auch in der Bundesrepublik zur Normalität.

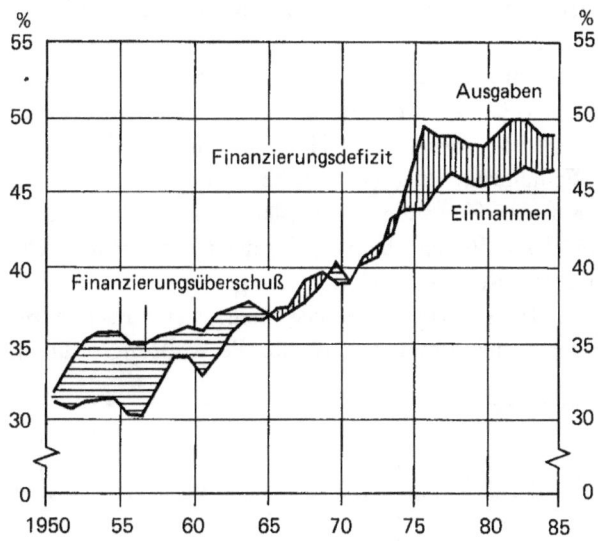

[1] 1953 ohne 9,37 Mrd. DM Vermögensübertragungen (Umwandlung eines Teils der amerikanischen Wirtschaftshilfe in eine Schenkung).
Statistisches Bundesamt 850477

Abb. 4: *Einnahmen und Ausgaben des Staates in % des Bruttosozialprodukts*

Damit breche ich meine Betrachtungen zum Thema „Zäsur um 1966/67" ab. Die Entscheidung, in diesem Falle von einer Zäsur zu sprechen, scheint jedenfalls nicht unvernünftig. Und doch rivalisiert sie mit einer anderen. Wenn man die Wirtschaftsgeschichte der Bundesrepublik in *zwei* Perioden teilen mag – und also *eine* Zäsur sucht –, liegt es mindestens so nahe, hierfür *das Jahr 1973* zu wählen.

7. 1973 ist das erste Jahr einer intensiven Debatte über Sinn und Unsinn des Wirtschaftswachstums. Damals fand unter Intellektuellen eine Kehrtwendung statt, die

auch Politiker beeindruckte. Wirtschaftliches Wachstum, bis dahin Gegenstand des Stolzes und Garant der politischen Stabilität des neuen Staatswesens, geriet in die Schußlinie. Worauf das zurückzuführen ist, kann hier nicht näher erörtert werden. Es genügt, auf die 1972 erschienene Studie des Club of Rome über „Grenzen des Wachstums" hinzuweisen. Sie war ein ungeheurer Publikumserfolg und löste tiefe Betroffenheit aus. Im Jahre 1973 sagte Kanzler Willy Brandt in einer Regierungserklärung, Lebensqualität sei mehr als Lebensstandard oder Mehrproduktion. Man übernahm rasch die Topoi der allgemeinen Diskussion. Allerdings ging die Regierung faktisch noch immer von einem anhaltend raschen Wachstum aus. Anders war jedenfalls das als dringlich bezeichnete Reformprogramm kaum realisierbar. Dieser Widerspruch trug zu den späteren Verwirrungen bei.

8. Einige Entscheidungen wurden 1972/73 rasch getroffen. In der ersten Jahreshälfte 1973 kam es zu einem Anwerbungsstop für ausländische Arbeitskräfte. Es wurde erklärt: „Die Bundesrepublik ist kein Einwanderungsland." Das bedeutete eine dramatische Änderung der Optionen der gesamtwirtschaftlichen Politik. Bis 1973 war ein nicht unbeträchtlicher Teil des Wachstums in der Bundesrepublik „extensives Wachstum", zurückzuführen auf die Vermehrung der Produktionsfaktoren, insbesondere auf die Zunahme der Zahl der Arbeitenden. Von 1950 bis zum Mauerbau 1961 strömten Millionen Vertriebene und Flüchtlinge ins Land. Danach beruhte das Wachstum der Wohnbevölkerung (siehe Abb. 3) und der Zahl der Erwerbstätigen vornehmlich auf der Zuwanderung ausländischer Arbeitskräfte, deren Anteil an der Zahl der Beschäftigten ab 1961 dramatisch zunahm (siehe Abb. 5). Das hörte – noch vor dem Ölschock im Herbst – 1973 auf.

9. Nicht nur für die Wirtschaft der Bundesrepublik, nein: weltwirtschaftsgeschichtlich war 1973 ein Jahr der Zäsur insofern, als in ihm die Währungsordnung

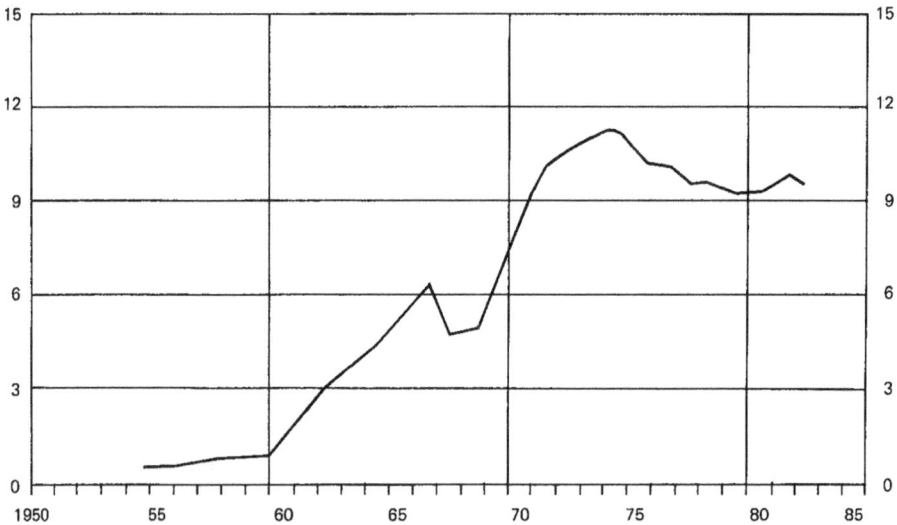

Abb. 5: *Anteil der beschäftigten Ausländer an der Gesamtzahl der beschäftigten Arbeitnehmer in v. H. (jeweils Juni)*

der Nachkriegszeit endgültig zusammenbrach und an deren Stelle das System flexibler Wechselkurse trat. Noch am Ende des Krieges waren im amerikanischen Bretton-Woods die Weichen für die (liberale und stabile) Weltwirtschaftsordnung der Nachkriegszeit gestellt worden. Im System fester Wechselkurse ist dem Dollar alsbald die Funktion der Leitwährung zugewachsen; er konnte sie aber weniger und weniger erfüllen. Nach einer Serie von Erschütterungen und Rettungsversuchen ab 1969 kam 1973 der endgültige Bruch. Dabei zeigte sich, daß die Wirtschaftsmacht Bundesrepublik Deutschland und deren Zentralbank in die Rolle des Mitgestalters der weltwirtschaftlichen Entwicklung hineingewachsen waren. Schon 1971/72 hat die deutsche Geldpolitik, in ihrem Versuch, die Inflation zu bekämpfen, zentrale Vorgaben der Amerikaner und ihrer Politik niedriger Zinsen unterlaufen. Dem trug das neue pluralistische System der weltwirtschaftlichen Beziehungen Rechnung.

10. Es war ein Glück, daß das Ende von Bretton-Woods und damit die Befreiung

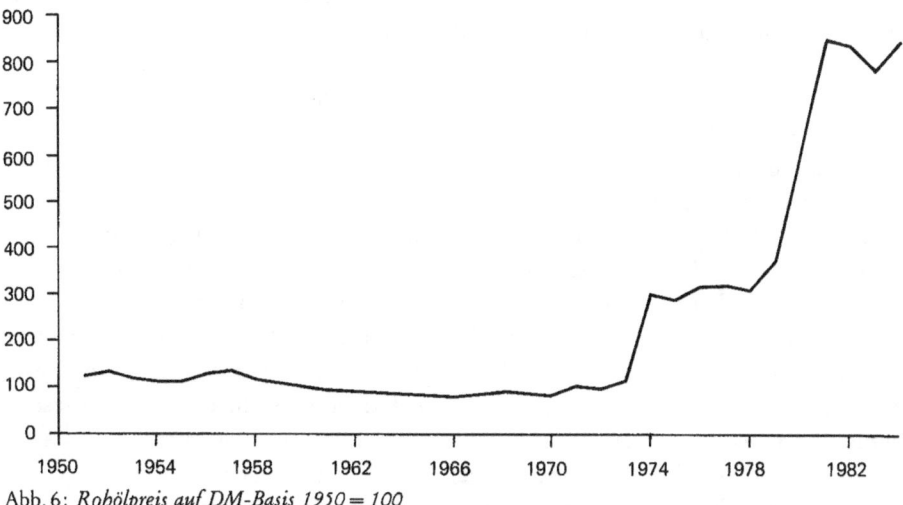

Abb. 6: *Rohölpreis auf DM-Basis 1950 = 100*

der Notenbanken von dem Zwang, feste Wechselkurse gegenüber dem Dollar verteidigen zu müssen, schon im Frühjahr 1973 gekommen war. So konnten die Regierungen und die Notenbanken dem ersten Ölschock und damit einer weiteren Zäsur des Jahres 1973, flexibler begegnen. Abb. 6 veranschaulicht, was damals – und noch einmal 1979/80 – geschah. Es gibt kaum Beispiele für eine ähnlich dramatische Veränderung fundamentaler Preisrelationen in Friedenszeiten wie dieses Ereignis. 1973 endete in der Bundesrepublik eine lange Periode billiger Energie.

Es endete auch die Phase der raschen Expansion des Energieverbrauchs und insbesondere der Ausweitung des Rohölverbrauchs (siehe Abb. 7). Die bis dahin als geradezu gesetzmäßig angesehene Bindung des Wachstums des Sozialprodukts an das Wachstum des Energie-Inputs erweist sich seither als durchaus flexibel. Der Energieverbrauch wurde – wenigstens tendenziell – 1973 vom Wachstum des Sozi-

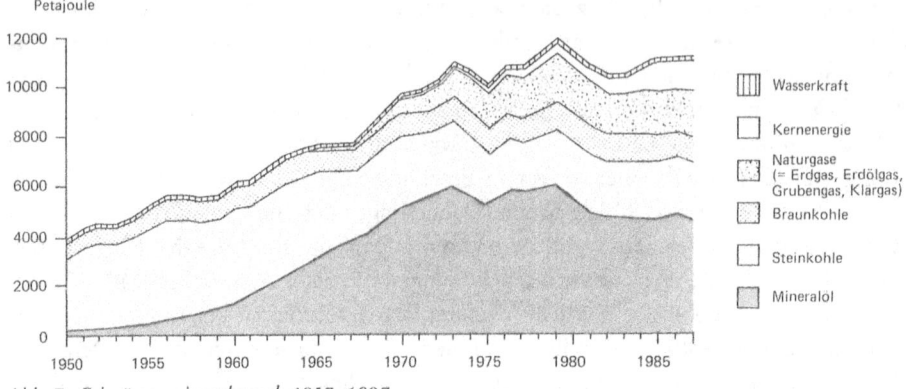

Abb. 7: *Primärenergieverbrauch 1957–1987*

alprodukts abgekoppelt. Seither wird auch in der Bundesrepublik das Thema „knappe Ressourcen" ernstlich diskutiert. Doch erwies sich gerade in dieser Bewährungsprobe auch der Preismechanismus als höchst leistungsfähig.

11. Wie sollen wir uns zwischen den beiden Angeboten für *eine* Zäsur in der Wirtschaftsgeschichte der Bundesrepublik – 1966/67 oder 1973 – entscheiden? Bevor wir darüber in Trübsinn verfallen und wie Buridans Esel entscheidungsunsicher verhungern, möchte ich zur Diskussion stellen, ob uns nicht ein *Drei-Perioden-Schema* der Verantwortung entheben könnte.

In einem kürzlich publizierten „Deutschland-Handbuch" 1949–1989 findet sich in dem von Ernst Helmstädter verfaßten Beitrag „Die Wirtschaftsordnung in der Bundesrepublik Deutschland: Soziale Marktwirtschaft" eine aufschlußreiche Abbildung (siehe Abb. 8). Sie veranschaulicht, wovon viele Wirtschaftswissenschaftler reden, wenn sie unterschiedliche Phasen der Nachkriegsentwicklung in Westdeutschland charakterisieren. Der wichtigste Indikator ist hier die Arbeitslosenquote. Die fünfziger Jahren waren durch den Abbau einer am Beginn sehr hohen – strukturellen – Arbeitslosigkeit gekennzeichnet. Die sechziger Jahre zeigen einen auch in historisch langer Perspektive extrem niedrigen Stand der Arbeitslosigkeit. Und von 1973 führt uns die Entwicklung in zwei Sprüngen auf hohe Arbeitslosenquoten zurück.

Die ungewöhnliche Situation der sechziger Jahre wird noch einmal verdeutlicht in Abb. 9. Bis 1960 lag die Nachfrage nach Arbeitskräften (Erwerbstätige plus offene Stellen) noch unter dem Angebot (Erwerbspersonen plus stille Reserve). Aber die Schere verringerte ihre Öffnung relativ stetig. Danach überstieg die Nachfrage das Angebot. Das ist es, was man die „Übervollbeschäftigung" genannt hat. In dieser Zeit wurden die ausländischen Arbeitnehmer angeworben. Was immer man sonst über den Anwerbestop 1973 sagen mag, in Hinblick auf die Arbeitsmarktsituation der folgenden Jahre war er ein Glück. Vermutlich wäre der Angebotsüberschuß, mit dem wir es seither zu tun haben, sonst noch größer ausgefallen.

12. Die unterschiedlichen drei Phasen der Entwicklung am Arbeitsmarkt sind evident. Die Zäsur 1973 leuchtet uns ein, zumal sie ja schon als eine der beiden großen

Zäsuren vorgestellt worden ist. Man könnte noch weitere Gründe nennen, so die schon in Abb. 4 veranschaulichte Herausbildung eines strukturellen Defizits der öffentlichen Haushalte, die Erweiterung der Europäischen Wirtschaftsgemeinschaft und anderes mehr. Wie aber rechtfertigen wir in dem Drei-Phasen-Schema, abgesehen von der Lage am Arbeitsmarkt, das Reden von einer Zäsur um 1960? Man kann durchaus noch einiges hinzufügen, allerdings nicht ähnlich wie 1973 auf ein Jahr zentriert. Natürlich müssen wir den Mauerbau 1961 erwähnen, der nicht nur auf die Entwicklung des Arbeitspotentials einwirkte. Ob die offizielle Revision alter Programmelemente der SPD auf ihrem Godesberger Parteitag Ende 1959 eine „Zäsur" war, werden viele Parteihistoriker mit guten Gründen bezweifeln. Immerhin war seither die „Soziale Marktwirtschaft" dem Grundsatzstreit der Parteien weitgehend entzogen. Daß die Grundkonzeption der geltenden und erwünschten Wirtschaftsordnung zwischen den großen Parteien nicht mehr umstritten sein sollte, ist bekanntlich etwas ganz Neues in der deutschen Geschichte. – Wenig auffällig, aber von großer Tragweite war am Ende der fünfziger Jahre die förmliche Feststellung der Konvertibilität der DM. Damit endete die Devisenbewirtschaftung, die 1931 in der Weltwirtschaftskrise eingeführt worden war. Und das 1961 verabschiedete liberale Außenwirtschaftsgesetz hat die Eingliederung Westdeutschlands in die (westliche) Weltwirtschaft abgeschlossen. In diesem Jahr fand auch – wiederum eine Premiere in der Wirtschaftsgeschichte – die erste Aufwertung der DM statt: zu viele Devisen waren in die Bundesrepublik geströmt!

13. Es gibt also einige Gründe, auch den Übergang von den fünfziger zu den sechziger Jahren als eine „Zäsur" zu verstehen. Deutlich wird das auch, wenn wir Abb. 10 betrachten.

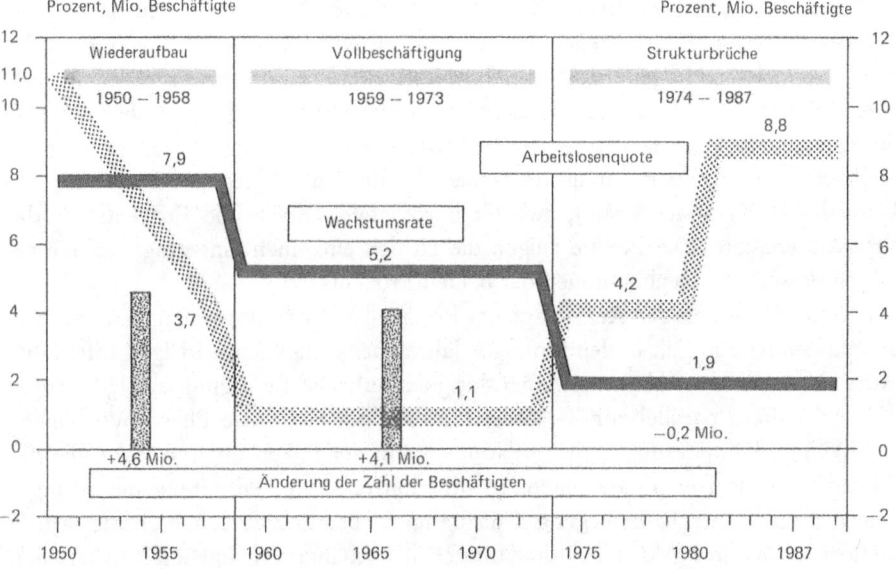

Abb. 8: *Drei Phasen der Entwicklung der Volkswirtschaft 1950–1987*

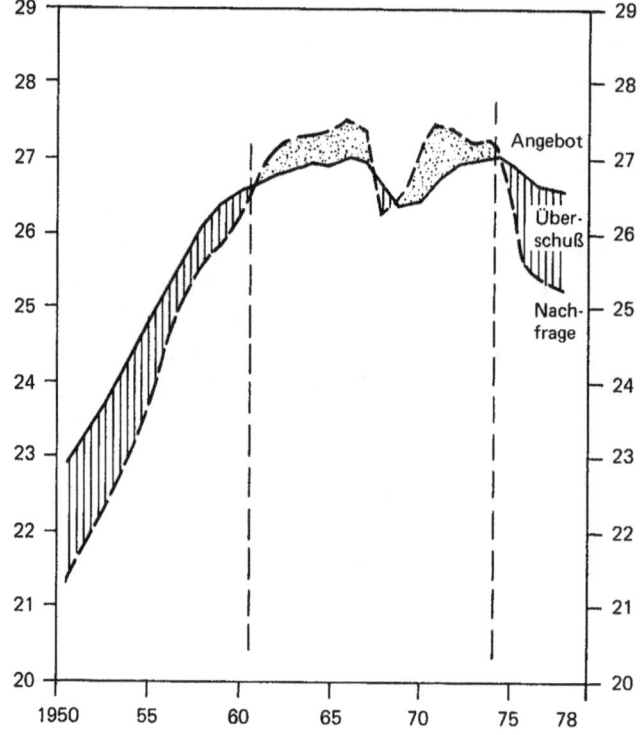

Abb. 9: *Angebot und Nachfrage auf dem Arbeitsmarkt 1950–1978*

Sie sieht zunächst verwirrend aus, veranschaulicht aber – wenn man sie zu lesen versteht – die unterschiedlichen Phasen der wirtschaftlichen Entwicklung in der Bundesrepublik recht eindrücklich. Abgebildet ist im Koordinatensystem, in welchem Maße wichtige Ziele der Wirtschaftspolitik, nämlich möglichst hoher Beschäftigungsstand und möglichst stabiles Preisniveau, erreicht werden konnten. Auf der vertikalen Achse finden wir die Prozentsätze für den Anstieg des Preisindex der Lebenshaltung (Inflationsrate), auf der horizontalen Achse die Prozentsätze der Arbeitslosenquote. Die Punkte zeigen die zu den einzelnen eingetragenen Jahreszahlen passenden Kombinationen der beiden Prozentsätze.

Lassen wir die heftigen Ausschläge der Preisniveau-Änderungsraten 1950 bis 1953 unkommentiert, so fällt in den fünfziger Jahren bei schließlich niedrigen Inflationsraten ein deutlicher Abbau der Arbeitslosigkeit auf. Die Bewegung erfolgt im großen und ganzen parallel zur X-Achse. 1960 beginnt eine neue Phase. Wir bleiben bei mäßigen Veränderungen der Inflationsrate in der linken unteren Ecke, die der Ökonom als ideal empfindet: niedrige Inflationsraten in Verbindung mit geringer Arbeitslosigkeit. Als die Bewegung 1965/66 nach oben auszubrechen drohte, wurde sie noch einmal mit geld- und fiskalpolitischen Mitteln „zurückgeholt" – aber eben nicht vollkommen, denn die Bewegung weicht 1967 nach rechts, in höhere Arbeitslosigkeit, aus. Weniger Inflation hatte ihre Kosten. Danach folgen drei Jahre in der Punktwolke links unten – und dann geschieht der nicht mehr korrigierte (nicht mehr korrigierbare?) Ausbruch nach oben. Der inflatorische Prozeß beschleunigt sich, bis 1973 die für ein inflationserfahrenes Volk unerhörte Rate von fast sieben Prozent erreicht ist. Nun aber setzt, auch im Zusammenhang mit dem Ölschock und einer restriktiven Politik der Notenbank, die Rezession 1974/75 ein. Die Kurve führt uns – bei noch immer recht hohen Preissteigerungsraten – in großen Schritten nach rechts, in die steigende Arbeitslosigkeit. Nach 1975 wird es kompliziert. Ich will die merkwürdige Schleife 1975–1981 nicht speziell kommentieren. Jedenfalls gelingt es nicht, die Arbeitslosigkeit nennenswert zu vermindern. In der neuerlichen Rezession 1980/82 befinden wir uns wieder oben und zugleich in schneller Bewegung nach rechts.

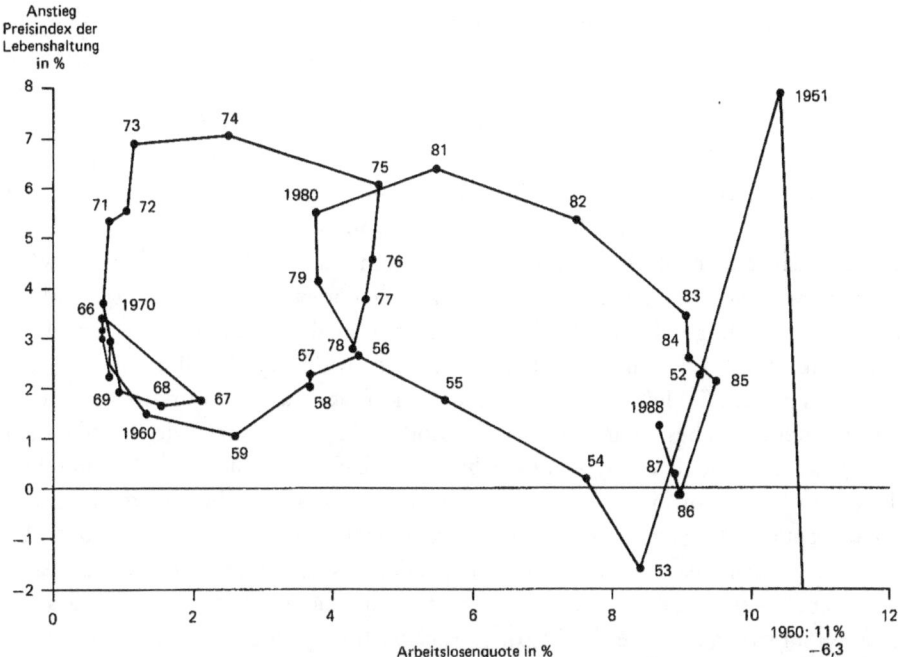

Abb. 10: *Inflationsrate und Arbeitslosenquote 1950–1988*

Die politische „Wende" 1982 und der Beginn der seither noch immer anhaltenden Folge konjunkturell relativ guter Jahre spiegelt sich in der Abbildung nur recht unvollkommen. Zwar wird nun die Inflationsrate rasch nach unten geführt, aber die Arbeitslosigkeit verharrt auf hohem Niveau. Und so gelangen wir nach 40 Jahren Wirtschaftsgeschichte der Bundesrepublik in jenen Koordinatenraum zurück, aus dem wir hergekommen sind – ein „Wunder-Kreislauf"?

14. Wie viele Phasen zeigt uns Abb. 10? Die beiden ersten sind augenfällig. Die erste umfaßt die fünfziger Jahre, die zweite die sechziger Jahre. Stellt man die Arbeitslosigkeit in den Vordergrund, so reicht diese Zeitspanne gar bis zur Zäsur

1973. Wie ab 1973 in der Periodisierung zu verfahren wäre, hängt von verschiedenen Umständen ab, die hier nicht im einzelnen erläutert werden können. Man könnte (wie im Schema der Dreiteilung) die gesamte Spanne zwischen 1973 und heute als eine Phase erfassen. Aber es erscheint doch auch sinnvoll, eine weitere Zäsur zu suchen. Diese muß irgendwo am Ende der Regierung Schmidt/Genscher liegen, vermutlich 1981, als die sozial-liberale Koalition die Unumgänglichkeit einer Sanierung des Staatshaushalts erkannte und akzeptierte. Neuerlich bekam damals die Inflationsbekämpfung in Deutschland erste Priorität, noch vor der (offensichtlich sehr schwierigen) Bekämpfung der Arbeitslosigkeit. Dem trugen Geld- und Fiskalpolitik Rechnung. Das Experiment „Globalsteuerung", seit einigen Jahren unter heftigem Beschuß von immer mehr Wirtschaftswissenschaftlern, wurde zwar nicht rasch abgebrochen. Aber ein Paradigmenwechsel schien nahezuliegen.

15. Damit schloß sich ein weiterer Kreis. In der Bundesrepublik fanden – wie in anderen Ländern auch – Empfehlungen wieder größere Aufmerksamkeit, die sehr an die vorherrschenden wirtschaftspolitischen Ideen der fünfziger Jahre zu erinnern schienen. Ludwig Erhard wurde wieder häufiger zitiert – wenn es auch übertrieben wäre, die achtziger Jahre als eine Wiederbelebung Erhardscher Politik zu bezeichnen. Denn obgleich nun (wieder) Privatisierung, Deregulierung, der Abbau der hohen Staatsquoten und andere Elemente einer stärker auf die Förderung der Wachstumskräfte zielenden Politik propagiert wurden, ist doch ein entschiedener Durchbruch (anders als in Großbritannien oder in den USA) nicht gelungen, wohl auch nicht wirklich versucht worden. Dennoch unterscheidet die Parole „Mehr Markt" die achtziger Jahre von den siebzigern – in der Bundesrepublik und jetzt auch (anders als in den fünfziger Jahren) bei ihren östlichen Nachbarn.

16. Ich bin am Schluß. Es läge nahe, jetzt die Frage zu stellen und möglichst zu beantworten, welches denn die beste Periodisierung sei. Aber wir müssen dem Naheliegenden widerstehen, weil es sich wissenschaftlich verbietet. Es kommt eben darauf an, was man im Sinn hat, wenn man die wirtschaftliche Entwicklung der Bundesrepublik betrachtet. Doch sollte nach dem Gesagten feststehen, daß die zurückliegenden vierzig Jahre mit dem Modell „Kontinuität" nicht angemessen beschrieben werden können. Es hat sehr unterschiedliche Konstellationen, ja auch Zäsuren im strengen Sinne des Begriffs gegeben. Ihr jeweiliges Gewicht war unterschiedlich. Einstweilen scheint auch keine sich mit den verschiedenen Zäsuren in den vierzig vorhergehenden Jahren zwischen 1910 und 1950 vergleichen zu können. Doch kann man auch dessen nicht sicher sein. Spätere Historiker werden dies besser überblicken können.

Literatur

Abelshauser, Werner, Die Langen Fünfziger Jahre. Wirtschaft und Gesellschaft der Bundesrepublik Deutschland 1949–1966, Düsseldorf 1987.

Ders., Wirtschaftsgeschichte der Bundesrepublik Deutschland, Frankfurt a. M. ⁴1987.

Borchardt, Knut, Die Bundesrepublik in den säkularen Trends der wirtschaftlichen Entwicklung, in: Knut Borchardt, Wachstum, Krisen, Handlungsspielräume der Wirtschaftspolitik. Studien zur Wirtschaftsgeschichte des 19. und 20. Jahrhunderts, Göttingen 1982, S. 125–150.

Ders., Die wirtschaftliche Entwicklung der Bundesrepublik nach dem „Wirtschaftwunder", in: Franz Schneider (Hrsg.), Der Weg der Bundesrepublik. Von 1945 bis zur Gegenwart, München 1985, S. 193–216.

Helmstädter, Ernst, Die Wirtschaftsordnung in der Bundesrepublik Deutschland: Soziale Marktwirtschaft, in: Werner Weidenfeld/Hartmut Zimmermann (Hrsg.), Deutschland-Handbuch. Eine doppelte Bilanz 1949–1989, München 1989, S. 241–257.

Hennings, Klaus Hinrich, West-Germany, in: Andrea Boltho (Hrsg.), The European Economy. Growth and Crisis, Oxford 1982, S. 472–501.

Lampert, Heinz, Die Soziale Marktwirtschaft in der Bundesrepublik Deutschland. Ursprung, Konzeption, Entwicklung und Probleme, in: Aus Politik und Zeitgeschichte Heft 17 (1988), S. 3–14.

Leaman, Jeremy, The Political Economy of West Germany, 1945–85. An Introduction, New York 1988.

Rohwer, Bernd, Konjunktur und Wachstum. Theorie und Empirie der Produktionsentwicklung in der Bundesrepublik Deutschland seit 1950, Berlin 1988.

Hans Günter Hockerts

Metamorphosen des Wohlfahrtsstaats

Der folgende Essay handelt von Sozialpolitik und Sozialgeschichte. Um ihren Zusammenhang zu verdeutlichen, sei sogleich eine summarische These vorausgeschickt: Sozialpolitik ist aus einer Randlage in das Zentrum des Wirtschafts- und Gesellschaftsprozesses gerückt. Was unter Bismarck als bescheiden dimensionierte „Arbeiterversicherung" begann, wirkt heute massiv auf die Lebenslage nahezu der gesamten Bevölkerung ein: Sozialpolitik beeinflußt nicht mehr nur den Not- und Ausnahmefall, sondern weitgehend den Normalfall. Somit hat die Frage nach der politischen Basis sozialer Prozesse erheblich an Bedeutung gewonnen, also die Umkehrung der traditionellen Frage nach der sozialen Basis politischer Prozesse. Das läßt sich in aller Kürze in zweierlei Hinsicht erläutern.

Erstens hat die Sozialpolitik eine neue Dimension für die Verteilung von Lebenschancen und Versorgungslagen, vielleicht sogar von „Versorgungsklassen" (M. Rainer Lepsius) begründet. Darauf deuten schon die gewaltigen Summen des Sozialbudgets hin, das längst etwa ein Drittel des Bruttosozialprodukts in Anspruch nimmt. Das zentrale Pumpwerk der Einkommensumverteilung, die Rentenversicherung, hat Jahresausgaben in der Größenordnung von zwei Dritteln des Bundeshaushalts. Die Rentner erhalten in zwei Monaten mehr Geld, als der Staat im Jahr für alle deutschen Hochschulen ausgibt.

Zweitens hat die Sozialpolitik die Erwerbsstruktur verändert. Das wird vor allem im Gesundheitswesen sichtbar, wo sich ganze Wachstumsbranchen als Pfründner der Sozialversicherung ansiedeln konnten. Denn diese schichtet in großem Umfang finanzielle Ressourcen auf Sach- und Dienstleistungen um. Allein für Gebisse haben die Krankenkassen über Jahre mehr Geld ausgegeben als alle öffentlichen Haushalte für kulturelle Angelegenheiten. Die wohlfahrtsstaatlichen Beschäftigungseffekte haben den volkswirtschaftlichen Strukturwandel zur Dienstleistungsgesellschaft beschleunigt. So gibt es heute zum Beispiel erheblich mehr Krankenhauspersonal als etwa Beschäftigte in der chemischen Industrie.

Beim Blick auf vierzig Jahre Sozialpolitik in der Bundesrepublik sticht also zunächst weniger die einzelne Zäsur ins Auge als vielmehr der lange Trend: Es ist die größte Expansionsperiode des Wohlfahrtsstaats in der deutschen Geschichte. Schon 1952 gab es in der Bundesrepublik mehr Fälle laufender Renten- und Unterstützungszahlungen als während der Weltwirtschaftskrise im ganzen Deutschen Reich. Auch bei der Sozialpolitik der mageren Jahre ab 1975 handelt es sich im ganzen eher um das Bremsen von Zuwächsen als um Sozialabbau. Erst wenn diese

Gesamttendenz hinreichend betont ist, lassen sich beim zweiten, genaueren Hinsehen Zäsuren setzen. Es werden dann Phasen erkennbar, Formverwandlungen des Wohlfahrtsstaats in der Folge von Schüben des Wachstums und der Veränderung.

I.

Am Anfang war die Sozialpolitik vor allem Nothelfer bei der Bewältigung von Kriegsfolgen. Um die auf den Nägeln brennenden Massennotstände in Erinnerung zu rufen, genügen einige Stichworte: über neun Millionen deklassierte und pauperisierte Vertriebene und Flüchtlinge (mithin knapp 20% der westdeutschen Bevölkerung 1950), vier Millionen Menschen, die der Krieg als Invalide, Witwen und Waisen hinterlassen hatte, drei bis vier Millionen einheimische Kriegssachgeschädigte, ein bis zwei Millionen Anschluß ans Zivilleben suchende, oft gesundheitlich zermürbte Spätheimkehrer, Evakuierte mit Rückführungs- und Starthilfebedarf, und nicht zuletzt: ein katastrophales Wohnungsdefizit.

Bekanntlich sind die Sprengsätze der sozialen Krise, die die Gründung der Bundesrepublik begleitet hat, schon im Verlauf der fünfziger Jahre weitgehend entschärft worden. Selbstverständlich muß man im rapiden Wirtschaftswachstum die entscheidende Bedingung für diese Erfolgsgeschichte sehen. Aber Wirtschaftswachstum kann auch desintegrierend wirken – nämlich dann, wenn die Begünstigungseffekte einseitig verteilt bleiben. Genau hier liegt eine spezifische Bedeutung der Sozialpolitik für die Überwindung der Gründungskrise: Sie hat keine Verfestigung kompakter Gruppen von ausgesprochen Notleidenden zugelassen. Das war der gemeinsame Nenner aller sozialpolitischen Maßnahmen der frühen fünfziger Jahre.

Hierzu zählen die großen bekannten Sozialgesetze zum Lastenausgleich, zur Kriegsopferversorgung, zum Wohnungsbau. Diese Gesetze ragen wie Baumkronen aus einem nahezu undurchdringlichen Gestrüpp sozialpolitischer Regulierungen hervor, das ebenso weitverzweigt wie kompliziert und oft auch improvisiert war. Kritische Geister sprachen damals von einem Sozialrechtsdschungel. Im ganzen haben die Kriegsfolgen die sozialstaatliche Intervention ruckartig verstärkt. Daher verfügte die Bundesrepublik um 1950 über die höchste Sozialleistungsquote Westeuropas. Zugleich lockerte dieser Interventionsschub die traditionelle Verbindung von Sozialpolitik und Arbeiterpolitik. Denn die Kriegsfolgenschäden liefen quer zu allen Klassen- und Schichtungslinien und drängten insofern auf Verallgemeinerung sozialpolitischer Hilfe.

II.

Die Ereignisgeschichte sozialpolitischen Handelns hat eine größere Bewegungsgeschwindigkeit als die Strukturgeschichte sozialer Verhältnisse. Deshalb wird man in der Regel keinen gemeinsamen Taktstrich setzen können. Ich meine aber, daß sowohl unter sozialgeschichtlichen wie sozialpolitischen Gesichtspunkten 1957/58 eine Zäsur zu sehen ist. Sozialgeschichtlich war das ein Scheitelpunkt, denn es ging für breite Bevölkerungskreise bis dahin eher um die Wiedergewinnung eines herkömmlich vertrauten, vom Zwang zur Bescheidenheit gekennzeichneten Lebenszuschnitts. Wie die Öffnung einer Schleuse erfaßt und verwandelt dann aber die ökonomisch-technische Modernisierung die Lebensbedingungen immer größerer Bevölkerungskreise – zunächst als Wohlstandserwartung, dann als Wohlstandserfahrung. Die massenhafte Verbreitung neuer Konsumstandards – wie Auto, Fernseher, technische Haushaltsgeräte – beginnt den Alltag nachhaltig zu verändern. Als Vorbote der Freizeitgesellschaft erscheint der freie Samstag, das lange Wochenende (das als säkularisiertes Weekend den kirchlichen Sonntag bald in die Defensive drängt).

Eine Zäsur 1957/58: Sozialgeschichtlich *kann* man sie setzen, sozialpolitisch *muß* man es. Bis dahin handelte es sich – sieht man von neuen Versorgungs- und Entschädigungssystemen für die vom Krieg und seinen Folgen besonders Betroffenen ab – überwiegend um Wiederherstellung, um „Restauration". Insbesondere wurde das alte Gefüge der Sozialversicherung wiederhergestellt, und zwar in doppelter Abgrenzung: einerseits von neuen Konzeptionen des britisch-skandinavischen Welfare-State (mit allgemeiner Staatsbürger-Grundrente und einem überwiegend steuerfinanzierten nationalen Gesundheitsdienst), andererseits von einem um die kommunale Fürsorge zentrierten Modell sozialer Sicherung (das sich auf die „wirklich Bedürftigen" zu konzentrieren und diese mittels Bedürftigkeitsprüfung herauszufinden sucht). Adenauers Rentenreform setzte diesem Konzeptionenstreit 1957 ein definitives Ende, indem sie das Sozialversicherungsprinzip (mit lohnbezogenem Beitrag und beitragsbezogener Sozialleistung) als grundlegendes Ordnungsmodell der deutschen Sozialpolitik bekräftigte. Zugleich implantierte diese Reform neue sozialpolitische Ordnungsideen.

Neu war der Durchbruch zur Lebensstandardsicherung, wonach soziale Leistungen, soweit sie den Ausfall von Arbeitseinkommen auffangen, ihren kümmerlichen Charakter verlieren und etwas sehr Attraktives bieten sollen: die Sicherung des im Arbeitsleben erreichten relativen sozialen Status (insofern unter marktwirtschaftlichen Bedingungen übrigens auch eine Sicherung *gegen* die Gleichheit). In diesem Funktionswandel von der Überlebenshilfe zur Status-Sicherung liegt einer der wichtigsten Gründe dafür, daß die Sozialleistungsquote bei wachsendem Wohlstand nicht gesunken ist, sondern gestiegen – ganz entgegen den ursprünglichen Erwartungen der Neoliberalen.

Neu war auch das Prinzip der Dynamisierung. Es macht die Sozialeinkommen von statischen Richtwerten (wie dem Nennwert früherer Beiträge) unabhängig und koppelt sie an bewegliche Bezugsgrößen (wie die aktuelle Entwicklung der Arbeitseinkommen). Zunächst in der Rentenversicherung, dann mit zunehmender Anwendungsbreite ist die Dynamik des Wirtschaftsgeschehens seither aufgenommen in das Recht derer, die nicht mehr im Erwerbsprozeß stehen.

Man darf die These wagen, daß die Sozialstruktur der Bundesrepublik 1957 von einem großen traditionellen Konflikt entlastet worden ist, der in der krassen Verteilungsdisparität zwischen den Generationen begründet lag, der erwerbstätigen und der nicht mehr erwerbstätigen Generation. Hier wurde relativ viel Ausgewogenheit hergestellt, wenn zunächst auch nur – diese Einschränkung gilt es in Erinnerung zu halten – für lebenslang voll erwerbstätige Arbeiter und Angestellte. Denn so stark wie nie zuvor übertrug die Rentenreform die Verteilungsergebnisse der Marktsphäre auf die Sozialeinkommen: Dauer und Erfolg der Erwerbstätigkeit rückten in den Rang einer zentralen Kategorie für die Zurechnung sozialer Leistungen. Das schadete der Popularität dieser sozialpolitischen Epochenzäsur damals keineswegs. Im Gegenteil: Das lag ganz im Trend einer sozialkulturellen Entwicklung, die geprägt war von der Erwartung individueller Aufstiegschancen mit Konzentration auf Arbeit, Leistung und Konsum. Dieser Trend hatte längst auch die traditionellen Sozialmilieus der Arbeiterbewegung erfaßt und bis auf Schwundstufen und Restbestände erodiert.

III.

Der Ausklang der Ära Adenauers und Erhards (1958–1966) und die Jahre der Großen Koalition (1966–1969) lassen sich als deutlich voneinander abgrenzbare Phasen begreifen. Ich sehe da vor allem zwei Unterschiede. Der eine betrifft das sozialpolitisch dominierende Gesellschaftsbild.

Es wird 1958 bis 1966 der Versuch unternommen, dem weiteren Ausbau der kollektiven sozialen Sicherung gegenzusteuern und die Gesellschaft stärker nach dem Vorbild des besitzenden Bürgers zu modellieren. Breit gestreute „Volksaktien", Sparförderung, Begrenzung von Versicherungspflicht, mehrfach unternommene Anläufe, Selbstbeteiligung an den Kosten ärztlicher Behandlung und anderswo einzuführen: Darin kann man Versuche sehen, die Gesellschaft in einem spezifischen Sinn zu verbürgerlichen, insbesondere die Art des Umgangs mit den verfügbaren Einkommenszuwächsen in bürgerlich vertraute Bahnen zu lenken. Zugleich haben in dieser Phase die Interessen des selbständigen Mittelstands in einem Maße an Durchsetzungschance gewonnen, das zu Anfang der fünfziger Jahre schwer vorstellbar war. Damals hatte die Kooperation von Staat, Industrie und Gewerkschaften den selbständigen Mittelstand an den Rand verwiesen; „Panik im Mittelstand" hatte sich angedeutet. Von 1958 bis 1966 sieht es so aus, als habe das frühliberale Erwartungsmodell, wonach der Fortschritt das Bürgertum zum „allgemeinen Stand" machen werde (Lothar Gall), noch einmal den Anspruch auf Geltung erhoben. So erreicht ja auch die öffentliche Diskussion über die „Verbürgerlichung" der Arbeiterschaft in diesen Jahren ihren Zenit.

In der Phase der Großen Koalition ist – das ließe sich zumindest als These ins Visier nehmen – die Referenzgröße des Bürgertums ausgetauscht worden gegen die des Arbeitnehmers. Herausragend ließe sich das am Aufschwung einer qualifizierenden Arbeitsmarktpolitik als allgemeine Arbeitnehmerpolitik zeigen, aber auch an der Einebnung sozialrechtlicher Unterschiede zwischen Arbeitern und Angestellten, was die Bildung einer übergreifenden Arbeitnehmerkategorie förderte. Besonders wichtig ist hier die im Endspurt der Großen Koalition eingeführte Lohnfortzahlung für Arbeiter – Endpunkt eines langen und heftig umstrittenen Weges zur Gleichstellung mit den Angestellten (deren Standespolitik, in der Forschung zum Teil als vorindustrielles Relikt oder Fossil mißtrauisch beäugt, sich hier einmal mehr als Schrittmacher allgemeiner Arbeitnehmerrechte erweist).

Läßt man sich auf die sperrige Materie der Versicherungstechnik einmal etwas näher ein, so entdeckt man sogar in Dingen wie dem von der Großen Koalition diskret verabschiedeten „Finanzausgleich" zwischen der Arbeiter- und der Angestelltenversicherung einen durchaus aufregenden Vorgang. Diese bisher strikt getrennten Versicherungszweige wurden zu einer finanziellen Einheit verschmolzen, so daß seither Milliardenströme geräuschlos aus den Angestelltenbeiträgen in die Arbeiterkassen geflossen sind. In den fünfziger Jahren wäre ein solcher Finanzverbund noch als „Enteignung der Angestellten" wahrgenommen worden; ein Großalarm hätte das verhindert. Gewiß, schon die Rentenreform 1957 hatte das Leistungsrecht bahnbrechend vereinheitlicht. Aber das war kein Nullsummenspiel gewesen, bei dem die Angestellten verloren, was die Arbeiter gewannen, sondern die Reform hatte beiden Versicherungszweigen zugleich zu deutlichem Niveaugewinn verholfen. Und sie war nur um den Preis strikter Beachtung der finanziellen, organisatorischen und gesetzessystematischen Separation der Angestellten durchsetzbar gewesen. Alles andere hätte zu entsetztem Aufschrei und gewaltigem politischen Echo geführt.

Der diskrete sozialpolitische Charme der Großen Koalition, die ja auch eine große Koalition der Sozialpolitiker war, verdankt sich (nicht nur) in diesem Fall einem Finanzierungszwang: Die Arbeiterversicherung rutschte massiv ins Defizit, während die Angestelltenversicherung Rücklagen auftürmte. Das ließ sich nur durch Fusionierung zu einer Art Arbeitnehmerversicherung balancieren. Wie dieses vielleicht etwas entlegene Beispiel andeutet, hängt das Überwechseln zur sozialpolitischen Bezugsgröße „Arbeitnehmergesellschaft" aufs engste mit sozialstrukturellen Entwicklungen zusammen. In diesem Falle wirkte sich vor allem die in den sechziger Jahren an Tempo gewinnende „Tertiärisierung" der Erwerbsstruktur aus, also die Umschichtung von Arbeitskräften in die Dienstleistungsbereiche hinein. Das führte nicht nur zu beachtlicher Aufstiegsmobilität aus der Arbeiterschaft in Angestelltenverhältnisse, sondern auch zu dem genannten, zum Handeln zwingenden Ungleichgewicht der Rentenkassen.

Ich hatte einen zweiten Phasenunterschied angekündigt und sehe ihn in einer charakteristischen Akzentverschiebung von der Sozialpolitik zur Gesellschaftspolitik. Der traditionelle Kern der Sozialpolitik lag im Schutz gegen die vier großen Risiken des Einkommensverlustes (bei Unfall, Krankheit, Invalidität und Alter, Arbeitslosigkeit). In einer erweiterten Problemfassung gewannen jetzt Leistungsaufgaben bei der Bereitstellung öffentlicher Güter an Bedeutung: Bildungs- und Gesundheitswesen, Städtebau und Raumordnung, Energie und Umwelt, um nur einige Stichworte zu nennen.

Nichts anderes als eine solche politische Ausweitung des Sozialen hatte der Erfinder des Begriffs „Soziale Marktwirtschaft", Alfred Müller-Armack, im Sinn, als er Ende der fünfziger Jahre die Parole ausgab, es müsse eine zweite, eine „gesellschaftspolitische" Phase der sozialen Marktwirtschaft beginnen. Die kräftigeren Akzente setzte aber erst die Große Koalition, die im Angesicht der Rezession ja auch – mit einiger Verspätung, aber um so enthusiastischer – die Keynesianische Botschaft aufnahm, mithin Wirtschaftswachstum und Vollbeschäftigung dezidiert in das wohlfahrtsstaatliche Aktionsprogramm hereinholte.

IV.

Der Aufstieg der SPD zur dominierenden Regierungspartei hat die sozialpolitische Aktivität ruckartig gesteigert. Begünstigt vom wirtschaftlichen Boom und getragen von einer mächtigen Grundwelle der Reformerwartung, stechen die Jahre 1969 bis 1974 als die Phase der größten Beschleunigung wohlfahrtsstaatlicher Expansion ins Auge. Auch der Stil der Sozialpolitik änderte sich, erfaßt von einer etwas rauschhaft erlebten Planungsmentalität. Die Informations- und Planungssysteme wurden stark ausgebaut, darunter das Sozialbudget und der Sozialbericht. Das war zweifellos verdienstvoll. Über das Prognosepotential sollte man sich indessen keinen Illusionen hingeben. So kündigte der Sozialbericht 1973 einen längerfristigen Arbeitskräftemangel an; der Bericht war kaum ausgeliefert, da stieg die Arbeitslosenzahl auf nahezu eine Million. Und die gigantischen Überschüsse, die für die Rentenfinanzen prognostiziert wurden, haben den Bundestag 1972 zu einer Rentenreform ermuntert, deren Finanzierungsgrundlagen so spekulativ waren wie ein Warentermingeschäft.

Die sozialpolitische Expansion dieser Jahre war weitverzweigt und entzieht sich jeder Zusammenfassung in wenigen Sätzen. Zur Markierung müssen drei Hinweise genügen. Zunächst: Arbeitsschutz, Arbeitssicherheit und „Humanisierung des Arbeitslebens" rückten – wenigstens programmatisch – zu einem neuen Schwerpunkt der Sozialpolitik auf. Das war ein Erfolg der gewerkschaftlichen Versuche, die Gestaltung der Arbeitsbedingungen stärker in den Begriff der Sozialpolitik einzubeziehen und somit auch in die begriffliche Organisation der öffentlichen Aufmerksamkeit. Sodann ist auf die rasche Expansion des Gesundheitssektors hinzuweisen, die dadurch erleichtert wurde, daß die Lohnfortzahlung die Krankenkassen von der Krankengeldleistung weitgehend entlastete. So wurden sehr erhebliche Mittel frei für eine Ausweitung der Sach- und Dienstleistungen; auch der Gedanke der vorbeugenden Gesundheitssicherung erhielt einen höheren Stellenwert.

Zum spektakulärsten Projekt geriet hingegen die Rentenreform von 1972. Sie entstand in einer einzigartigen Situation zwischen Boom (der Wirtschaft) und Patt (im Bundestag) und Wahlkampf (wegen der vorzeitigen Parlamentsauflösung). Diese Konstellation führte dazu, daß die Parteien sich sozialpolitisch – koste es, was es wolle – zu übertrumpfen suchten und die Reform durch eine Addition ganz unterschiedlicher Konzeptionselemente zustande kam. Den teuersten Brocken steuerte eine kräftige Erhöhung des allgemeinen Rentenniveaus bei. Daneben führte die Reform die flexible Altersgrenze ein, deren günstige Konditionen eine allgemeine Senkung des Rentenalters mit sich brachten, und sie fügte das Element eines fiktiven Mindestlohns in die Rentenberechnung, was frühere erwerbsmäßige Benachteiligungen (besonders von Frauen) etwas ausglich. Weiterhin öffnete sie die Rentenversicherung für die gesamte Bevölkerung, wobei die Wählerklientel in den selbständigen Berufen ganz ungewöhnlich günstige Beitrittsbedingungen erhielt, was auf eine Subventionierung durch die Beiträge der Arbeitnehmer hinauslief. Selten zeigt sich eine der Triebfedern sozialpolitischer Expansion – Wettbewerbsdruck und Erfolgszwang in demokratischen Wahlen – so deutlich wie in der Überbietungskonkurrenz des Jahres 1972.

V.

In einem etwas respektlosen Vergleich hat Niklas Luhmann die Expansionsdynamik des Wohlfahrtsstaats mit dem Flug der Heuschrecke verglichen. So wie die Heuschrecke nicht aufhören kann zu fliegen, bis ihr die Glukose ausgeht, so bremse der Wohlfahrtsstaat die Sozialleistungsexpansion erst dann, wenn das Geld ausgeht. An diesen Vergleich fühlt man sich beim Blick auf die Wendemarke des Jahres 1975 erinnert, an der der Wandel der gesamtwirtschaftlichen Rahmenbedingungen die Sozialpolitik eingeholt und ihren langfristigen Expansionstrend gebrochen hat.

Es folgte ein Austeritätsjahrzent, in dem die Sozialleistungssysteme – unter dem Druck von Konjunktureinbrüchen, hoher Arbeitslosigkeit, steigendem „Rentenberg" und einer „Kostenexplosion" im Gesundheitswesen – hart an die Grenzen der Finanzierbarkeit gestoßen sind. So setzte 1975 die Tendenz zur Kostendämpfung ein, und sie beherrschte das sozialpolitische Feld Ende der siebziger und Anfang der achtziger Jahre schließlich ganz. Im Arsenal der Maßnahmen, die der Gesetzgeber ins Feld führte, war nicht alles so spektakulär wie dies: Ein Hauptelement der Rentenreform von 1972 wurde kurz nach den Wahlen von 1976 („Rentenlüge") wieder zurückgenommen. Vieles geschah mit eher lautlosen Techniken, oft indirekt wirksam, indem z. B. nicht Leistungen gesenkt, sondern Leistungsvoraussetzungen verschärft wurden.

Eine bedeutsame Technik lag in der Abwälzung von Leistungen und Lasten auf die Gemeinden. Damit ist eine optimistische Weichenstellung aus der Hoch-Zeit des Wirtschaftswunders wieder verschüttet worden. Damals, bei der Verabschiedung des Bundessozialhilfegesetzes 1961, galt Massenarmut dank Lohnsteigerung, Vollbeschäftigung und Ausbau der sozialen Sicherung als dauerhaft überwunden. Statt als das letzte soziale Netz massenhaft finanzielle Notlagen aufzufangen, sollte die Sozialhilfe künftig frei sein für ihre eigentliche und anspruchsvolle Aufgabe einer individuellen Hilfe bei besonderen Lebenslagen. Davon ist wenig übriggeblieben, seit wieder Kostenlawinen auf die Sozialhilfe überwälzt worden sind, insbesondere Kosten von Dauerarbeitslosigkeit, von langfristiger Pflegebedürftigkeit oder von

Altersarmut bestimmter Bevölkerungsgruppen ohne hinreichende Erwerbsbiographie (vor allem Frauen). Faktisch hat das die Funktion der Sozialhilfe verändert; sie ist für eine die Zweimillionengrenze überschreitende Empfängerzahl (1985) wieder zum Instrument einer Grundsicherung auf existenzminimalem Niveau geworden. Da die Krise auf einem gegenüber der Weimarer Republik etwa versiebenfachten Volkseinkommen einsetzte, ist die soziale Situation gleichwohl nicht annähernd so brisant wie während der Großen Inflation und der Weltwirtschaftskrise.

Wollte man das Jahrzehnt der Sparpolitik genauer bilanzieren, so fiele das Ergebnis je nach der gewählten Perspektive unterschiedlich aus. Auf der Ebene der Aggregatzahlen ließe sich feststellen, daß es sich eher um eine Periode der Konsolidierung handelt als des sozialen Abbaus. Das Wachstum der Sozialausgaben hielt an, aber die jährlichen Wachstumsraten wurden nun enger als zuvor an das Wachstum des Sozialprodukts angepaßt. Bei einer auf die einzelnen Kategorien der Sozialstaatsklientel gerichteten Perspektive würde man sehen, daß die Sparpolitik eine unterschiedliche Eindringtiefe hatte. Die ins Schlingern geratene Rentenversicherung sah sich so spürbaren und zudem so unsystematischen Eingriffen ausgesetzt, daß das Bundesverfassungsgericht (1980) ein deutliches Signal für angebracht hielt: Es dehnte den Schutzbereich des Eigentumsartikels unserer Verfassung auf Versichertenrenten und Rentenanwartschaften aus. So unklar die praktische Bedeutung dieser Rechtsprechung im einzelnen sein mag, so signifikant ist ihre grundsätzliche Aussage: In der gewandelten Sozialstruktur einer hochindustrialisierten Arbeitnehmergesellschaft hat die Verwandlung des (bürgerlichen) Eigentumsbegriffs in die Form von Sozialrechtspositionen verfassungsrechtliche Dignität und Garantie erhalten.

Aber die Kostendämpfung traf Arbeitslose, Sozialhilfeempfänger und Sozialarbeiter vergleichsweise härter als das große Heer der Rentner, das zwar vielfach untergliedert ist, im ganzen aber 10 Millionen Wählerstimmen mit sich führt. Zwar liegt die größere Armut und insofern der größere Hilfsbedarf sozial „unten", aber die entscheidenden Wählerschichten gehören zu jener breiten Arbeitnehmermitte, die die Finanzierungslast des Wohlfahrtsstaats trägt, weil er *ihren* Sicherungsinteressen ein hohes und im Zweifel das höhere politische Gewicht zumißt. Die Austeritätsphase lädt zum Studium der Frage ein, welche Klientel der Wohlfahrtsstaat ungestraft vernachlässigen konnte, welche nur unter bestimmten Bedingungen und welche nicht.

Ein weiterer Perspektivenwechsel könnte zum Vorschein bringen, daß das überkommene sozialpolitische System nicht allein an Grenzen der Finanzierbarkeit gestoßen ist, sondern auch an Grenzen der gesellschaftlichen Integrationsfähigkeit. An diesen Grenzen wird eine Reihe sozialgeschichtlicher Entwicklungsschübe sichtbar, die auf einen größeren Umbau drängen. Ich verweise in aller Kürze auf drei:

1. Die deutsche Bevölkerung wird von einer doppelten Altersdynamik verändert, die darin besteht, daß es immer mehr alte Menschen und immer ältere alte Menschen gibt. Das treibt nicht nur die Kosten der Alters- und Gesundheitssicherung automatisch in die Höhe, sondern das stiftet auch ein neues Risiko, das im herkömmlichen Sozialleistungssystem eigentlich nicht vorgesehen war: langfristige Pflegebedürftig-

keit. Hier ist noch einmal „Sozialpolitik erster Ordnung" gefragt, also das innovative Aufgreifen sozialer Problemlagen. Längst hat sich sonst „Sozialpolitik zweiter Ordnung" in den Vordergrund geschoben, wo es darum geht, die bereits bestehenden Leistungssysteme funktionsfähig zu halten und die von ihnen ausgelösten Wechselwirkungen zu bewältigen. Oder handelt es sich hier, da die doppelte Altersdynamik auch den langfristigen Folgen des Wohlfahrtsstaats zuzurechnen ist, sogar schon um „Sozialpolitik dritter Ordnung"?

Pflegehilfe wirft nicht nur ein schwieriges Finanzierungsproblem auf, sondern ebenso die Frage nach menschenwürdigen Formen der Hilfe. Der auch aus anderen Gründen wachsende Bedarf an personenbezogenen Diensten hat einer alten Kritik an der Staatszentrierung der Sozialpolitik ein neues Gesicht gegeben: Wie weit und mit welcher Leistungskraft kleinere soziale Netze und Selbsthilfeinitiativen gegen die Tendenzen zur Verrechtlichung und Bürokratisierung, zur Zentralisierung und Monetarisierung der Sozialpolitik aktivierbar sind, das gehört zu den strittigen Reformthemen der Gegenwart.

2. Es zeigen sich die Schattenseiten einer sozialen Sicherung, die sozusagen durch das Nadelöhr eines lebenslangen Normalarbeitsverhältnisses hindurchführt. Vor allem die Rentenversicherung ist auf dieses Leitbild des voll erwerbstätigen Arbeitnehmers zugeschnitten. Man muß nun nicht gleich das Menetekel einer „Zwei-Drittel-Gesellschaft" an die Wand zeichnen. Aber in einer Zeit, in der mit Dauerarbeitslosigkeit zu rechnen ist, in der Teilzeitarbeit und unregelmäßige Beschäftigung vordringen und im Dienstleistungssektor neue Kleinselbständigkeit entsteht (die daran erinnert, daß das soziale Schutzbedürfnis der kleinen Selbständigen in der Arbeitnehmergesellschaft zumeist nicht gut aufgehoben wurde, sondern links liegenblieb) – in einer solchen Zeit stellt sich die Frage nach dem Zusammenhang von Sozialstruktur und Sozialpolitik doch neu: als Frage nach einer Grundsicherung (außerhalb der Sozialhilfe) für Menschen, die sich nicht in Normalarbeitsverhältnissen befinden, so daß die Basis der späteren Rentenzumessung bedenklich klein bleibt.

3. Spitze Zungen sprechen von einer „geschlechtsspezifischen Spaltung des Sozialstaats". Daran ist zumindest soviel richtig, daß es typische Benachteiligungen von Frauen im Zugang zu sozialen Leistungen gibt. Dagegen stößt einer der größten sozialgeschichtlichen Bewegungsfaktoren unserer Zeit: die Gleichstellung der Frauen.

Gleichstellung mit wem? Es geht durchaus nicht nur um die Gleichstellung von Frauen und Männern, sondern auch um eine solche von Frauen und Frauen. So geraten z. B. Frauen, die ihre Erwerbstätigkeit unterbrechen, um Kinder zu erziehen, gegenüber ihren voll erwerbstätigen Geschlechtsgenossinnen in mehrfacher Hinsicht, vor allem rentenrechtlich, ins Hintertreffen. Für das traditionelle Konzept der Sozialversicherung ist die von Hausfrauen, Müttern oder bei der häuslichen Pflege geleistete Arbeit unerheblich. Sie begründet keine eigenständige soziale Sicherung und wirkt sich auf die (vom erwerbstätigen Partner) abgeleiteten Ansprüche nicht qualifizierend aus. Hier hat sich Änderungsbedarf aufgestaut: Sozialpolitik soll neben dem betrieblichen auch den häuslichen Arbeitsplatz anerkennen, soll die Wahl zwischen Familie und Beruf erleichtern, aber auch die Vereinbarkeit beider Optionen verbessern. Bei einer statistischen Wahrscheinlichkeit, daß mindestens jede vierte Ehe geschieden wird, kann das Sozialrecht auch nicht mehr im gleichen Maße wie früher auf die Sicherungsfunktion der Voll-Familie bauen.

VI.

Die Hochflut der Kürzungen im Sozialbereich ebbte mit dem Haushaltsbegleitgesetz 1984 ab. Das Austeritätsjahrzent kam im Übergang zu einer anhaltend steigenden Konjunktur zum Ende. Da man über Geschichte bekanntlich schlecht schreiben kann, solange sie noch qualmt, lassen sich die Konturen der jüngsten Bewegungs- und Gestaltungsphase nur andeutungsweise skizzieren. Erkennbar wird eine zunehmende frauen-, familien- und bevölkerungspolitische Ausrichtung der Sozialpolitik. Vor allem die Erziehung von Kindern ist in mehr als einer Hinsicht in den Rang einer sozialpolitisch erheblichen Qualifikation aufgerückt. Dies könnte der Anfang einer sozialrechtlichen Neudefinition des Arbeitsbegriffs sein, insofern er sich aus seiner Verengung auf die Erwerbsarbeit löst. Wieweit dieser Ansatz tragen wird, läßt sich noch nicht absehen.

Nachdem der Prosperitätsschleier zerrissen ist, der eine Reihe von Strukturproblemen der sozialen Sicherung lange so freundlich verhüllt hatte, sind in den großen Bereichen des Gesundheitswesens und der Alterssicherung neuerdings Umbauten begonnen worden, die durchaus den Namen „Strukturreform" verdienen. Wie immer man das heftig umstrittene Gesundheits-Reformgesetz 1988 im einzelnen bewerten will, so fügt es doch neuartige Regulative ein, die die Steuerungsfähigkeit eines gigantischen Tummelplatzes von Interessen (der Ärzte, der Krankenhausbetriebe, der Gesundheitshandwerker, der Pharmaindustrie, der Geräteproduzenten der Hochtechnologie-Medizin . . .) erhöhen.

Wie notwendig das im Grundsatz ist, zeigt das Quantum Wahrheit in der polemischen Pointe, die Sozialversicherung sei ein „Selbstbedienungsladen" der Gesundheitsberufe. Oder sollte es, um ein kleines Illustrationsbeispiel herauszugreifen, der reine Zufall sein, daß Internisten mit eigener Röntgeneinrichtung ein Vielfaches an Röntgenleistungen veranlassen im Vergleich zu jenen Kollegen, die Röntgenuntersuchungen als Auftragsleistungen durchführen lassen? Das Gesetz versteht sich als Zwischenschritt. Der Gesetzgeber macht Miene, als nächstes den Umstand anzupacken, daß unter den mit sehr unterschiedlichen Risikostrukturen ausgestatteten Krankenkassen ein verzerrter, zu Preissteigerung treibender Wettbewerb herrscht.

Ohne das überkommene Konzept der Rentenversicherung zu sprengen, zeigt auch die 1989 verabschiedete „Rentenreform 1992" Elemente einer Strukturreform, darunter das Ziel einer „Selbststeuerung" als „Regelkreis" gegenüber demographischen und konjunkturellen Risiken. Hier hat eine sozialpolitische Großkoalition den in jeder Hinsicht interessanten Versuch unternommen, die Rentenversicherung für Jahrzehnte aus der Tagespolitik herauszunehmen. Da diese Versicherung als „Arche der Kontinuität" zwischen den Generationen (Michael Stolleis) in besonderem Maße Verläßlichkeit braucht, kann man in diesem Versuch, den Wohlfahrtsstaat vom Parteienkonflikt abzuheben, einen bedeutsamen Fortschritt sehen. Oder ist es eher bedenklich, daß der demokratische Staat sich Entpolitisierungsexklaven schafft?

Die meisten Vorschriften dieser dritten Rentenreform in der Geschichte der Bundesrepublik sollen 1992 in Kraft treten. Freilich: Wie das Deutschland beschaffen sein wird, das dann in das Jahr Eins des Europäischen Binnenmarktes eintritt, läßt sich heute so wenig absehen wie die Wirkungsdynamik des Sozialraums Europa auf die Sozialgeschichte und die Sozialpolitik.

Literatur

Alber, Jens, Der Sozialstaat in der Bundesrepublik 1950–1983, Frankfurt a. M./New York 1989.

Bartholomäi, Reinhart/Bodenbender, Wolfgang, u. a. (Hrsg.), Sozialpolitik nach 1945. Geschichte und Analysen, Bonn 1977.

Blüm, Norbert/Zacher, Hans F. (Hrsg.), 40 Jahre Sozialstaat Bundesrepublik Deutschland, Baden-Baden 1989.

Hockerts, Hans Günter, Sozialpolitische Entscheidungen im Nachkriegsdeutschland. Alliierte und deutsche Sozialversicherungspolitik 1945–1957, Stuttgart 1980.

Ritter, Gerhard A., Der Sozialstaat. Entstehung und Entwicklung im internationalen Vergleich, München 1989.

Schmidt, Manfred G., Sozialpolitik. Historische Entwicklung und internationaler Vergleich, Opladen 1988.

Thomas Ellwein
Verfassung und Verwaltung

I.

Das Grundgesetz der Bundesrepublik Deutschland ist 1949 in Kraft getreten und 1951 zum ersten, 1952 zum zweiten und 1953 zum dritten Male geändert worden. Das Änderungstempo hielt an. Bis 1983 gab es insgesamt 35 verfassungsändernde Gesetze, von denen viele sich nur auf einen oder zwei Artikel bezogen, manche aber auch grundlegende Neuerungen brachten wie etwa die Einfügung der Wehrverfassung 1956, der Notstandsverfassung 1968 oder die Änderung der Finanzverfassung durch die beiden Gesetze vom 12. Mai 1969. Die verfassungsändernden Gesetze verteilen sich bis 1983 einigermaßen gleichmäßig, wenn es auch einen erkennbaren Höhepunkt während der Zeit der Großen Koalition gibt – etwa ein Drittel jener Gesetze stammt aus den Jahren 1967 bis 1969. Viele Verfassungsänderungen bedeuten zunächst, daß man sich immer vergewissern muß, ob man eine gültige Ausgabe des Grundgesetzes zur Hand hat. Das ist unschön. Auch die Verfassung selbst weist bald ästhetische Mängel auf. Die aufgehobenen Artikel stören den Gesamteindruck ebenso wie die eingefügten, die dann unter a, b, c oder im Falle des Artikels 115 auch noch unter k und l stehen, wobei der Artikel 115 selbst zum Abschnitt über das Finanzwesen gehört und die Kreditbeschaffung regelt, während die 11 Buchstabenartikel die Notstandsverfassung enthalten und auch eine eigene Überschrift im Grundgesetz bekommen haben, für die man ebenfalls einen Buchstaben zur Kennzeichnung benötigte (Xa. Verteidigungsfall).

Das Grundgesetz gehört auf diese Weise zu einer der am häufigsten geänderten Verfassungen der Welt. Das ließe den Schluß zu, daß es in den ersten vierzig Jahren der Bundesrepublik eine unruhige Verfassungsentwicklung gegeben habe. Das Gegenteil trifft indes zu: Die Verfassungsentwicklung verlief erstaunlich kontinuierlich. Es gibt in ihr keine erkennbaren Brüche oder Zäsuren. Ganz anders liegen die Dinge bei der öffentlichen Verwaltung in der Bundesrepublik. Hier geht man gern von einer ungebrochenen Kontinuität des deutschen Verwaltungsstaates aus, an dem sich weder 1918/1919 noch auch in der Zeit unmittelbar nach dem Zweiten Weltkrieg viel geändert habe. Der berühmte Verwaltungsrechtler Otto Mayer hat das in der Neuauflage seines Lehrbuches nach dem Ersten Weltkrieg mit den zwar arroganten, in vieler Hinsicht aber zutreffenden Einleitungsworten „Groß Neues ist ja seit 1914 und 1917 [Erscheinungsjahr der Bände in der 2. Auflage] nicht nachzutragen" zum Ausdruck gebracht und an anderer Stelle festgestellt: „Verfassungsrecht vergeht, Verwaltungsrecht besteht". Für den Beginn der Bundesrepublik galt das an sich auch noch. In den späteren Jahren kam es aber zu einer deutlichen Zäsur in der Verwaltungsentwicklung, die sich in ihrem Verlauf zwar nachvollziehen, in ihren Folgen aber noch immer nicht absehen läßt. Dabei haben Gesetzesänderungen abgesehen von der Gebietsreform selten die Gemüter bewegt; die Zäsur ergab sich aus ihnen, entscheidend aber aus anderen Gründen. Dem in der Literatur als normal geltenden Verfassungswandel entspricht ein viel stärkerer Verwaltungswandel, den ich im Ergebnis doch als einen Bruch mit der bisherigen Verwaltungsüberlieferung ansehen möchte.

Kontinuität hier – Zäsur dort: Das eine hat mit dem anderen zu tun. Man erkennt das aber besser, wenn man die beiden Entwicklungen zunächst getrennt betrachtet.

II.

Das Grundgesetz ist in der Bundesrepublik verhältnismäßig rasch zu einem identitätsstiftenden Symbol geworden. Das hing mit der besonderen Situation vor allem in den fünfziger Jahren zusammen, in der man sich mit Deutschland oder auch dem Staat schwertat (der Staat der Bundesrepublik gegen den Unstaat, zumindest den Nichtstaat der sowjetischen Besatzungszone), sich für ein Provisorium oder Transitorium nicht recht begeistern konnte und deshalb sich allmählich auf die freiheitlich-demokratische Grundordnung fixierte. Das kam dieser zugute, weil es die Republik und ihre Ordnung stabilisierte; es belastete sie freilich auch, weil nun aus den früheren Vaterlandsverrätern oder Staatsfeinden Verfassungsfeinde wurden und damit das Grundgesetz als eine Waffe dienen konnte, welche seinen Integrationswert minderte. Die FDGO, wie sie 1967 und 1968 während der Studentenunruhen verächtlich genannt wurde, hätte damit in den Streit kommen können. Das Grundgesetz hat das aber ebenso wie frühere Versuche überstanden, etwa aus dem Artikel 14 ein „Bekenntnis" zur sozialen Marktwirtschaft herauszulesen und gegenteilige Ansichten als grundgesetzwidrig zu verdammen, oder umgekehrt in Artikel 15 ein Sozialisierungsgebot zu entdecken, um dann den Nichtvollzug eines Verfassungsauftrages einzuklagen. Daß man mit dem Wiedervereinigungsgebot ähnlich umgehen konnte, bildete bis 1989 ein Glied in der langen Kette ähnlicher Probleme.

Das Grundgesetz wurde zum identitätsstiftenden Symbol, weil es funktionierte, relativ selten in fundamentalen Streit geriet und den Rahmen für eine Politik bot, die in vieler Hinsicht höchst erfolgreich war. Dieser Erfolg zeigte sich handgreiflich im Vergleich mit dem anderen Teil Deutschlands, wo nicht jeder, aber doch der große Erfolg ausblieb und das, was man erreichte, nur mit brutalen Mitteln erreichen konnte, die Verbitterung, Flucht und innere Emigration auslösten. Der Unterschied zwischen Freiheit und Diktatur wurde selten in der Geschichte so nahe und so augenscheinlich erlebt. Die Freiheit schien durch das Grundgesetz gesichert, und der Wohlstand sicherte das Grundgesetz.

Daß das Grundgesetz gut funktionierte, läßt sich auch noch an seinen vielen Änderungen belegen. Diese Änderungen wurden zunächst notwendig, weil die Verfassungsväter und -mütter der Jahre 1948 und 1949 sehr vorsichtig und deshalb auch sehr genau waren. Je genauer eine Verfassung ist, desto mehr kann sie sich gegen die Entwicklung sperren. Auch dem hat man im Parlamentarischen Rat vorgebeugt: Die Verfassungsänderung ist jederzeit möglich, von ihr sind nur die Grundprinzipien der Verfassung, die in einigen wenigen Artikeln verankert sind, ein für allemal ausgenommen. Im übrigen bedarf es nur (oder allerdings) einer Zweidrittelmehrheit in Bundestag und Bundesrat, also des Konsens zwischen Bund und Ländern und – zumindest in der Regel – des Konsens zwischen den großen Parteien. Der in der Bundesrepublik viel und oft am falschen Platz beschworene Verfassungskonsens hat hier seine Wurzel: Die zeitgemäße Weiterentwicklung des Grundgesetzes kann nur erfolgen, wenn sich eine große Mehrheit findet. Die gewissermaßen „normale" Mehrheit ist also auf die Opposition angewiesen und muß auf sie zugehen, wenn diese zustimmen soll. Bisher hat das immer funktioniert; selbst in den Jahren der sozialliberalen Koalition haben CDU und CSU, die sich in mancher Hinsicht wie eine Fundamentalopposition gebärdeten, mehreren Verfassungsänderungen zugestimmt. Das Grundgesetz erzwingt in seiner Genauigkeit, die Veränderungsbedürftigkeit bewirkt, Konsens.

Der Zwang zum Konsens wird verstärkt durch Existenz und Wirkungsweise des Bundesverfassungsgerichtes. Erscheint die Auslegung der Verfassung in einer konkreten Situation bedenklich, kann der Widerpart mit der Anrufung des Gerichts drohen. Würde er die Drohung wahrmachen, hätte er in den meisten Fällen erst einmal Zeit gewonnen. Diese Zeit geht der gestaltenden Mehrheit im Zweifel verloren. Das stimmt sie in der Regel kompromißbereit. Zu der auf Konsens zielenden ratio des Grundgesetzes tritt demnach das Bundesverfassungsgericht als Institution hinzu, von der großer Einfluß und in vieler Hinsicht auch Macht ausgeht. Manche rechtlichen Grundentscheidungen der letzten vierzig Jahre sind vom Karlsruher Gericht angeregt oder erzwungen worden. Ohne dieses Gericht wäre die Gleichstellung von Mann und Frau nicht so weit, gäbe es keine Offenlegung der Parteifinanzen, die das Grundgesetz von 1949 an gefordert hat, wäre es nicht zu Korrekturen der Wahlkreisgrenzen gekommen, solange diese die Mehrheitspartei begünstigen. Wer Macht ausübt, befindet sich allerdings im Streit und kann nicht nur Streit beenden. Das Bundesverfassungsgericht ist deshalb auch umstritten; man hat ihm immer wieder Einseitigkeiten oder merkwürdig politisierende Urteilsbegründungen vorgeworfen, unter denen vor allem die Bundesregierungen Brandt-Scheel und Schmidt-Genscher zu leiden hatten. Das ändert aber nichts daran, daß das Bundesverfassungsgericht Kontinuität in der Verfassungsentwicklung gewährleistet und schon durch seine Existenz einerseits zum behutsamen Umgang mit der Verfassung und andererseits zu ihrer rechtzeitigen Änderung, wenn sie denn notwendig ist, beiträgt.

Die häufigen Änderungen des Grundgesetzes verweisen sodann in der Hauptsache auf Verschiebungen im Gefüge der bundesstaatlichen Ordnung. 1948 und 1949 wachten Länder über ihre Rechte und wurden darin im Zweifel von den drei westlichen Besatzungsmächten unterstützt, ohne die keine Verfassung zustande kommen konnte. So gestand man dem Bund nur zu, was zur Mindestausstattung des Bundes in einem deutschen Bundesstaat gehört. Diese Erstausstattung war etwa im Vergleich mit den USA gar nicht so gering; das Bedürfnis nach Rechts-, aber und vor allem nach Wirtschaftseinheit war hierzulande immer größer als dort. Dessenungeachtet leisteten die Länder in den Folgejahren auch keinen Widerstand, wenn neue Aufgaben und Notwendigkeiten eher in die Kompetenz des Bundes geschoben wurden. Sie wachten nur an einer Stelle eifersüchtig auf ihre Position und gestanden dem Bund von ganz wenigen Ausnahmen abgesehen (Auswärtiger Dienst, Zoll, Verteidigungsverwaltung) keine in der Fläche tätige eigene Verwaltung zu. Die öffentliche Verwaltung war und blieb Sache der Länder, gleichgültig ob es sich um ihre eigene Verwaltung oder um die der Gemeinden handelte, deren Ordnung und Verfahrensweisen sich, soweit sie gemeindeübergreifend geregelt sind, in Landesgesetzen finden. Auf diese Weise wurde der vorwiegend mit Erweiterungen des Artikels 74 verbundene Kompetenzzuwachs des Bundes praktisch immer durch einen Zuwachs an Verwaltungsmacht der Länder kompensiert.

Daß es dazu kam, hat in erster Linie der Bundesrat bewirkt. Er ist zwar Bundesorgan, setzt sich aber ausschließlich aus Regierungsmitgliedern der Länder zusammen, welche die politische Macht, aber auch die Verwaltungserfahrungen ihres jeweiligen Landes ins Spiel bringen können. Der Bundesrat ist an der Gesetzgebung voll beteiligt. Er hat es mittels beharrlicher Interpretation vor allem der Artikel 84 (1) und 85 (1) erreicht, daß über die Hälfte aller Bundesgesetze nur mit seiner Zustimmung zustande kommen. Im Interpretationsstreit ging es darum, ob ein Gesetz, das Vorschriften über den Vollzug durch die Verwaltung enthält, nur hinsichtlich dieser Vorschriften oder insgesamt der Zustimmung des Bundesrates bedarf. Der Bundesrat hat erfolgreich die Mitverantwortung für das ganze Gesetz erstritten und außerdem die Mitverantwortung auch für jede spätere Änderung des Gesetzes, selbst wenn sie sich nicht mehr auf die Vollzugsvorschriften bezieht. Da der Bund aber beides tut, nämlich in viele Gesetze eigene Vollzugsvorschriften aufzunehmen und viele seiner Gesetze häufig zu ändern, ist der Bundesrat immer am Ball, und man versucht in den Bundesministerien wie im Bundestag nach Möglichkeit zu antizipieren, wie sich der Bundesrat verhalten wird. Kommt es dann doch zum Streit, hat sich der zwischen Bundestag und Bundesrat in Zweifelsfällen ausgleichende Vermittlungsausschuß hervorragend bewährt und die Kritik an seinem Verfahren, das die Öffentlichkeit gänzlich ausschließt, deshalb immer souverän beiseite geschoben. Im Ausschuß verhandeln miteinander je elf Bundestagsabgeordnete und Mitglieder des Bundesrates, alles mithin Berufspolitiker, setzen sich bereitwillig einem gewissen Zeitdruck aus, sondieren rasch, wo es Verständigungsmöglichkeiten gibt und wo nicht, und kommen dann so oder so zum Ergebnis, das die beiden Häuser bestätigen müssen, ohne es noch besprechen oder verändern zu können. Endgültig scheitern in Bonn nur sehr wenige Gesetze.

Auf diese Weise hat sich in der Bundesrepublik ein eigener Föderalismus herausgebildet. Der Bund ist der überragende Gesetzgeber und kann auch auf die Erledigung mancher Länderaufgaben direkt einwirken. Er hat trotz einiger Ländervertretungen in Brüssel – eine besondere Form der Lobby – das Monopol in der internationalen Politik und vor allem in der supranationalen, Bonn betreibt die europäische Einigung, und die Bundesregierung spielt in Brüssel eine dem Bundesrat vergleichbare Rolle – immer dabei, immer bürokratisch vorsichtig und zurückhaltend, fast immer sich der Öffentlichkeit entziehend. Der Bund verfügt zudem über den mit Abstand größten Haushalt, von dem eine gewaltige Sogwirkung ausgeht. Er ist aber zugleich nach innen weitgehend darauf beschränkt, mit Gesetzen und mit Haushaltsmitteln Politik zu machen, wobei der Bundesrat kräftig mitwirkt, während der Vollzug dieser Politik Sache der Länder, ihrer Verwaltungen und der unter ihrer Aufsicht stehenden Gemeinden ist. In der Konsequenz ist der Deutsche Bundestag ein Parlament im Rahmen eines parlamentarischen Systems, das nach Erledigung seiner Wahlfunktion zu Beginn der Legislaturperiode in der Hauptsache Gesetze berät und beschließt und von den Bundesministerien und einigen Bundesoberbehörden abgesehen weder die öffentliche Verwaltung kontrollieren noch auch nur an den Erfahrungen dieser Verwaltung ernstlich partizipieren kann. Im Informationsfluß von den Ländern zum Bund gibt es eindeutige Sperren; der Bundestag berät weithin Gesetze, ohne die Verwaltungswirklichkeit zu kennen; die Angehörigen der Bundesministerien, welche die meisten Gesetzesvorlagen erarbeiten, kennen sie aber auch nicht besser. Sie kennen dafür die europäische Entwicklung gut, ohne daß der Bundestag sich diese Kenntnisse zu eigen machen kann: Europa gegenüber ist die Rolle der Bundesregierung wirklich vergleichbar mit der der Landesregierungen gegenüber dem Bund.

Das verweist auf Stärken und Schwächen des Bundestages. Das Los der Landtage ist viel bitterer. Sie sind als Gesetzgeber weithin ins Abseits getreten, nachdem in der Landeszuständigkeit fast nur noch Aufgaben liegen, deren grundlegende Gesetze – das Polizeigesetz, die Landkreis- oder Gemeindeordnung, das Landeshochschulgesetz usw. – man am besten möglichst selten verändert. So bleibt nur der jährliche Haushalt übrig für erregte Debatten, und auch über den kommunalen Finanzausgleich kann man sich immer wieder streiten. Im übrigen muß man sich auf parlamentarische Kontrolle und Mitwirkung konzentrieren. Die erstere ufert in einigen Petitionsausschüssen inzwischen einigermaßen aus, die letztere stellt eine quälende Versuchung dar, ins Geschäft der Regierung einzugreifen, sich Investitionsentscheidungen vorzubehalten oder bei der Verteilung von Haushaltsmitteln aus besonderen Fonds mitzuwirken, um dann als Abgeordneter daheim frohe Botschaften verkünden und auf diese Weise in die Zeitungen gelangen zu können. Zur Kontinuität der Verfassungsentwicklung gehört die Stärkung der Landesregierungen, die an der Bundespolitik beteiligt sind und deren Vollzug in der Hand haben, und die Schwächung der Landesparlamente, die auf Landesaufgaben verzichten mußten und dafür keinen Ersatz bekamen. Landespolitik ist ausgehöhlt; den täglichen Beweis liefert die Tagespresse, die ausführlich über die Ereignisse in Bonn und in aller Regel noch viel ausführlicher über die Ereignisse vor Ort und damit über die Gemeindepolitik berichtet, während Landespolitik nur selten vorkommt.

Die Verfassungsentwicklung verlief demnach in der Bundesrepublik kontinuierlich. Die Landesverfassungen gerieten in den Windschatten. Das Grundgesetz wurde der Entwicklung angepaßt. Dabei folgte man in vieler Hinsicht zentralisierenden Tendenzen. Die bürokratisch gestützten Bundesorgane, Regierung und Bundesrat, bildeten sich zu Schaltzentralen aus, denen gegenüber der Bundestag oft etwas im Nachteil erscheint – informationell unterlegen, an den europäischen oder den Bund-Länder-Verhandlungen nicht beteiligt, in der Mehrheit zur Unterstützung der Regierung gezwungen und in seiner Opposition zwar weitgehend an der Gesetzgebung beteiligt, aber doch ohne Einfluß auf die Politikformulierung. Geschwächt scheint der Bundestag auch, zumindest im Vergleich mit allen Idealtypen von Parlament in modernen Industriegesellschaften, durch die Parteien und den ihnen innewohnenden, durch die Staats-, also zunächst Bundesfinanzierung geförderten immanenten Zentralismus. Die Bonner Parteizentralen beherrschen das Bild, die Parteiführer den Bildschirm, die Kassierer die Wahlkämpfe und die Public-Relations-Büros zumindest einen Teil der politischen Sprache. Aus Bonner Warte werden Landtags- und auch noch Gemeindewahlen zum Test, wird der Bundesrat gegen alle tatsächliche Erfahrung voll für die zentrale Politik der Parteien vereinnahmt – unter dem Grundgesetz ist die Bundesrepublik zu einer Parteiendemokratie geworden, in welcher der unvermeidliche Zentralismus der Parteien den Föderalismus und die kommunale Selbstverwaltung in ihrer Funktion gefährden kann. Daß dies nicht oder doch nur in begrenztem Maße eintritt, hat in erster Linie mit der Verwaltungsentwicklung zu tun.

III.

Die öffentliche Verwaltung in der Bundesrepublik verblieb nach 1945 zunächst im überlieferten Rahmen. Die Gemeindeverwaltungen und bald auch die Kreisverwaltungen sowie einige der örtlichen Ämter setzten sofort nach dem Einmarsch der Alliierten ihre Arbeit wieder fort und trugen zur Befriedigung der menschlichen Grundbedürfnisse bei, indem sie die Bewirtschaftung von Ernährung, Kleidung und Wohnung beibehielten, den öffentlichen Verkehr in Gang brachten, Steuern erhoben – in Bonn wenige Tage nach dem Abzug der deutschen Truppen – und alles sonst taten, was man von der Verwaltung überhaupt und insbesondere in Notzeiten erwartete. Angesichts dieser Erwartungen und angesichts auch der zunächst einmal erbrachten Leistung blieb die Verwaltung als Institution weitgehend unberührt. Man mußte – meist nur vorübergehend – einen Teil des Personals auswechseln, konnte aber Gemeinden und Kreise, den Behördenaufbau, das Berufsbeamtentum und die Unterscheidung zwischen Beamten, Angestellten und Arbeitern im öffentlichen Dienst ebenso beibehalten wie den größten Teil des Verwaltungsrechts, gleichgültig ob Wasser- oder Sparkassenrecht.

Die Verfassungsgeber in den Ländern fühlten in dieser Hinsicht 1946 und 1947 kaum einen Beruf zu Reformen – daß man das Berufsbeamtentum antastete, blieb

Ausnahme –, und der Parlamentarische Rat tat das schon deshalb nicht, weil er mehrheitlich aus Beamten oder ehemaligen Beamten bestand. Vor Ort hatte man gar keine Zeit, über denkbare neue Strukturen nachzudenken. Die Großstadtverwaltungen blieben so organisiert, wie sie 1945 organisiert waren, es kam allenfalls ein Amt für die Trümmerbeseitigung hinzu. Und als man in Frankfurt erste gemeinsame Einrichtungen für die amerikanische Besatzungszone und dann für die Bizone errichtete, knüpfte man unbefangen an Einrichtungen und vielfach auch an das Personal der entsprechenden Reichsbehörden an, in deren Tradition die Bundesregierung bis heute steht. So etwas fängt bei den Geschäftsordnungen an. Die Kontinuität des deutschen Verwaltungsstaates schien unerschüttert.

Dennoch kam es schon in den ersten Nachkriegsjahren zu Veränderungen, die grundlegend waren, deren Wirkung sich aber vielfach erst später zeigte. In der Hauptsache wurde die Gemeinde in den demokratischen Staatsaufbau einbezogen und zugleich ihre Selbstverwaltung gestärkt. Das hat in Süddeutschland zur unmittelbaren Volkswahl des Bürgermeisters und damit zu seiner Verselbständigung geführt; in Bayern wird sogar der Landrat unmittelbar gewählt. Das hat überall die kommunalen Vertretungskörperschaften gestärkt und überall – zunächst kaum merklich – die Beziehungen zwischen den Kommunen und der Staatsaufsicht etwas gelockert. Dies alles blieb unbeachtet, weil in den Anfangsjahren der Republik die Landesregierungen die eigentlich gewichtigen Entscheidungszentralen darstellten. Das bewirkte einen Zentralisierungsschub, wie er eintreten muß, wenn Kohlebezugsscheine von einer gewissen Größenordnung ab im Landeswirtschaftsministerium ausgestellt und die Ministerien perfekt bürokratisch organisiert werden, also den nachgeordneten Behörden überlegen sind. Wollte man für die Erlanger Mensa einen Kessel, mußte man in München antichambrieren oder – in diesem Falle – mit Drohgebärden arbeiten. Obgleich die Nachkriegsprobleme vielfach dezentral bewältigt worden sind, wie das zum Beispiel zu einem großen Teil für die Eingliederung der Flüchtlinge und Vertriebenen gilt, war die politische Optik eher zentralistisch. Deshalb konnte man leicht übersehen, daß und wie sich auf der kommunalen und regionalen Ebene neue Formen der Problembewältigung entwickelten.

Der administrative Zentralismus auf Länderebene wich dann einem anderen Zentralismus auf Bundesebene. In dieser Zeit – vorwiegend der fünfziger Jahre – deutete sich das Neue an. Die Gemeinden der Bundesrepublik hatten sich nach 1945 ganz unterschiedlich verhalten. Das kann man im Effekt an dem Vergleich der Bevölkerungszahlen von 1938, 1948 und 1978 gut feststellen. 1948 waren fast alle Gemeinden im Vergleich zu 1938 größer geworden, als Folge der gebietsinternen Verschiebungen, vor allem aber der Zuwanderung. 1978 gab es sehr viele Gemeinden, die wieder den Stand von 1938 erreicht hatten, andere, die im Vergleich zu 1938 deutlich etwas größer geworden waren, und die insgesamt wenigeren, jedoch vielfach die Entwicklung bestimmenden, die nach dem Kriege einen völligen Neubeginn erlebten – etwa Wertheim am Main, das 1945 rund 3000 Einwohner zählte, als Stadt dann alles tat, um Teile der thüringischen Glasindustrie anzusiedeln, und daraufhin in kurzer Zeit auf 12 000 Einwohner anwuchs (vor der Gebietsreform), was neben dem Industriegebiet Neubaugebiete erforderlich machte und den Charakter der Stadt und die Zusammensetzung ihrer Bevölkerung grundlegend veränderte. Die konkrete Veränderung in dieser Stadt entspricht einem verbreiteten Phänomen, dem der Urbanisierung und Verstädterung der Bundesrepublik im doppelten Sinne: Es wohnt ein viel größerer Teil als je zuvor in wirklichen Städten – allein etwa ein Drittel in den nominellen Großstädten –, und die Lebensführung ist in sehr großem Maße vom urbanen Angebot und Standard bestimmt.

Vergrößerung und Urbanisierung haben zunächst einmal die Gemeinden aufgewertet; die Verfassungsentwicklung hat das verstärkt. Die Aufwertung bedeutet ganz einfach, daß größere Gemeinden dem Landratsamt oder dem Regierungspräsidium, welches die Staatsaufsicht ausübt, selbstbewußter gegenübertreten. Schon im 19. Jahrhundert hatten manche preußischen Oberpräsidenten erhebliche Probleme mit ihren größeren Städten. Das läßt sich auch leicht erklären: Großstädte hatten spätestens ab 1880 eine voll ausgebildete, durchorganisierte und bürokratisch effiziente Verwaltung mit vielfach hochqualifiziertem Spitzenpersonal. Ging es um Bauprobleme, war so eine Großstadt meist dem Präsidium fachlich überlegen. Die Aufsicht mußte also Rechtsfragen in den Vordergrund stellen und sich damit aus der Sache selbst etwas zurückziehen. Nach 1945 vergrößerten sich viele Gemeinden, vergrößerten und verbesserten dabei ihre Verwaltung und vermehrten den angedeuteten Effekt. Gemeindevertretung und Gemeindeverwaltung gewannen auch zunehmend ein Bewußtsein der eigenen Möglichkeiten. Die örtliche Planungshoheit der Gemeinden wurde zum Instrument der Gemeindepolitik und des Wettbewerbs zwischen den Gemeinden. Zugleich traten die Unterschiede zwischen den Gemeinden immer mehr hervor.

In dieser Situation entschloß sich der Staat zu grundlegenden Reformen, zunächst zur Gemeinde- und Kreisgebietsreform. Diese Reform, welche die Zahl der Gemeinden in der Bundesrepublik von etwa 24 000 auf etwa 8 000 reduzierte, wird in ihren Konsequenzen zwar noch immer nicht einheitlich beurteilt. Es ist zum Beispiel gern von der politischen „Ausdünnung" auf dem Lande die Rede. Es sollte aber nicht bezweifelt werden, daß dies eine grundlegende Reform war, daß sie in den letzten 150 Jahren deutscher Geschichte, zu deren Beginn der Gesetzgeber etwa in Preußen auf die alte Siedlungs- und Besitzgemeinde zurückgriff, ohne Vergleich ist, daß ihre Wirkungen noch nicht wirklich abzusehen sind, daß jedoch schon heute die Bundesrepublik administrativ ein ganz anderes Gesicht zeigt als davor.

Worum es geht, läßt sich einfach sagen. Zunächst sind die Gemeinden größer geworden. Das hat zur Vergrößerung auch der Gemeindeverwaltungen geführt und in allen Gemeinden zu einem Mindeststandard an bürokratischer Professionalisierung. Es gibt keine Gemeinde mehr, die nebenamtlich von einem pensionierten Lehrer verwaltet wird und in nahezu jeder Hinsicht von den guten Ratschlägen des Landratsamtes abhängig ist. Vergrößerung und Professionalisierung der Verwaltung gehen mit Spezialisierung einher; eine sehr viel größere Zahl von Gemeinden als bisher kann die Vorteile von Arbeitsteilung, Konzentration auf Teilaufgaben und des Vorhandenseins von speziellen Kenntnissen nutzen. Damit geht freilich auch einher, daß in den Gemeinden der Koordinationsbedarf wächst und negative Begleiterscheinungen von Bürokratie zunehmen. Zu ihnen gehört z. B. die Verselbständigung der Verwaltung: Die ausdifferenzierte und professionelle Verwaltung der Gemeinde verkehrt zunehmend fachlich direkt mit den entsprechenden Stellen, welche die Staatsaufsicht ausüben oder fachlich ähnliche, wenn nicht sogar überschneidende Belange vertreten. Die Dienstwege werden kürzer. Das erschwert es den Oberbürgermeistern, Bürgermeistern, Stadtdirektoren und vor allem den Vertretungskörperschaften, den Überblick zu behalten. Es lockert allerdings auch von unten nach oben die Hierarchie auf, weil der Landrat oder der Regierungspräsident im Zweifel einen noch geringeren Überblick haben und der Landtag ziemlich ausgeschaltet ist, zumal er sich in kommunale Belange nur im Ausnahmefalle einmischen kann. Im fachlich direkten Verkehr zwischen unten und oben tritt notwendig das Verhältnis von Anweisung und Vollzug zugunsten partnerschaftlicherer Verhältnisse zurück. Es wird verhandelt. Wer als Verhandlungspartner akzeptiert ist, genießt deutlich ein gewisses Maß von Selbständigkeit. Unsere Gemeinden sind, mit größenbedingten Abstufungen, selbständig. Sie sollen es auch sein: Die Staatsaufsicht ist de lege nicht so durchzuführen, daß die Gemeinden in erster Linie und unbedingt tun, was sie dem Gesetz zufolge tun sollen. Staatsaufsicht findet vielmehr allenthalben behutsam statt und soll die Entscheidungskraft und -freude nicht beeinträchtigen.

Nach der Gebietsreform kam die Funktionalreform. Durch sie wurden den nunmehr größeren Gemeinden auch mehr Funktionen der öffentlichen Verwaltung übertragen. Das führte zu einem gewissen Rückzug des Staates aus der Fläche, wobei es allerdings Unterschiede gibt. Am weitesten ist die Kommunalisierung in Nordrhein-Westfalen vorangeschritten, wo es praktisch im Land als Landesbehörden nur noch die Finanz- und die Gewerbeaufsichtsämter und bedingt die Polizei gibt. In Bayern und Baden-Württemberg hat man den Gemeinden weniger Aufgaben anvertraut, es gibt also mehr Landesbehörden auf der unteren Ebene. Im Prinzip gleichen sich aber die Verhältnisse mehr als früher. Die Gebietsreformer, die sich zu ihrem Tun vor allem wegen der Planungsprobleme und der Folgen des Planungsegoismus der Gemeinden veranlaßt gesehen, dann aber die Stärkung der Verwaltungskraft, ein Mehr an Bürgernähe und auch mehr Wirtschaftlichkeit aufs Panier geschrieben hatten, haben jedenfalls das Ziel der „Stärkung der Verwaltungskraft" erreicht, und zwar so, daß manche von ihnen das inzwischen schon wieder bedauern. Die Entwicklung läßt sich aber nicht mehr zurückdrehen, der Staat hat es mit anderen Gemeinden zu tun als noch in den sechziger Jahren.

Mit der Verselbständigung der Gemeinden ereignete sich ein Modernisierungsschub, den man auch in Bonn kräftig unterstützt hat. Ich erinnere dabei nur an die Finanzreform der Großen Koalition, welche die erdrückende Abhängigkeit der Gemeinden von der Gewerbesteuer etwas vermindert hat, und an die Modernisierung des Bauplanungs- und des Bauordnungsrechts, die es vor allem den größeren Gemeinden erleichtert, gemeindliche Belange und die Belange der Bauwilligen unter einen Hut zu bringen. Dieser Teil der Modernisierung steht in engem Zusammenhang mit den Bemühungen um ein Mehr an Raumordnung und eine Verbesserung der Landesplanung, mit der übrigens die nunmehr stärkeren Gemeinden wieder etwas mehr an regionale Planungen angebunden worden sind. Man ging dabei nur nicht den Weg staatlicher Vorgaben, sondern führte kooperative Formen der Beschlußfassung ein. Zur Modernisierung gehören schließlich der Beginn und der Ausbau der Umweltschutzgesetzgebung. Hier hat man lange gezögert und ist dann auch nur schrittweise vorangegangen. Indes ist inzwischen doch Grundlegendes geschehen, hat man vor allem das Planungsinstrumentarium verbessert und damit einer Großstadt erhebliche Möglichkeiten in die Hand gegeben, Ausbau und Gestaltung der Stadt nach eigenen Zielvorstellungen zu betreiben und Eigentümerinteressen gegebenenfalls in Grenzen zu verweisen. Chemische Werke sollten in Innenstädten nicht mehr entstehen.

Ist in dieser Weise von den Gemeinden die Rede, so darf das nicht isoliert gesehen werden. Die Gemeindeverwaltungen sind u. a. deshalb besser geworden – und niemand sollte das bezweifeln, auch wenn es noch muffige Meldeämter mit unfreundlichen Mitarbeitern gibt –, weil in der Nachkriegszeit die Ausbildung für den öffentlichen Dienst verbessert worden ist. Damit kommt der Typus des angelernten Mitarbeiters, der sich eng an seine Vorgaben halten muß, immer seltener vor, während sich der Typus des gut ausgebildeten Mitarbeiters durchsetzt, der als Tiefbauingenieur von der Technischen Universität oder der Fachhochschule kommt oder der als Beamter des allgemeinen Verwaltungsdienstes oder in der Finanzverwaltung seine Ausbildung ebenfalls in der Fachhochschule erhalten hat. Eine moderne Großstadtverwaltung zeigt sich in dieser Hinsicht sehr bunt; in Dortmund hat man in der engeren Stadtverwaltung (ohne Stadtwerke und Krankenanstalten) bei etwa 12 000 Mitarbeitern über 300 Ausbildungsberufe gezählt. In Staat und Stadt ist dabei entscheidend, daß man das Niveau vor allem des gehobenen und des mittleren Dienstes, der den Verwaltungsalltag bestimmt, angehoben hat.

Bessere Ausbildung muß das sicher nicht generell bewirken; im Falle der öffentlichen Verwaltung aber hat sie offenkundig durchschnittlich zu einer erheblichen Leistungssteigerung geführt. Trotz aller nach wie vor berechtigten Bürokratiekritik hat die öffentliche Verwaltung mit der Entwicklung wohl eher Schritt gehalten, hat also die Aufgabenvermehrung, die Komplizierung der Aufgaben, die Erschwernisse in den Beziehungen zur Verwaltungsklientel und den vielbeklagten Verlust an Dienstgesinnung wettgemacht. In mancher Hinsicht ist die Verwaltung sogar eindeutig besser als früher: Durch die Stärkung der Gemeinden und Kreise und durch den Teilverzicht des Staates (praktisch der Länder) auf Eigenerledigung seiner Aufgaben haben wir es heute mit einer weitaus einheitlicheren Verwaltung zu tun. In den größeren Gemeinden und in den Kreisen hat sich die „allgemeine Verwaltung" ausgebildet, neben der es nur noch besondere Fachverwaltungen des Staates gibt, die vielfach mit jener kommunalen Verwaltung eng zusammenarbeiten.

Organisatorische Veränderungen, größere Professionalität und ein stärkeres politisches Bewußtsein in der örtlichen Verwaltung kennzeichnen also die Lage. In ihr waren und sind die Gemeinden und Kreise dem Zentralisierungsdruck der Parteien oft mehr ausgesetzt als dem des Staates. Parteien möchten ihren Bürgermeister oder ihre Fraktion vereinnahmen, wenn sich das anbietet. Auch Staatsverwaltungen sind nicht frei von entsprechenden Pressionen; man kennt in ihnen den „Wink von oben", weiß um die Möglichkeit, im Rahmen der Verwaltungskonstruktion Entscheidungen von der an sich zuständigen Stelle abzuziehen, um sie innerhalb der Behörde vom Chef oder gleich in der nächsthöheren Behörde, wenn nicht sogar im Ministerium oder in der Staatskanzlei bearbeiten zu lassen. In einem Parteienstaat ist derlei unvermeidlich, und es fällt den Parteien offenkundig schwer zu begreifen, daß sie sich auf solche Weise selbst das Wasser abgraben. Die in der Bundesrepublik virulente Parteienverdrossenheit – heute manifest in der Abwanderung von den großen Parteien – hat viel mit der übermäßigen Nutzung von Parteienmacht zu tun.

Die Verwaltung allerdings erweist sich - trotz allem - hier als relativ resistent. Kommunalpolitiker orientieren sich mehr an den potentiellen Wählern als an der Partei, und die örtliche Parteigliederung mag engstirnig ihre Mehrheit ausnützen, sie wird nie örtliche Interessen den Interessen der Landes- oder Bundespartei opfern. Auch der Landrat ist eher selten, der sein Amt vorwiegend im Sinne seiner Partei führt, weil er entweder nicht anders als parteilich denken und handeln kann oder weil er Karriere machen will. Für seine jungen Inspektoren kann das schlimm sein, weil sie zuweilen um der Beförderung willen Parteigänger werden müssen. Aber: Das Amt fördert eher eine Art Überparteilichkeit; der reine Parteimann wird sich in ihm nur selten halten. In der Staatsverwaltung mag es nach langjähriger Herrschaft einer Partei ebenfalls zementierte Verhältnisse geben und im schlimmen Falle keinen Ministerialbeamten, welcher offen der Oppositionspartei angehört.

Auch hier stößt man aber auf deutliche Korrektive. Selbst wenn die demokratische Kontrolle nicht funktioniert, weil Landtagsmehrheiten die Opposition behindern und benachteiligen – in Landtagen geht es häufig viel kleinlicher zu als im Bundestag –, gelingt die volle Vertuschung nie, lassen verärgerte Beamte Dinge nach außen dringen, zwingt ein interner Comment dazu, das Parteivokabular zu begrenzen und sich wie ein „normaler" Beamter zu benehmen. In Bund-Länder-Ausschüssen werden in großer Offenheit die jeweiligen politischen Vorgaben dargestellt oder als selbstverständlich behandelt; Beamte können dabei auch ihre eigenen Präferenzen zum Ausdruck bringen, ohne daß dies den Gang der Dinge stört; alle Beteiligten wissen, was geht und was nicht geht. Die Sozialisation der Beamten gelingt also – im Sinne der Verwaltung. Daß derartiges immer nur tendenziell gilt, muß man wohl mit Bedauern hinzufügen. Selbstverständlich gibt es in der Bundesrepublik auch Machtmißbrauch. Um die Freiheitsrechte muß man überall kämpfen – nicht nur in der DDR oder der Tschechoslowakei.

In summa: Was das Grundgesetz mit dem Föderalismus und der kommunalen Selbstverwaltung erreichen sollte, ist erreicht worden, wenn es dabei auch Umwege gegeben hat. Es gibt in der Bundesrepublik keinen Verwaltungszentralismus. Die Verwaltung steht überwiegend den örtlichen Klientelen und Bedingungen offen gegenüber. Sie ist flexibel. Das behindert häufiger den straffen Vollzug, und manche politische Programme werden nicht ganz so verwirklicht, wie es sich ihre Urheber gedacht haben. Die deutsche Verwaltung ist also gründlich anders geworden. Sie hat örtlich neues Profil gewonnen. Das erkennbare Leitmotiv lokalen und regionalen Handelns, "Unsere Stadt, unser Dorf usw. soll schöner werden", führt alle Beteiligten zusammen. Man wird von einer Gewichtsverlagerung zur örtlichen Ebene und ihrer Verwaltung hin reden können. Allerdings tun sich inzwischen auch Zweifel auf, ob das alles nicht nur im Vergleich mit den früheren Bildern von straffer und bürokratisch strenger Verwaltung anders geworden ist, ob es also nicht auch früher in Wahrheit eine weitaus flexiblere und örtlich angepaßte Verwaltung gegeben habe. Träfe das zu und würde damit der übliche historische Vergleich nicht zutreffen, müßte das Anlaß sein, über das Verhältnis von Norm und Wirklichkeit auch in Verwaltungsdingen neu nachzudenken. Ein Überdenken der deutschen Staatstheorie wäre gefordert.

IV.

Die kontinuierliche Verfassungsentwicklung und die deutliche Zäsur in der deutschen Verwaltungsentwicklung bedingen sich in vieler Hinsicht gegenseitig. Dieses Beziehungsgeflecht sei hier zunächst unter einem Gesichtspunkt erörtert, um dessentwillen zunächst ein kleiner Umweg erforderlich ist. Das Grundgesetz, so wurde ausgeführt, ist eine sehr genaue Verfassung und erzwingt ein hohes Maß an Genauigkeit des Handelns der politischen Führung. Da der Bund keine eigene Verwaltung hat und den Ländern keine Anweisungen erteilen kann, besteht dieses Handeln in der Hauptsache aus der Gesetzgebung. Durch Bundesgesetze, die in aller Regel im Einvernehmen mit dem Bundesrat ergehen, wird ein Teil des Tuns der Verwaltungen der Länder, der Gemeindeverbände und der Gemeinden bestimmt. Alle wichtigen Programme der Bundespolitik, von der Wohnungsbauförderung bis zur Familienförderung, müssen deshalb in Gesetzen verankert oder mit direkten Anreizmitteln versehen sein, damit bundesfremde Verwaltungen sich darauf einlassen. Für ihre Gesetzestreue oder für rege Programmerfüllung werden diese Verwaltungen aber nicht vom Bund belohnt. Über Karrieren in der Verwaltung entscheidet entweder das jeweilige Landesministerium oder die kommunale Verwaltungsspitze, die ihrerseits wieder in erster Linie den eigenen Wählern verpflichtet ist. Ein solches System kann nur mit Reibungsverlusten funktionieren. Dafür ist es ganz unbedingt nicht zentralistisch. Was der Gesetzgeber will, wird nicht unmittelbar vollzogen. Die Wege des Vollzugs sind lang, die Zahl der Beteiligten und der Einflußmöglichkeiten ist groß.

Vor diesem seit 1949 bestehenden, immer wieder diskutierten Hintergrund müßte es naheliegen, daß die politische Führung in Bonn (Bundestag und Bundesregierung) Konsequenzen zieht, die relative Autonomie der Länder und Gemeinden und ihrer Verwaltungen einkalkuliert und sich dementsprechend mit grundlegenden Steuerungsimpulsen begnügt, welche dann von der Verwaltung in Ländern und Gemeinden entsprechend konkretisiert werden. Dazu kommt es aber nicht und kann es schon deshalb nicht kommen, weil dem die deutsche rechtsstaatliche Tradition im Wege steht. Artikel 20 des Grundgesetzes, der die „Verfassung in Kurzform" enthält, besagt in seinem Absatz 3 ganz eindeutig, daß die vollziehende Gewalt, also Verwaltungsführung und Verwaltung, ebenso wie die Rechtsprechung „an Gesetz und Recht gebunden" sei. Das veranlaßt den Gesetzgeber zu hoher Genauigkeit und dazu, den Spielraum der Verwaltung eher einzuschränken, wobei der Bundesgesetzgeber auf diese Weise zugleich die Einwirkungsmöglichkeit der Verwaltungsführung in den Ländern vermindert. Die besondere Form des Föderalismus und das deutsche Rechtsstaatsprinzip steigern sich damit gegenseitig in ihrer Wirkung. Diese Wirkung zeigt sich zunächst darin, daß eine sehr große Zahl von häufig sehr detaillierten Gesetzen zustande kommt, damit die vollziehende Verwaltung mehr an das Gesetz als an die Weisung vorgesetzter Stellen gebunden ist und es deshalb zwischen Bürgern und Verwaltung vielfach zu rechtlich strukturierten Begegnungen kommt, nach denen der Bürger gern zu Rechtsmitteln greift, wenn er mit dem Ausgang der Dinge nicht zufrieden ist. Föderalismus und Rechtsstaat erzwingen damit die oft beklagte Gesetzesflut; und der Verwaltung bleibt nichts anderes übrig, als sich tendenziell immer wieder vom Gesetz wegzubewegen. Darin steckt eine These, die es noch auszuführen gilt.

Der Bundestag ist ein sorgsamer und sehr genauer Gesetzgeber. Ob er ein guter Gesetzgeber ist, darf man immer wieder bezweifeln, und man darf das insonderheit dort, wo Verwaltungen unmittelbar den Willen des Bundesgesetzgebers vollziehen sollen. Solche Verwaltungen stöhnen häufig über den hohen Detaillierungsgrad und vor allem über die Änderungshäufigkeit. Die etwa 100 Bundesgesetze im Jahr enthalten ja keineswegs alle neue Regelungen; die große Zahl an Gesetzen kommt zustande, weil die vorhandenen Gesetze überraschend oft verändert werden. Ihr Eingehen auf das Detail erzwingt solche Änderungen. Prinzipien ändern sich selten, Details ändern sich immer. Dem muß der Gesetzgeber folgen, damit die Kluft zwischen Rechtsnorm und Lebenswirklichkeit nicht zu groß wird. Der Bundesgesetzgeber hat außerdem seit langem viele Gesetze durch Verweisungen miteinander verflochten. Änderungen hier bedeuten deshalb oft Änderungen dort, und sie bedeuten immer Unruhe in der Verwaltung. Haben wir es mit einem schlechten Gesetzgeber zu tun? Die Antwort lautet sicher nicht einfach ja, aber sie lautet auch nicht: nein! Wer das Bundesgesetzblatt zur Hand nimmt und auf die vielen Neufassungen von Gesetzen stößt, die notwendig werden, weil die vorherige Fassung bis zur Unkenntlichkeit verändert wurde, muß sich in Kritik am Gesetzgeber üben. Und schlechterdings niemand kann es gutheißen, daß das Einkommensteuergesetz durch das Steuerreformgesetz vom 25. Juli 1988 und dessen Berichtigung (!) durch Gesetz vom 4. Oktober 1988 in 74 Paragraphen geändert wurde und in das nunmehr neue EStG bereits am 20. und 22. Dezember 1988 durch vier andere Gesetze eingegriffen wurde, wobei man den § 53 gleich dreimal in zwei Tagen änderte. Änderungen am EStG nimmt man in Bonn besonders gern im Dezember vor; die Finanzämter stehen dann im Januar im Regen, wenn sie beginnen sollen, Steuererklärungen für das abgelaufene Jahr nach der letzten Rechtslage zu bearbeiten. Oft kennen sie diese Rechtslage gar nicht.

Wie reagiert die Verwaltung auf zu viele, zu detaillierte und sich rasch ändernde Gesetze? Man braucht die Ergebnisse der empirischen Verwaltungsforschung gar nicht heranzuziehen, um diese Frage zu beantworten. Die generelle Antwort lautet: Die Verwaltung vollzieht die Gesetze, soweit das irgend möglich ist. Der Pferdefuß: Was möglich ist, muß vor Ort in der einzelnen Behörde geklärt werden. In der Behörde muß man zwischen den eigenen Ressourcen, den Vorschriften und den zu bearbeitenden Fällen einen Ausgleich finden. An der Zahl der ihm zugewiesenen Steuerpflichtigen kann der einzelne Veranlagungsbeamte im Finanzamt nichts ändern. Seine Arbeitszeit wird er nicht verlängern. Der Rest liegt auf der Hand. Man kann schonend von einem wirtschaftlichen Umgang mit dem Recht sprechen, also im Falle der Steuerveranlagung von einer Rechtsanwendung auch unter Ertragsgesichtspunkten. Lohnt sich die Angelegenheit nicht, steigt man auch nicht ein. In der Verwaltung kommen auf diese Weise auch die Beziehungen zur Klientel zum Zuge. Wer unter Zeitdruck zur Einkommensteuer veranlagt, schreibt im Zweifel ungern einen – verzögernden – Brief, sondern telefoniert lieber. Die mündliche Auskunft muß dann oft reichen, weil sonst die Zeitersparnis wieder verlorengeht. Miteinander reden, bedeutet in solchen Fällen aber vielfach verhandeln. Das Bauamt verhandelt und besteht auf der Erfüllung einer Auflage. Es muß nun etwas hinzukommen, damit das Geschäft nicht zu einseitig bleibt. Wer verhandelt, gibt auch nach. Verwaltung gibt in der Regel nach, indem sie auf die an sich gebotene Rechtsanwendung in irgendwelchen Teilen verzichtet. Man arrangiert sich, und man arrangiert sich selbstredend mit denen leichter, die man kennt und zu denen verläßliche Beziehungen bestehen. In der Regel macht das Verwaltung umgänglicher. Ihrer Führung und vor allem dem Gesetz gegenüber macht es sie selbständiger. Es ist etwas ganz anderes, ob eine Verwaltung im Blick auf ein ihr anvertrautes Programm überlegt, was geht und was nicht, oder ob sie das im Blick auf das für alle gültige Gesetz tut. Auch wenn man dieses Gesetz vielfach wie ein Programm betrachten muß: Das Grundgesetz meint mit der Bindung der Verwaltung an Gesetz und Recht etwas anderes.

Föderalismus und Rechtsstaat – dieser theoretisch erfunden in einer Zeit mit geringerer Staatstätigkeit – haben derart zum Verwaltungswandel beigetragen. Es handelt sich nur um einen Beitrag. Die Gesellschaft befindet sich in raschem Wandel; Politik und Verwaltung müssen ihm folgen. Der gesellschaftliche Wandel läßt sich nicht auf eine Formel bringen, abgesehen von der, daß er Unsicherheit auslöst und damit Politik erschwert. Tendenziell bewirkt der Wandel aber, daß die örtliche Ebene aufgewertet, daß die Gemeinde für die Bürger wichtiger wird, weil sie gemeinsam mit der örtlich wirkenden übrigen Verwaltung mehr als früher tut und weil der Wertewandel dieses örtliche Tun in ein anderes Licht rückt. Verwaltung wird auch aus diesen Gründen stärker in die örtlichen Gegebenheiten eingebunden. Die häufig angemahnte Bürgernähe hat viele Facetten. Es gibt sie aber doch schon in großem Umfange. In der Bundesrepublik herrscht – trotz der vielen Rechtsmittel und Prozesse – so etwas wie Verwaltungsfrieden; der Streit zwischen Verwaltung und Bürgern hält sich in Grenzen. Die Bürger lehnen zwar die anonyme Bürokratie mit großer Entschiedenheit ab, begreifen darunter aber in der Regel nicht die Beamten, mit denen sie es zu tun haben. Daß diese Beamten räumlich und sozial näher sind als früher, trägt dazu bei. Der Verwaltungswandel hat es der Verwaltung vor Ort ermöglicht, in vernünftiger Weise mit dem Bürger umzugehen und dabei „so viel als irgend möglich" den Willen des Gesetzgebers zu vollziehen.

Für den Gesetzgeber kann das eine Gefahr sein. Funktioniert die Verwaltung gut und steckt sie manches weg, was Ärger geben würde, dann kann sich der Gesetzgeber zu sehr auf die Verwaltung verlassen, kann sich die Mentalität durchsetzen, daß alles schon irgendwie gehen würde. Das aber ist und wäre gefährlich. Die Verselbständigung der unteren Ebene, die der Gemeinden vornean, darf nicht dazu führen, daß der Egoismus der Gebietskörperschaften Bund und Länder zu Lasten der Gebietskörperschaft Gemeinde geht. Das ist immer wieder der Fall – der Verkehr bietet ein gutes Beispiel. Bonn fördert noch immer das Auto, die größeren Städte sind längst allesamt überfordert und müssen mit ihren geringen Mitteln zur Verkehrsberuhigung beitragen. Die große und die örtliche Politik stimmen hier nicht überein, die Entlastungsfunktion, welche die Gemeinden für den Staat und der Staat für die Gemeinden wahrnehmen, beginnt zu versagen. Das große Versagen zeichnet sich für die Zeit kurz nach dem Jahre 2000 ab, wenn sich die Veränderungen in der Bevölkerungsstruktur voll auswirken und dann alles, was von Gesellschaft und Politik nicht geordnet ist, an den Gemeinden hängenbleiben wird. Der Pflegebereich wirft heute vor Ort schon fast unlösbare Probleme auf. Wie er sich im Jahre 2005 darstellen wird, wagt man kaum zu denken. Auch das aber gehört zu den Folgen einer kontinuierlichen, den Wandel schrittweise verarbeitenden Verfassungsentwicklung, die den Föderalismus und das Denken in getrennten Zuständigkeiten begünstigt hat und deren Auswirkungen zu einem Teil von einer sich verbessernden und in mancher Hinsicht sich grundlegend verändernden Verwaltung aufgefangen worden sind.

Nach vierzig Jahren darf das positiv gewürdigt werden, ausruhen kann man sich darauf nicht. Die erkennbaren Veränderungen der Gesellschaft werden auch Politik und Verwaltung erfassen, und es wird neu über die Aufgabenteilung zwischen Bund, Ländern und Gemeinden, neu aber auch über die Aufgaben der öffentlichen Hand überhaupt und über die Möglichkeiten der Zusammenarbeit zwischen der öffentlichen Verwaltung und Kräften der Gesellschaft nachzudenken sein. Verfassung und Verwaltung haben sich bewährt, müssen das aber immer wieder neu tun.

Literatur

Becker, Bernd, Öffentliche Verwaltung. Lehrbuch für Wissenschaft und Praxis, Percha 1989.
Beyme, Klaus von, Das politische System der Bundesrepublik Deutschland, München [4]1985.
Ellwein, Thomas/Hesse, Joachim J., Das Regierungssystem der Bundesrepublik Deutschland, Opladen [6]1987.
Jeserich, Kurt G. A./Pohl, Hans/Unruh, Christoph von (Hrsg.), Deutsche Verwaltungsgeschichte, Bd. 5: Die Bundesrepublik Deutschland, Stuttgart 1987.
Schindler, Peter, Datenhandbuch zur Geschichte des Deutschen Bundestages 1980 bis 1987, Baden-Baden 1989.

Hellmut Becker

Bildung und Bildungspolitik
Über den Sickereffekt von Reformen

Die Periodisierung der Geschichte ist im Felde der Bildungspolitik besonders schwierig. Hier begegnen sich Geistesgeschichte und politische Geschichte, deren Abläufe in unterschiedlichen Rhythmen erfolgen. Außerdem erscheint die Geschichte der Bildungspolitik den verschiedenen Betrachtern in unterschiedlichen Rhythmen. Eine Periodeneinteilung der Geschichte der Bildungspolitik sieht für eine kinderreiche Mutter anders aus als für einen Schulverwaltungsbeamten; sie sieht anders aus für ein Mitglied der Gewerkschaft Erziehung und Wissenschaft und für ein Mitglied des Philologenverbandes. Außerdem ist der Zeitablauf zwischen der bildungspolitischen Entscheidung und der praktischen Auswirkung in der Bildung so groß, daß die Kausalität von Politik schwierig nachprüfbar und beweisbar ist. Endlich haben Vater, Lehrer und Lernender (Schüler, Studenten und Lehrlinge) ganz unterschiedliche Perspektiven.

Man könnte sich bei der Periodeneinteilung natürlich einfach an der Statistik orientieren und nach der zunehmenden und abnehmenden Beteiligung an verschiedenen Bildungsformen ordnen. Der statistische Weg scheint mir aber zu Fehlschlüssen zu führen, weil die Zahlen keine inhaltlichen Aussagen enthalten und man die vorgetragene Zahl schlecht als Mitteilung des Vortragenden aufnehmen und dann im Kopf behalten kann. Für den Fall, daß Interesse an den Zahlen des historischen Ablaufes besteht, sei auf zwei Veröffentlichungen aus dem Max-Planck-Institut für Bildungsforschung aufmerksam gemacht, in denen die absoluten und relativen Zahlen in sorgfältiger Gegenüberstellung dargeboten werden: „Das Bildungswesen in der Bundesrepublik Deutschland. Ein Überblick für Eltern, Lehrer, Schüler" und „Konjunkturen der Bildungspolitik in der Bundesrepublik Deutschland", es erschien in zwei Bänden, der erste Band heißt: „Aufschwung", der zweite Band: „Hochkonjunktur und Flaute". In diesen Titeln hat man im übrigen bereits den Versuch einer Einteilung in drei Perioden, der aber der wirklichen Ambivalenz des Bildungsvorgangs nicht gerecht wird.

Vor den in diesen Bänden geschilderten Entwicklungen gab es für die ersten zwanzig Jahre der Bundesrepublik eine Analyse des israelischen Bildungsforschers Saul Robinsohn unter dem Titel „Two Decades of Non-Reform". Mit dieser Definition wird der Versuch gemacht, die Frage der Reformentwicklung zum entscheidenden Kriterium der Periodisierung zu machen. Wenn man die ersten fünfzehn Nachkriegsjahre in Deutschland ansieht, so ist diese Periode sicher eine Periode der Nicht-Reform, einfach, weil die Bildungspolitik unmittelbar an die späte Weimarer Zeit anschloß und das Schulwesen so übernahm, wie es am Ende der Weimarer Zeit in Geltung stand. Trotzdem darf man sich nicht vorstellen, daß in dieser Zeit nichts passierte. In dieser Periode der Nicht-Reform hatten wir höchst markante Kultusminister, ich nenne nur die Namen Theodor Heuss, Alois Hundhammer, Christine Teusch, Willy Dehnkamp und Heinrich Landahl. In dieser Zeit war nicht die Reform das Hauptthema, sondern die Überwindung der geistigen Zerstörung durch den Nationalsozialismus und der physischen Zerstörung durch die Kriegsfolgen. Verwaltungsmäßig und organisatorisch ist in dieser Zeit Wichtiges geleistet worden. Als ein Beispiel diene die Überwindung des Schichtunterrichts, der in den ersten Jahren nach Kriegsende langsam abgebaut wurde, und der Ersatz der zerstörten Schulbauten durch Reparaturen und Neubauten. Schließlich sei die Überwindung veralteter sozialer Geschichtsvorstellungen in unseren Schulbüchern in dieser Zeit erwähnt.

Wenn man in die Weimarer Zeit zurückgeht, stellt man fest, daß nach der Revolution von 1918 eine Reichsschulkonferenz stattgefunden hat, die zum Auftakt der Weimarer Zeit fast alle bildungspolitisch wichtigen Persönlichkeiten und Gruppen zusammengeführt hat: – von Eduard Spranger bis Georg Kerschensteiner, von den Kirchen zu den Gewerkschaften, von den Linken bis zu den Konservativen. Glücklicherweise hat diese Konferenz hervorragende Protokolle produziert, die gedruckt vorliegen. Von heute aus gesehen kann man nur feststellen, daß damals alle wichtigen Fragen der Reform offen auf dem Tisch lagen und diskutiert wurden. Weder in der Weimarer Zeit noch im Dritten Reich, noch in den ersten fünfzehn Jahren nach dem Krieg sind diese Vorhaben aber wirklich angepackt worden. Von der Einheitsschule bis zur Hochschulreform sind die Vorschläge zur Öffnung unseres Bildungswesens in einem demokratischen Sinne nicht realisiert worden. Weder 1918 noch 1945 wurde das herkömmliche dreigliedrige Schulwesen mit seinen elitären Methoden in eine offene demokratische, gesellschaftliche Organisation verwandelt, obwohl die Forderungen in dieser Richtung in allen Details formuliert waren. In der Ermüdung nach dem Krieg fehlte die Kraft dazu. Anfang der sechziger Jahre hat sich das verändert.

Schon in der Zeit der Nicht-Reform hat es eine langsam beginnende Reformdiskussion gegeben. Einzelne Experimente, wie zum Beispiel der differenzierte Mittelbau in Niedersachsen oder die von den Engländern initiierte große Hochschulreformdenkschrift im Blauen Gutachten, fielen gerade in diese Nicht-Reform-Zeit und dienten einer Art von geistiger Sammlung. Anfang der sechziger Jahre wuchs das Durchschnittseinkommen der Deutschen in beträchtlichem Umfang; das galt insbesondere für den deutschen Mittelstand. Die mittleren Einkommen stiegen erheblich, und die mittleren Schichten drängten plötzlich nach mehr Bildung. Die früheren Hauptschüler wollten auf die Realschule, die früheren Realschüler auf das Gymnasium. Die, die das Gymnasium nur zum Teil besucht hatten, wollten es ganz durchlaufen. Ganz eindeutig führte die ökonomische Entwicklung in der Bundesrepublik zu einer umfassenden Expansion des Bildungswesens.

Neben diesem ökonomischen Druck gab es eine sozialwissenschaftliche Entwicklung der kritischen Forschung. Zwei Namen sind für diese Zeit als intellektuelle Antriebskräfte zu nennen: Georg Picht und Ralf Dahrendorf. Diese Forschungen haben deutlich gemacht, daß wir keine Chancengleichheit in unserem Bildungswesen besessen hatten und es weite Schichten gab, die trotz Begabung nicht entsprechend vorankamen. Im wesentlichen waren es die Gruppe der Frauen, die Gruppe der Arbeiterkinder, die Gruppe der Landbevölkerung und die Katholiken, die nachweisbar erheblich unterprivilegiert waren. Gleichzeitig wurde deutlich, daß aus der zunehmenden wirtschaftlichen Erholung der Bundesrepublik ein immer stärkerer Bedarf nach qualifiziert ausgebildeten Arbeitskräften entstand. Scherzhaft pflegte man in dieser Zeit von der Zurücksetzung der katholischen Landarbeitertochter zu sprechen und damit in einer Figur die Fehlwirkung des Bildungswesens anzusprechen.

Aus diesen Anstößen entwickelte sich dann durch entsprechende Gremien eine umfassende Bildungsreform. Schon in der Zeit der Nicht-Reform begann der Deutsche Ausschuß für das Erziehungs- und Bildungswesen zu arbeiten, später der Deutsche Bildungsrat, ein Planungs- und Reformgremium, in dem Politiker, Verwaltung und Wissenschaftler zusammenwirkten und in wenigen Jahren ein umfassendes Reformwerk entwickelten. In den Jahren 1968 bis 1970 erhielt diese Entwicklung eine zusätzliche Stoßkraft durch die sogenannte Studentenrevolte. In dieser Zeit wurden die Studenten zu Vorkämpfern gegen die soziale Ungerechtigkeit unseres traditionellen Bildungswesens, aber die Bildungsreform wurde ein denkerischer Anstoß in allen politischen Parteien. Seit der 100. Kultusministerkonferenz wurden auch die Bildungsverwaltungen, jedenfalls vorübergehend, zu Trägern der Reform.

Die Strukturreform des Bildungswesens, die aus der Forderung nach Chancengleichheit erwuchs, führte zum Beispiel zur Orientierungsstufe im Abbau der Aufnahmeprüfung für das Gymnasium, sie führte zum Experimentalprogramm Gesamtschule, in dem die Unterschiede des dreigliedrigen Schulwesens abgebaut werden sollten. Die wissenschaftliche Erkenntnis über die Bedeutung der frühkindlichen Bildung führte zu einem massiven Ausbau des Vorschul- und Kindergartenwesens; die Bildungspolitik realisierte, daß die Chancenungleichheit ihre eigentliche Grundlage in den Altersstufen drei bis sieben hat.

Neben diesen strukturellen Problemen entwickelte sich das Bewußtsein über die Verwandlung der Bildungsinhalte. Die sogenannte curriculare Reform erfaßte alle Bildungseinrichtungen vom Kindergarten bis zur beruflichen Bildung. Die schnelle Veränderung der Gesellschaft veränderte auch die Inhalte einzelner Unterrichtsfächer. Die neuen Erkenntnisse über das Lernen verlangten einen motivierenderen Unterricht. Die Entwicklung von Wissenschaft und Technik (von der Pille bis zum Computer) veränderte das Leben so stark, daß die traditionellen Bildungsinhalte in neuer Form vermittelt werden mußten. Jeder Jugendliche stand vor der Frage, ob das, was er heute lernt, ihm auch morgen noch hilft. Auch der Handwerker war vor immer neue Forderungen gestellt. Die Reform der Lerninhalte bestimmte mehr und mehr den Alltag der Schule. Diese Reformentwicklung reichte dann etwa vom

Anfang der sechziger Jahre bis zum Jahre 1975. Dann erfolgt eine gewisse Gegenentwicklung.

Die Bildungsexpansion führte zur Überfüllung der Hochschulen und zum vergeblichen Versuch der Kultusminister, diese Überfüllung durch einen Numerus clausus abzufangen, wodurch eine unglückliche Wirkung auf die innere Schulreform stattfand. Dadurch wurde die gerade begonnene Umstellung der Schule vom Auslesen auf das Fördern erschwert oder sogar unmöglich gemacht. Zugleich führte die Umsetzung der Bildungsreformvorhaben in Organisation zu einer Bürokratisierung der Reform. Ich will ein Beispiel nennen: Die Reform der gymnasialen Oberstufe habe ich in 14 Beratungen im Bildungsrat miterlebt, das Ergebnis wurde von den Kultusministern anerkannt und übernommen. Als ich als Vater zahlreicher Kinder dann selbst damit konfrontiert wurde, erlebte ich diese Reform in Dokumenten und Erlassen, die mir wirklich unverständlich waren. Dieses Versanden der Reform in Bürokratie hat naturgemäß zu berechtigten Gegenströmungen geführt.

Es gibt eine Neigung in der Wissenschaft, die Bildungspolitik in drei Perioden einzuteilen: die Reformutopie, die Reformeuphorie und die Reformwiderlegung. Ich halte diese Einteilung für falsch, und zwar aufgrund von Untersuchungen, die ich über den Verlauf von Bildungsreformen gemacht habe. Seit Humboldt haben in Deutschland alle Bildungsreformen folgenden Rhythmus gehabt: 1. weitführende, große Konzeptionen, 2. sehr massive Übersetzung in die Praxis, 3. kräftige, vernichtende Kritik bis zum Aufhören der Reform und Abbau.

Dann setzt ein merkwürdiger Sickereffekt ein. Wesentliche Teile der Reform sickern gegen den vitalen Widerstand in der Praxis langsam ein. Wie alle wissen, war Humboldt nur ein Jahr im Amt, und nach diesem Jahr wurde die Reform literarisch vernichtet. Trotzdem lebt die gymnasiale und Hochschulbildung bis heute von Humboldt. Die in der Weimarer Zeit durchgeführte Lehrerbildungsreform mit den Pädagogischen Akademien wurde nach langen Diskussionen voll eingeführt, um dann sofort wieder abgebaut zu werden. Bis heute ist alle Lehrerbildungsdiskussion von diesen Reformen befruchtet. Die Richertsche Schulreform am Anfang der Weimarer Zeit ist erbitterter Kritik ausgesetzt worden; sie hat aber praktisch bis zum heutigen Tag zu einem Unterschied zwischen den Bundesländern geführt, in denen sie durchgeführt wurde und in denen sie nicht stattfand. Die Bildungsreform von 1965 bis 1975 lebt weiter; sie wird von Lehrern getragen, die in diesem Gedankengut aufgewachsen sind, und sie wirkt sich mittelbar in höchst intensiver Weise aus. Es wäre also ungeschickt, die Periodisierung als Bildungsreform und Gegenreform vorzunehmen. Man könnte die Periode der Durchführung der Bildungsreform unterscheiden von der Periode der Integration von Bildungsreform in ein zum Teil widerstrebendes Schulwesen. Ein entscheidender Punkt für diese ganze Reform- und Gegenreformperiode ist die Tatsache, daß es nicht gelungen ist, die Bildungsreform auf die Bildungsverwaltung auszudehnen, obwohl es auch hier massive Vorstöße gab. Die Bildungsreformkommission des Deutschen Juristentages, die auf dem verfassungsrechtlichen Zwang zur gesetzlichen Regelung bestimmter bildungspolitischer Maßnahmen aufbaut, hat immerhin ein Werk geschaffen, das die bildungsrechtliche Gesetzgebung der einzelnen Bundesländer, man möchte sagen, fast wie einen Steinbruch benutzt.

Man nehme zum Beispiel einen so wichtigen Punkt wie den Mathematikunterricht. Eines Tages hatten die Kultusminister sich für die neue Mathematik entschieden. Sie wurde durch Erlaß eingeführt und stieß auf allgemeinen Widerstand bei den Mathematiklehrern, unter anderem deshalb, weil sie nicht darauf vorbereitet waren. Außerdem hatte man ihnen nicht erklärt, warum die Mengenlehre plötzlich so wichtig sein sollte und dafür andere Dinge weggelassen werden sollten, die früher wichtig gewesen waren. Inzwischen ist das Verständnis dafür, daß man Mathematik nicht auswendig lernen soll, sondern daß es darauf ankommt, die Schüler in einen Erkenntnisprozeß einzubeziehen, weit verbreitet. Das heißt, anstelle der Reformgegnerschaft in Mathematik tritt ein zunehmendes Verständnis für den Unterricht in Mathematik als die Entfaltung eines entdeckenden Erkenntnisprozesses. Ich erwähne das nur als ein Beispiel für den Sickereffekt von Reformen. Auch die Überwindung des in Deutschland sehr verbreiteten autoritären Unterrichtsstils durch das Gespräch, die Überzeugung und die Erziehung zur geistigen Selbständigkeit gehört in diesen Zusammenhang.

Wenn also die Bildungspolitik in der Bundesrepublik zunächst durch große Entwürfe, dann durch massive praktische Reformen, dann durch Widerstand gegen diese Reformen und dann durch das Einsickern bestimmt war, dann muß man fragen, was ist in allerneuester Zeit zu diesem Sickereffekt noch hinzugekommen. Dann müßte man zunächst den Eintritt der Ausländer in das deutsche Bildungswesen nennen. Deutschland war nie wie die Vereinigten Staaten ein „melting pot", die deutsche Schule richtete sich an deutsche Schüler; sie ist im Augenblick dabei, sich auf eine multi-kulturelle Bildungsbevölkerung umzustellen. Jeder in Deutschland lebende Jugendliche soll ein Stück deutscher Bildung erwerben, zugleich aber eine Verankerung in seiner traditionellen Bildung behalten, sei sie nun mohammedanisch und türkisch oder italienisch und katholisch. Das Nebeneinander von neuem und altem nationalen Bildungshintergrund wird in zunehmendem Maße die Bildung bestimmen. Der Ausländer wird dann im Unterricht vom Störer zum Anreger, der mit dazu beiträgt, den Jugendlichen auf die multi-kulturelle Welt von heute vorzubereiten. Wieweit die DDR bei der Vereinigung beider Teile Deutschlands Bestandteil eines multi-kulturellen Horizonts ist, müssen wir erst erfahren.

Ein anderes, schwieriges Problem für die Schule von heute ist die Computerisierung, das heißt die Frage: Beeinflußt der Computer unsere Denkformen, ohne daß wir es richtig merken, oder ist der Computer ein Mittel, den Problemen der modernen Welt besser Herr zu werden? In diesen Zusammenhang gehört die ganze Frage der Ambivalenz des technischen Fortschritts. Und welchen Idealen dient diese Schule?

Die Schule, die Hochschule, die berufliche Bildung und die Weiterbildung haben in allen Fächern eine zentrale Aufgabe: die Erziehung zum Frieden und zu den alternativen Lebensvoraussetzungen der modernen Menschheit im Atomzeitalter, zugleich aber die Lehre von der Doppelgesichtigkeit von Technik und Fortschritt, die jeder einzelne in unserer Welt aushalten muß. Insofern steht die moderne Schule im Zeichen der Dialektik der Aufklärung. Sie kann die Aufklärung nicht zur naiven Grundlage ihres Unterrichts machen, ohne zugleich die Gefahren von Aufklärung mit zu bedenken. Zu Frieden und Dialektik der Aufklärung gesellt sich als dritte Grundfragestellung der modernen Schule die ökologische, d. h. die Frage nach der Erhaltung der Natur, in der wir leben. Die von diesen drei Fragestellungen bestimmte Schule ist daher nach Reform, Gegenreform und Einsickern wohl die vierte Periode des modernen Bildungswesens in der Bundesrepublik. Die Bildungspolitik unserer Zeit im Zeichen von Frieden, Dialektik der Aufklärung und Schutz der Natur bzw. Ökologie wird nun ihrerseits die Entwicklung durchlaufen müssen, die sich mit den Worten Utopie, Verwirklichung, Verleugnung und Versickern bezeichnen läßt.

Literatur

Das Bildungswesen in der Bundesrepublik Deutschland. Ein Überblick für Eltern, Lehrer, Schüler, Reinbek bei Hamburg 1978.

Konjunkturen der Bildungspolitik in der Bundesrepublik Deutschland. Bd. I: Der Aufschwung (1960–1967), Stuttgart 1977.

Hochkonjunktur und Flaute: Bildungspolitik in der Bundesrepublik Deutschland 1967–1980, Stuttgart 1986.

Reichsministerium des Innern (Hrsg.), Die Reichsschulkonferenz 1920. Ihre Vorgeschichte und Vorbereitung und ihre Verhandlungen, Leipzig 1921.

Deutscher Ausschuß für das Erziehungs- und Bildungswesen, Empfehlungen und Gutachten des Deutschen Ausschusses für das Erziehungs- und Bildungswesen 1953–1965, Stuttgart 1966.

Deutscher Bildungsrat, Empfehlungen der Bildungskommission 1967–1977, Stuttgart 1970/1977.

Deutscher Bildungsrat, Gutachten und Studien der Bildungskommission 1967–1977, Stuttgart 1967/77.

Joachim Kaiser

Phasenverschiebungen und Einschnitte in der kulturellen Entwicklung

Nun können Sie sich wohlig entspannt zurücklehnen. Die wissenschaftlich-zeitgeschichtliche Datierungsdiagnostik ist erschöpfend geleistet, nun kommt als Kehraus gewissermaßen die Kultur dran – ihrem Wesen nach als Satyrspiel, als sehr wolkiges Feuilleton. Sie können sich also zurücklehnen. Ich hingegen war während der vorangegangenen Referate ein wenig nervös: würden nicht doch alle meine Kategorien und Zäsuren von den Vorrednern vorweggenommen werden? Und Herr Hockerts hat es auch weithin getan. Manchmal fühlt man sich dann so beklommen, wie während eines Luftangriffs, wenn die Einschläge, die Argumente, dem eigenen Standort immer näher kommen.

Nun bietet aber die Natur meines Gegenstandes auch einigen Schutz. Denn im Bereich der schöpferischen, nachschöpferischen interpretatorischen Kulturbemühung finden verwirrende Phasenverschiebungen statt. Einer meint es aufklärerisch und benutzt dazu gedankenlos einen faschistischen Jargon, ein anderer agitiert – keineswegs mehr demokratisch gesonnen – mit rational-soziologisierendem Vokabular, welches doch eigentlich das demokratische Forum voraussetzt, das er gerade sprengen will. So etwas geschieht in der Kultur. Doch bevor ich dieses Verwirrspiel erläutere, lege ich zunächst einmal meine Zahlen und Zäsuren auf den Tisch. Unterscheiden lassen sich zumindest im Kulturbezirk folgende Phasen:

Erste Phase: 1945 bis 1948. Kriegsende bis Währungsreform.

Zweite Phase: 1948 bis 1956. Schwungvoll restaurative Konsolidierung bis zur enorm bewußtseinsverändernden Installierung neuer kulturindustrieller Techniken, wie Fernsehen und Langspielplatte, die beide im Jahre 1956 plötzlich dazusein schienen.

Dritte Phase: 1956 bis 1968. Die durch das einstige, gemeinsame Diktaturerlebnis bewirkte Solidarität der Kulturellen läßt offensichtlich nach, Extreme schaukeln sich hoch, Triumphe der wiedererstandenen Kultur wirken weder auf den Staat noch auf die, die diese Triumphe feiern, integritätsfördernd affirmativ, sondern sie bestärken merkwürdigerweise das kritische Selbstbewußtsein einerseits und die couragierte Unzufriedenheit mit dem Zustand der öffentlichen Angelegenheiten andererseits. Die Kulturrevolution der außerparlamentarischen Opposition beschädigte – das gehört auch zu dieser Phase – paradoxerweise sowohl natürlich das unangefochtene Selbstbewußtsein neutraler Kulturkonsumenten als auch den unangefochtenen ideologiekritischen Optimismus eben dieser Bewußtseinsveränderer.

Vierte Phase: 1968 bis etwa 1978. In diesem Jahrzehnt geschah die unauffällige Dynamisierung einer „Tendenzwende", die nicht etwa infolge einer harmlosen Diskussionsveranstaltung der Bayerischen Akademie der Schönen Künste von 1974 zustande gekommen war, sondern die sich viel verbindlicher abzeichnete im Schaffen und Neudenken so verschiedener Künstler wie etwa Peter Stein, Peter Handke, Ingeborg Bachmann, Botho Strauß und Martin Walser.

Fünfte Phase a) und b): 1978 bis Mitte der achtziger Jahre. Indem man den Forderungen des Materials, den Konsequenzen des Weltgeistdenkens der Frankfurter Schule sowie den Sackgassen einer sterilen Insidermodernität teils unbefangen heiter, teils zynisch, teils keck-dezisionistisch aus dem Wege gehen wollte, kam es im Bereich der Architektur – und überhaupt der Künste – zur sehr schwer fixierbaren Phase der sogenannten Postmodernität. Das war ein Angriff auf eine gewisse Frankfurter Kulturphilosophie, deren Schatten über jedes Feuilleton gefallen waren – von den Künstlern selber zu schweigen. Also es kam die Phase der Postmodernität.

Gegenwärtig begegnen wir nun allenthalben Reaktionen auf diesen Kampfbegriff. (Denn Postmodernität war selbstverständlich kein zeitlich neutral ordnender Begriff, sondern ein Kampfbegriff.) Diese Reaktionen haben es sehr schwer. Sie wirken teils ohnmächtig, teils bewußt irrational, teils belanglos privatistisch, weil sie es ohne klares Bewußtsein mit einem unverbindlichen und schwer falsifizierbaren Gegenstand aufnehmen.

Das wären also meine fünf Phasen. (Ich wiederhole sie nicht noch einmal, Sie haben ja gehört, daß sie weithin in den vorhergehenden Vorträgen auch schon angeklungen sind.) Über alles dies ließen sich dicke Bücher und Aufsätze schreiben, wie ich es ja mein Leben lang seit 1947 getan habe. Aber da ich mich devot – und das mag absurd auf Sie wirken – an die hier vorgeschriebene Zeit halten will (also an meine 16 Minuten), bleiben mir noch immerhin zwölf Minuten oder sechs Schreibmaschinenseiten, um das auszuführen. Mischen wir also die Langeweile generalisierenden Behauptens mit der Zufälligkeit pittoresk-charakterisierender Einzelheiten.

Zunächst: Was heißt eigentlich Phasenverschiebung? Formkategorien sind im Bereich der Künste dauerhafter als inhaltliche Tendenzen. Ich möchte dafür ein paar fernliegend scheinende Beispiele anführen. So muß etwa der unbefangene Betrachter jener vorzüglichen, oft ironischen, brillanten Filme, die während der Nazi-Zeit gemacht wurden, über deren Qualität doch staunen. Und man muß sich verdutzt fragen, wie ein Goebbels oder eine Reichsfilmkulturkammer dergleichen überhaupt haben schaffen können. Antwort: Bewirken konnte Goebbels natürlich nur, daß die Filme scheinbar oder anscheinend unpolitisch daherkamen – ohne Hitlergruß und dergleichen. Aber ihre Qualität hing nicht damit zusammen, sondern mit einer wichtigen *Phasenverschiebung*. Das große Berliner Schauspieltheater der zwanziger Jahre wirkte hinein in Filme der dreißiger und vierziger Jahre. In diesem Zusammenhang gibt es verrückte Analogien. Zum Beispiel die suggestiven Massenaufmärsche-Rituale der Nürnberger Reichsparteitage waren offenkundig inspiriert von den berühmten opulenten Inszenierungen Max Reinhardts aus dessen großer Berliner Zeit. Aber während sie stattfanden, mußte Max Reinhardt bereits nach Hollywood emigrieren.

Andererseits ist auf solche Phasenverschiebungen wiederum kein Verlaß. 1942/43 drehte man in Deutschland einen Film über den Untergang der Titanic. Plutokratisch-angloamerikanisches Gewinnstreben sollte gegeißelt werden. Doch als der Film – dessen Hauptszenen übrigens zu den expressivsten der modernen Filmgeschichte gehören – fertig war, mochte Goebbels ihn gleichwohl nicht aufführen, sondern trieb den Regisseur Herbert Selpin in den Selbstmord. Warum? Nun, die Lage der auf dem sinkenden Schiff rettungslos ihrem Untergang Entgegenharrenden war plötzlich zum überwältigenden Symbol geworden für Deutschlands verzweifelte Situation nach Stalingrad.

Nach 1945 begegnen wir solchen Phasenverschiebungen seltsamerweise vielfach wieder. Damit will ich nicht (und ich glaube im Gegensatz zu manchem, was hier über die Verwaltung gesagt worden ist) für den Kunstbezirk die Stunde Null leugnen oder als Einschnitt relativieren – im Gegenteil. Die Nachkriegszeit von 1945 bis 1948 (also Sie erinnern sich: meine erste Phase), das war für meine Generation wirklich etwas vollkommen Neues, Überwältigendes – das waren unsere zwanziger Jahre. Denn für die intellektuell oder musisch Bewußteren brach nicht erst 1945 eine Welt zusammen. Das Jahr 1945 – da haben wir viel Falsches gehört in den letzten Jahren, auch bei den Feiern dieses Jahres, da wird aus viel unguten Motiven gelogen – war ja nicht mehr der Schicksalsmoment des Zusammenbruchs (den hatte man zwei, drei Jahre vorher in vielen bangen Nächten durchexerziert und sich imaginiert), sondern 1945 war der Augenblick der Rettung für alle, die damals irgendwie neuanzufangen noch den Impuls hatten. Es gab also durchaus etwas wie eine Stunde Null.

Auch die Literaturgruppe 47 meinte Neuanfang ohne Schatten der Vergangenheit, ja sogar ohne Mitarbeit und Mithilfe jener berühmten Emigranten und Remigranten, die sich nun schmerzlich gekränkt ausgeschlossen fühlten, weshalb sie die derben Selbstfindungsprozesse jüngerer deutscher Literaten mit Antisemitismus, Lausbubenhaftigkeit und Fremdenhaß verwechselten. Freilich, unserer Phasenverschiebung entkamen auch die Demokraten nicht. Alfred Andersch, der tapfere Exkommunist und Deserteur – der mich übrigens als blutjungen Mann entdeckt, angestellt und meinen ersten Tausendmarkschein hat verdienen lassen, was man nicht vergißt –, war ein merkwürdig pedantischer Linker. Er schrieb in der Zeitschrift „Der Ruf": „Die Jugend Europas wird den Kampf gegen alle Feinde der Freiheit fanatisch führen." Das war eigentlich ein Nazi-Satz, nur eben aufrichtig demokratisch gemeint, wenn auch im nachhallenden Tonfall faschistischer Rhetorik. Ich könnte Ihnen von Wolfgang Borchert oder Hans Werner Richter, die damals über jeden Zweifel hinaus gläubige Demokraten gewesen sind, Analoges zitieren. Auch die Sprache mußte also neu hergestellt werden. Und wenn Sie beispielsweise heute Wolfgangs Staudtes berühmten Nachkriegsfilm – „Die Mörder sind unter uns" hieß er, – wiedersehen, dann würden Sie staunend einem heroisch aufgedonnerten, von Flammen umlohten, durchaus faschistoiden Schicksalsschinken zwischen kulturindustrieller „Götterdämmerung" und „Kolberg" begegnen. Aber alles das höchst aufklärerisch demokratisch gemeint. So überlappt sich das.

In der zweiten Phase zwischen 1948 und 1955 mußte sich die Kultur der Konkurrenzgesellschaft erwehren. Aber Konkurrenz waren ausnahmsweise nicht die Kollegen, sondern Konkurrenz war die Tatsache, daß nach 1945 jeder für das Geld, mit dem er sich vorher die „Frankfurter Hefte" oder Tickets für ein Strawinski-Konzert oder Karten für eine Klee-Ausstellung gekauft hatte, nun auch eine Flasche Cognac oder ein Oberhemd leisten konnte. Und da überlegten die Leute begreiflicherweise, wieviel sie für die Kultur noch übrig hatten. So begann beispielsweise eine folgenschwere und meiner Ansicht nach in ihrer unseligen Negativität unterschätzte Entwicklung: nämlich das immer krasser gewordene Sterben aller Kulturzeitschriften, die sehr bald überhaupt nicht mehr existieren werden.

Daran trug nun aber auch jene Zäsur Schuld, die ich in meiner Gliederung Mitte der fünfziger Jahre ansetzte. Damals setzte sich das Fernsehen durch, das die Sprech-, Lese- und Lebensgewohnheiten zunächst noch ganz unauffällig revolutionierte. Heute reden Germanistikstudenten im steril dialektfreien, vermeintlich schikken Jargon von Fernsehsprechern und -moderatoren (und merken es nicht einmal). Und eine eingeschliffene Kultur des Lesens und Argumentierens scheint zumindest bedroht. Die Erfindung der Langspielplatte hinwiederum veränderte vollkommen die deutsche – und nicht nur die deutsche – Konzertkultur. Große Werke, die einst nur in Ausnahmefällen auf Schellack-Platten (Sie wissen, diese achtundsiebziger Platten, die sich rasch drehen) aufgenommen werden konnten, standen nun massenweise zur Verfügung: der gesamte Bruckner, Mahler, Wagner, zweihundert Kantaten Bachs, alles! Die Platte wurde zur universalen und damit auch abschreckenden Information, wurde aber auch zur universalen Forderung: Bis ins letzte Dorf wußte man (was vorher nur eine Klavierlehrerin bestimmt hatte), wie ein Rubinstein spielt, was die Welt-Elite kann. Also das Gespenst der Schallplatte stand neben jedem Künstler auf dem Podium und tut es heute noch. So prägen Medien das öffentliche Bewußtsein – Musik auf Knopfdruck.

Das Fernsehen bewirkte weiterhin einen Umschlag von qualitativ argumentierender in quantitativ nachzählbare Kritik: Einschaltquoten als (natürlich begriffslose) Argumente. Man muß das so verstehen: Vor zwölfhundert *Premierenbesuchern*, also eintausendzweihundert Menschen in Zürich, Berlin oder München, entscheidet sich das öffentliche Schicksal eines dramatischen Werkes von Frisch, Dürrenmatt, Peter Weiss oder Grass. Das gleiche Stück – im Fernsehen ausgestrahlt – sehen zwar viele Millionen, aber sie reagieren dabei keineswegs als Öffentlichkeit oder gar als kompakte Öffentlichkeit. Die halbkonzentrierten Fernsehmillionen sind ja eigentlich immer nur ein, zwei Privatpersonen, die während der Darbietung gelegentlich auch einmal telefonieren, ein Bier trinken, dann wieder ein bißchen hinschauen, dann auf den Knopf drücken. Das heißt, es handelt sich um eine Öffentlichkeit von anderthalb schwach konzentrierten Personen: die aber natürlich zehnmillionenmal. Das ist aber eine Öffentlichkeit, deren kritisches Urteil sehr viel weniger gilt, zählt und ausrichtet als das, was neunhundert im Theater anwesende Menschen als Reaktion von sich geben. Auf diese Weise begreifen wir wieder, was die Athenische Kategorie der *Anwesenheit* auf der Agora bedeutet, und was sie im Fernsehen nicht mehr bedeutet.

Freilich ließ sich das nicht gleich durchschauen. Ein so kluger Mann wie Hans Magnus Enzensberger schwärmte noch im „Kursbuch 20" von einer Medientheorie des aktiven Sehens, von den Chancen der Verbraucher und Sender: das könnte gekoppelt und rückgekoppelt werden, ein Miteinander ergeben usw. Ende der achtziger Jahre widerrief Enzensberger sich höhnisch: Fernsehen habe mit Aktivität und Bewußtsein nichts zu tun; als wäre es eine Beruhigungsdroge schalte man es an, um abzuschalten.

Die Jahre zwischen 1956 und 1968 (meine dritte Phase) stehen in Verruf, zumal bei Leuten mit viel künstlerischem Geschmack. Sie kennen die Argumente: Nierentische, Adenauer-Starrheit, Kalter Krieg, spießige Sexualmoral, Restauration, deutscher Dünkel gegenüber zumindest den kleinen Nachbarn im Osten, selbstbewußtes Gewinnstreben, kleinbürgerliche Großmannssucht – ich weiß, ich weiß. Aber ich nehme die verunglimpften fünfziger Jahre doch auch in Schutz. Denn gegen den ungeliebten Staat – von Literaten ungeliebten Staat – entstand damals eine Literatur von Rang, derer sich eben dieser Staat zumindest im Ausland rühmen konnte. Fast alle großen Schriftsteller, Philosophen und Publizisten unserer Gegenwart begannen mit ihrem öffentlichen Wirken in den fünfziger Jahren. Sie hatten damals diese Freiheit, und sie nutzten sie. Die Meinungsmacher oder bunten Vögel zwischen Augstein und Walser, Joseph Beuys und Günter Grass, Habermas und Joachim Fest, alle – ich exkludier' mich nicht –, wir haben in den fünfziger Jahren angefangen, auf die wir jetzt herabblicken. In dieser Zeit, als Brecht und Benn in ihren beiden Berlins starben, kam mit Böll, Grass und Uwe Johnson unsere epische Literatur, kam dank Günter Eich und Ingeborg Bachmann die deutschsprachige Lyrik zu Geltung und Weltgeltung. Und als 1966 das ästhetisch anfechtbare Stück „Die Plebejer proben den Aufstand" von Günter Grass im Berliner Schiller-Theater Premiere hatte, da war auch endlich wieder ein Zeitstück da, statt nur rückwärts gewandten Rechthabens gegen die schuldige Vätergeneration.

Mit dem absurden Theater hatten die deutschen Autoren, aus Gründen, denen ich hier nicht nachgehen kann, nichts zu tun. Sie schufen dafür das publizistische Dokumentartheater, das seltsamerweise von einem Prosabuch des Alexander Kluge – „Lebensläufe" von 1962 – vorweggenommen worden ist. Aber die ästhetische Unsauberkeit des Dokumentarstücks, wie Kipphardt, Peter Weiss, Hochhuth und andere es schufen, hatte doch nur eine kleine Zukunft. Nach den Auschwitz-Dialogen der „Ermittlung" von Peter Weiss spottete Friedrich Torberg grimmig: „Sechs Millionen suchen einen Autor!" Um so mehr revolutionierte das Marat/Sade-Drama von Peter Weiss, das ja auch heute noch aufgeführt wird. Es kam klirrend hinaus über provinziell deutsche Wehleidigkeit bloßer Schuldzuweisungs-Dramaturgie, wurde Welttheater. Das amerikanische Magazin *Time* ernannte in den sechziger Jahren in einer Titelstory Günter Grass zum führenden Romancier der Erde, und die *New York Times Book Review* befand, die realistische amerikanische Dramatik sehe alt und wie ausgelöscht aus gegenüber Peter Weiss und seinem Marat/Sade.

Über solche Differenzierungen – nächste Zäsur – war dann die Apo-Revolution hinaus. Kein Wunder, daß sich damals gerade die mittlere, die 45er Generation von

Günter Grass und Habermas, dieser Revolte zumindest partiell versagte. Sprach nicht Habermas vom Linksfaschismus? Warf nicht Grass Adorno vor, er überlasse feige seinem entfesselten Schüler Krahl das Feld? Bald hatte sich alles geändert. Ich erinnere mich noch, wie ich in einem Fernsehinterview einem entfesselten Linken gegenüber war und ihm wenigstens klarzumachen versuchte, daß doch bestimmte Dinge der Vergangenheit wie Schubert und Kleist vielleicht ernst genommen werden sollten, und er mir antwortete im Hinblick auf den Prinzen von Homburg: „Was kümmert mich der Tod dieses Krautjunkers." Ein Argument, dem ich damals nichts entgegensetzen konnte, denn ich wußte ja nicht, daß es so rasch gehen würde, daß ein paar Jahre später die beiden führenden Bühnen in West-Berlin mit eben diesem sterbenden Krautjunker (bzw. er stirbt ja glücklicherweise nicht, aber das wußte unser linker Zeitzeuge nicht) ihr Theater neu eröffnen würden. Wie gesagt, so rasch ging es, daß da dann plötzlich doch alles das wieder im Zuge einer Tendenzwende, die nicht ein Akademie-Ergebnis war, sich verändert hat.

Für den Schluß meiner Übersicht habe ich mir – den Zwang zum Happy-End durchschauend, ihn aber doch verteidigend – nun doch noch etwas Positives aufbewahrt: nämlich den Umstand, daß beispielsweise weit mehr Menschen in Museen, Theater und Konzerte eilen als beispielsweise in Sportveranstaltungen. Und weiterhin die Behauptung, daß im Bereich der Interpretation – und zwar der musikalischen Interpretation – in Deutschland nach wie vor Verbindliches sich abspielt, weil es in der Bundesrepublik eine große Öffentlichkeit für dergleichen gibt, weil hier viele Künstler aus aller Welt Arbeit und Brot finden und davon gern Gebrauch machen. Kein Land dieser Erde nimmt mehr künstlerische Gäste in seinen Orchestern und Opernensembles auf als wir, keines beschäftigt sich intensiver mit Musik, was Sie ächzend den Tageszeitungen entnehmen können, wenn da kilometerlange Kritiken über Klavierabende stehen. Weiter: Über alle Zäsuren hinweg hat es seit 1945 eine wahrhaft produktive Neuentdeckung Schuberts gegeben – ich erwähne nur die Namen Dietrich Fischer-Dieskau und Alfred Brendel –, hat es eine wohlerworbene neue Berührung und Bereicherung unseres Beethoven-, Bach-, Robert Schumann- und Richard Wagner-Bildes gegeben. Ich glaube, da ist die Bundesrepublik schlicht führend in der Welt. Nur wird das niemandem so recht bewußt, weil Kultur hier Ländersache bleibt und wir eben keinen Bundeskulturminister namens André Malraux haben, der stolz die diesbezügliche Bereitwilligkeit und Offenheit seines Vaterlandes verlautbart. Was das Schauspieltheater betrifft, so ist ein verbindlicher Stil, Schiller, Goethe oder Shakespeare darzustellen, gegenwärtig hierzulande nicht gefunden worden. Es fehlt am Grundkonsens, was Interpretation überhaupt sei, und was sie dürfe. Doch solange dieses Fehlen überhaupt noch als Manko, als Diskussionsgegenstand empfunden wird, solange sich die Öffentlichkeit nicht schlicht abwendet, scheint mir die Situation nur kritisch, aber nicht verzweifelt. Wahrscheinlich müssen wir froh sein, wenn unsere zeitgeschichtlichen Bilanzversuche auf kein schlimmeres, deprimierenderes Ergebnis hinauslaufen.

Alf Mintzel

Der akzeptierte Parteienstaat

Es gibt zahlreiche Artikel zu vielen Einzelaspekten der Geschichte und Entwicklung der Parteien und des Parteiensystems der Bundesrepublik. Inzwischen liegen auch eine Fülle von kurzgefaßten Überblicksdarstellungen und einige Standardwerke vor. 1989 war ein Jahr der Verfassungsfeiern und des Rückblicks auf 40 Jahre Geschichte der Bundesrepublik. Die Flut der schier unüberschaubaren Veröffentlichungen wird weiter steigen. Die hier vorgelegte „Bilanz" soll nicht ein Versuch mehr sein, die Entwicklungsgeschichte der Parteien und des Parteiensystems stenographisch zu skizzieren. In diesem Beitrag werden im Scheinwerferlicht sozialwissenschaftlicher Parteienforschung einige Aspekte der Ausgangssituation und der Entwicklung erörtert. Dabei wird von emsiger Empirie und den üblichen Belegen abgesehen.

I.

Es wäre eine historische Legendenbildung, würden wir die Entwicklung der Bundesrepublik zu einer stabilen und zugleich flexiblen Parteiendemokratie als einen geradlinigen, von Anfang an klar vorhersehbaren Vorgang schildern. Zwar hatten der Untergang der Weimarer Republik und die nationalsozialistische Machtergreifung, der vergebliche Widerstand gegen das totalitäre NS-Regime, der totale Zusammenbruch und das Massenelend der ersten Nachkriegsjahre neue parteipolitische Kräfte freigesetzt, die in Richtung auf einen modernen Parteienstaat hinwirkten, aber die spätere Entwicklung zum Parteienstaat der Bundesrepublik war von vielen, 1945/46 keineswegs vorhersehbaren und wenig kalkulierbaren Faktoren abhängig.

Die Entwicklung der wieder- und neugegründeten Parteien und die Etablierung des sich neu herausbildenden Parteiensystems waren großen Belastungen und Gefahren ausgesetzt: Erstens konnten historische Vorbelastungen, also alte konfessionelle und politische Spannungen und Konflikte, in neuer Form wieder wirksam werden, wie dies zum Beispiel die Auseinandersetzungen zwischen SPD und KPD oder zwischen der CSU und der Bayernpartei zeigten. Zweitens brachte die alsbald einsetzende Auseinanderentwicklung der westlichen und östlichen Besatzungszonen neue Belastungen mit, deren Auswirkungen zunächst nicht absehbar waren. Drittens barg die Tatsache, unter dem Diktat der jeweiligen Besatzungsmacht als „Lizenzpartei" zugelassen und zur Kooperation – wenn auch nur wider Willen oder nur mit beschränkter Zustimmung – verpflichtet worden zu sein, die Gefahr, als „Partei der Besatzer" diffamiert zu werden. Viertens war ungewiß, welche Entwicklung die Parteien und das Parteiensystem einmal nähmen, wenn die besatzungspolitische Kanalisierung und die Abstützung durch die Lizenzpolitik eines Tages nicht mehr gegeben sein würden. Ein fünfter Gesichtspunkt: Es war ebenfalls nicht vorauszusehen, was bei einer anhaltend schlechten wirtschaftlichen und sozialpolitischen Lage geschehen würde. Auch von dieser Seite konnte dem neuen Parteiensystem – wie ehemals dem Weimarer – Gefahr drohen. Es war in den ersten Nachkriegsjahren folglich keineswegs sicher, daß sich das neue Parteiensystem zu einem stabilen Faktor entwickeln würde.

Entstehungs- und Entwicklungsgeschichte des westdeutschen Parteiensystems war, wie angedeutet, in einem wesentlichen Maße auch Folge der Auseinanderentwicklung der Westzonen und der sowjetischen Besatzungszone. Im globalen und damit innerdeutschen gesellschaftlich-politischen Teilungs- und Polarisierungsprozeß wurde die Wiederherstellung der historisch überkommenen Grundstruktur gleich am Anfang durch den Teilungsprozeß entscheidend modifiziert und umgeprägt. Erst hierdurch wurde das eigentliche Muster geschaffen, das dann die weitere Entwicklung maßgeblich bestimmte. Die Entwicklung der westdeutschen Parteien und die Entstehung und Ausformung des westdeutschen Parteiensystems waren somit nicht nur eine Antwort auf die parteipolitischen Entwicklungen der Weimarer Republik, sondern auch eine unmittelbare Antwort auf die neuesten Entwicklungen in der sowjetischen Besatzungszone. Die Teilung und die Polarisierung Deutschlands trugen in sich vielfältige materielle, ideologische und sozialstrukturelle Momente einer langfristigen Konsolidierung und Stabilisierung des westdeutschen Parteiensystems. Die beiden Parteiensysteme blieben in ihren positiven und negativen Wirkungen aufeinander bezogen.

Die Bedeutung dieser Teilungsgeschichte für die Parteienstruktur und für die späteren Parteienkonstellationen in der Bundesrepublik läßt sich allein schon an der Frage ermessen, welche Position die Sozialdemokratie in einem gesamtdeutschen Staat, aber auch in der späteren Bundesrepublik hätte einnehmen können, und welche Entwicklung die SPD genommen hätte, wenn sie in der sowjetischen Besatzungszone 1945/46 nicht in die Vereinigung mit der KPD gepreßt worden wäre. Die SPD verlor durch die Gründung der Sozialistischen Einheitspartei Deutschlands (SED) und durch die Teilung Deutschlands einen Gutteil ihres angestammten sozialen und politischen Mutterbodens. Die Gründung der SED im April 1956 hatte für die weitere Entwicklung des westdeutschen Parteiensystems einschneidende und weittragende Rückwirkungen.

II.

Die antithetische Frage, Neuaufbau oder Restauration, oftmals gestellt, führte zu antithetischen Antworten. Die Gründungs-, Aufbau- und Formierungsgeschichte der Parteien und des Parteiensystems der damaligen Besatzungszonen kann jedoch mit den Begriffen „Neuaufbau", „Neubeginn" oder „Restauration" nicht angemessen erfaßt werden. Diese Begriffe hatten in der Ausgangssituation mindestens drei Dimensionen: eine historische, denn sie waren auf geschichtlich Vorausgegangenes bezogen; eine gesellschafts- und politisch-programmatische Dimension, denn jeder der Begriffe war auf gesellschaftlich-politische Gestaltung und Entwürfe, auf ein „grand dessin", bezogen, und – nach den Erfahrungen mit dem totalitären NS-Regime – eine hochsensible politisch-moralische Dimension. Die Antithese suggerierte: Restauration ist schlecht, *Neu*aufbau – auch im Gegensatz zu *Wieder*aufbau angebracht – ist gut. Die Antithese vereinfachte und verzerrte, wie so viele Formeln und Alternativen, die Komplexität der Situation.

Neben den besatzungspolitischen Bedingungen müssen auch die nach 1945 mit der Teilung Deutschlands veränderten sozialstrukturellen und konfessionellen Rahmen- und Ausgangsbedingungen für die einzelnen Parteien und für die Parteienkonstellation in Betracht gezogen werden. Die allgemeine parteipolitische Entwicklung der Westzonen und die sich herausbildende Dominanz der Unionsparteien waren gewissermaßen historisch-sozialstrukturell und milieumäßig vorbestimmt. Das Verhältnis von Katholiken und Protestanten hatte im Deutschen Reich 1925 rund 33:64 Prozent betragen. In der späteren Bundesrepublik betrug das Verhältnis 1950 rund 46 Prozent Katholiken zu 51 Prozent Protestanten. Durch die Teilung hatten sich also die konfessionellen Gewichte verschoben. Der politische Katholizismus hatte ehedem seine Bastionen im Rheinland, in Westfalen, in Teilen Badens und Württembergs und in Bayern, also auf dem Gebiet der späteren Bundesrepublik. Ein gewandelter und bündnispolitisch im Sinne einer christlich-interkonfessionellen Sammlungspartei zum protestantischen Lager hin offener Katholizismus erhielt hierdurch in den Westzonen eine starke Ausgangsposition gegenüber der Sozialdemokratie, die durch die Teilung von ihren traditionellen Hochburgen in der stark protestantisch geprägten sowjetischen Besatzungszone abgeschnitten worden war. In realistischer Einschätzung der politischen Gesamtlage und der neuen Einflußmöglichkeiten entschied sich der katholische Episkopat, konfrontiert mit der Alternative Wiedergründung der Deutschen Zentrumspartei oder Neugründung der „Union", für das neue christlich-interkonfessionelle Sammlungskonzept, das sich überdies bündnispolitisch auf die Formierung eines antisozialistischen „bürgerlichen Blocks" unter der Führung der Unionsparteien ausdehnen ließ. Die SPD sah sich hingegen in der neuen Konstellation einem Zweifrontenkampf ausgesetzt: gegen die sowjetisch-kommunistische Seite einerseits und gegen das christlich-interkonfessionelle, antisozialistische Lager andererseits.

So war in den Westzonen schon 1946/47 die bipolare Grundstruktur des neuen

Parteiensystems angelegt. Die beiden großen Lager begannen sich abzuzeichnen. Beide Seiten verstanden entsprechend ihren verschiedenen weltanschaulichen Grundpositionen unter der Neugestaltung Deutschlands etwas anderes; keine Seite wollte die Restauration, aber jede Seite bezichtigte die andere, restaurativ zu wirken. Kurt Schumacher hatte schon im Sommer 1945 die antithetische Formel „Neubau durch Sozialismus" geprägt und der neugegründeten CDU vorgeworfen, als Partei des Besitzbürgertums die Restauration der kapitalistischen Wirtschaftsordnung zu betreiben. Die „Union" hingegen warf der wiedergegründeten SPD vor, als veraltete Klassenkampfpartei und Klassenpartei mit einer überlebten Gesellschaftslehre des 19. Jahrhunderts Nachkriegsaufgaben bewältigen zu wollen. Beide Großparteien erhoben aus ihrer jeweiligen historischen und ideologisch-programmatischen Perspektive einen Führungsanspruch bei der Neugestaltung Deutschlands.

Im Abstand von fast einem halben Jahrhundert läßt sich feststellen: Es entstand Neues auf der Grundlage von Altem, teils in Umprägung, teils durch neue Konstellationen überkommener Faktoren. Die imaginäre Stunde Null der Geschichtslosen gab es nicht. „Die Jahre zwischen Stalingrad und der Währungsreform waren nicht nur eine Phase revolutionären Umbruchs und eine Periode der ‚Außer'-Ordentlichkeit, sondern zugleich auch eine unausgegorene Übergangszeit, eine Inkubationszeit mit seinerzeit unabsehbarem und unberechenbarem Entwicklungspotential."

Die Tatsache, daß viele mögliche und tatsächliche Gefährdungen für die Entwicklung einer neuen, erfolgreichen Parteiendemokratie gebannt, abgeschwächt und überwunden werden konnten, grenzt an ein „Wunder". Es gab nicht nur das sogenannte Wirtschaftswunder, sondern auch das „Wunder" des neuen, sich durch Absorption und Konzentration stabilisierenden westdeutschen Parteienstaates und einer effizienten Parteienregierung.

III.

Die Parteien und das Parteiensystem sind älter als die Bundesrepublik selbst, denn die Gründungsdaten der Parteien, die die „Bonner Parteiendemokratie" am meisten geprägt haben und noch immer verkörpern, liegen in den Jahren 1945/46. Die Parteien waren vor der Staatsgründung da, und die parteipolitische Vorgeschichte der Bundesrepublik ist ein wesentlicher Teil der späteren staatlichen Gründungsgeschichte. Die neuen und die wiedergegründeten Parteien schufen sich, vereinfacht und überspitzt formuliert, ihren Staat, den Parteienstaat der Bundesrepublik. Dieser Sachverhalt stellte sich in der damaligen verfassungspolitischen Diskussion komplizierter dar. Aber bei allem Streit hatte sich in den Westzonen in dem Punkt ein verfassungspolitischer Grundkonsens herausgebildet, daß nämlich im Gegensatz zur sowjetischen Besatzungszone eine konkurrenzoffene Parteiendemokratie geschaffen werden sollte. Der neue Parteienstaat sollte zugleich mit Vorbeugungsmaßnahmen gegen eine Wiederholung der Weimarer Parteienzersplitterung und gegen das Wiedererstarken antidemokratischer Parteien geschützt werden.

Der Begriff Parteienstaat war zu Beginn der Weimarer Republik als polemisches Schlagwort gegen die Weimarer Demokratie gerichtet worden. Damals hatte der Parteienstaat als schlechtes Gegenstück zu dem überkommenen Ämter- und Beamtenstaat der konstitutionellen Monarchie des Deutschen Reiches gegolten. Der Staatsrechtslehrer Carl Schmitt hatte am Ende der Weimarer Republik für den „Führerstaat" plädiert und den gefährlichen antidemokratischen Tendenzen in der Gesellschaft und in den staatlichen Institutionen der Weimarer Republik ideologisch Vorschub geleistet. Wie er hatten damals viele im Parteienstaat der Weimarer Republik einen „zerstörerischen politischen Pluralismus" am Werk gesehen und mit dieser Einstellung den Antiparteieneffekt geschürt. Die politische Grundeinsicht, wonach der moderne demokratische Staat durch konkurrierende politische Parteien regiert wird, wurde erst nach den Erfahrungen mit dem totalitären „Führerstaat" allgemein akzeptiert.

In der Bundesrepublik erfuhr der Begriff des Parteienstaates trotz anfänglicher Vorbehalte sehr bald eine positive Wertung. Die verfassungspolitische Inkorporierung und staatliche Institutionalisierung der politischen Parteien und die vielfältigen gesetzgeberischen Abstützungen der *Parteiendemokratie* machten die Parteien im intermediären Konkurrenzgefüge zu besonders privilegierten Trägern des politischen Prozesses. Im normativen Funktionskatalog des Parteiengesetzes vom 24. Juli 1967 wurden die weitreichenden, umfassenden Hauptaufgaben der freien, dauernden Mitwirkung an „der politischen Willensbildung des Volkes" und der „Bildung des politischen Willens des Volkes auf allen Gebieten des öffentlichen Lebens" detailliert spezifiziert. Über die staatliche Parteienfinanzierung wurde der stets anwachsende Finanzbedarf der politischen Parteien zu einem erheblichen Teil gedeckt. Die positive Bewertung hing in einem hohen Maße auch mit der Entwicklung der sogenannten Volksparteien zusammen. Nach dem Konzept ihrer Gründer sollten die 1945/46 neugegründeten Unionsparteien einen wirklich neuen Parteitypus darstellen, der sich von den alten bürgerlichen Parteimustern und den „unechten" Volksparteien der Weimarer Zeit unterscheiden sollte. Es war ihr erklärtes Ziel, mittels dieser neuen Parteien die alten gesellschaftlichen Spaltungen zu überwinden, eine neue deutsche Demokratie zu errichten und langfristig zu stabilisieren.

Ohne Zweifel kamen die Unionsparteien dem sogenannten Volksparteien-Typus von Anfang an am nächsten. Doch waren auch schon bei der SPD unter den innen- und außenpolitischen Rahmenbedingungen der Entstehung der Bundesrepublik die Weichen in Richtung auf die Entwicklung zur Volkspartei gestellt. Nach einer damals achtzigjährigen Parteitradition konnte diese Entwicklung jedoch nicht von heute auf morgen erfolgen. Die beiden Großparteien, ihrem Verständnis nach Volksparteien genannt, entwickelten sich als demokratische Großorganisationen zu einem stabilen Aktionszentrum der parteienstaatlichen Herrschaftsorganisation. Die historischen Entwicklungslinien sind bekannt.

Nach 1945 herrschte aufgrund der Weimarer Erfahrungen die Befürchtung, eine erneute Auffächerung des Parteiensystems könnte prinzipiell die Regierungsfähigkeit des Staates in Frage stellen. Das „Weimarer Trauma" ließ in den fünfziger und sechziger Jahren manche Politiker und Publizisten für ein Mehrheitswahlrecht und ein Zweiparteiensystem nach britischem oder amerikanischem Muster plädieren. Aber die Entwicklung verlief doch eher in kontinentaleuropäischen Bahnen: Es blieb beim Mehrparteiensystem, innerhalb dessen sich ein „gemäßigter Pluralismus" ausprägte. Sowohl die Zentralität und Dominanz von zwei Großparteien als auch die Koalitionsfähigkeit und -offenheit von Kleinparteien führte zu einer regierungsfähigen Parteiendemokratie. Das „Weimarer Trauma" ist trotz neuer Beunruhigung wohl grundsätzlich überwunden.

Die Gesamtentwicklung des Parteiensystems hing nicht in dem Maße von der Technik der Wahlgesetzgebung und anderen gesetzgeberischen Maßnahmen zur Festigung des „Parteienprivilegs" und zur Zementierung des Oligopols der Bundesparteien ab, wie es in den Kontroversen über das Wahlrecht, über das Parteiengesetz und die Parteienfinanzierung vielfach behauptet wurde. Der Streit um ein mehrheitsbildendes und einigungsförderndes Wahlrecht, der insbesondere Anfang der fünfziger Jahre unter dem Eindruck gewisser Auffächerungstendenzen wieder entbrannt war, erledigte sich gewissermaßen von selbst.

Die Konzentration, der Wandel und die Stabilität des Parteiensystems sowie die Bewährung des mehrheitsfähigen und regierbaren Parteienstaates hingen im wesentlichen von der Entscheidung der Wählerschaft ab. Und dies ist der auffallendste Unterschied zur Weimarer Republik: Die Funktionseliten und die meisten Wähler der Bundesrepublik akzeptierten grundsätzlich diesen parlamentarischen Parteienstaat und förderten durch ihre Wahlentscheidung und ihre Loyalität dessen Entwicklung. Die Wirkungen der Sperrklausel, der sog. Fünf-Prozent-Klausel, lagen darin, diese Gesamtentwicklung zu stärken und zu beschleunigen. Daß dabei die Gunst der wirtschaftlichen Entwicklung und die politische Abschirmung im westlichen Bündnissystem die breite Zustimmung wesentlich bedingt und erleichtert haben, ist ein Gemeinplatz.

IV.

Gegen die Bezeichnung Parteienstaat wurden immer wieder Einwände vorgetragen. Insofern muß auch darauf kurz eingegangen werden. Wenn hier die Bundesrepublik als ein Parteienstaat bezeichnet wird, so liegt dem nicht die sogenannte Parteienstaatstheorie von Gerhard Leibholz zugrunde, sondern folgende weite Definition: Unter einer parteienstaatlichen Demokratie bzw. unter einem demokratischen Parteienstaat verstehen wir heute diejenige gesellschaftliche und politische Konfliktregelung, in welcher eine Mehrzahl dem Anspruch nach demokratisch organisierter und orientierter politischer Parteien sowohl im Bereich gesellschaftlicher Interessenvermittlung als auch im Bereich staatlicher Entscheidung und Steuerung eine dominante und zentrale Stellung einnehmen. Dominanz und Zentralität konkurrierender politischer Parteien bedeuten aber nicht, dies muß immer wieder betont werden, daß die Parteien eine Monopolstellung innehaben. Seit politische Parteien das Zentrum der Herrschaftsorganisation westeuropäischer Demokratien besetzen, gab es immer andere konkurrierende Organisationen und Institutionen, zum Beispiel Gewerkschaften, wirtschaftliche Interessenverbände, Massenmedien, Kirchen usw., die von Parteien beanspruchte und auch parteizugeordnete Aufgaben und Leistungen teilweise wahrgenommen haben. Für den demokratischen Parteienstaat sind folglich Parteienwettbewerb und der Wettbewerb der politischen Parteien mit anderen Organisationen und Institutionen charakteristisch. Die Charakteristika des doppelten und in sich vielfältigen Konkurrenz-Gefüges der parteienstaatlich-demokratischen Herrschaftsorganisation der Bundesrepublik sind der Grund dafür, daß die idealtypische Bezeichnung „Parteienstaat" in Frage gestellt und vom „Mythos Parteienstaat" (Peter Haungs) gesprochen wurde. Der Idealtypus Parteienstaat ist, mit den Worten Max Webers formuliert, ein „Gedankengebilde", das „durch einseitige Steigerung eines oder einiger Gesichtspunkte" gewonnen wird. Wenn mitunter von „Verbände- und Gruppenstaat" die Rede ist, kommt darin eine Überbetonung der interessenverbandlichen Dimension des Konkurrenz-Gefüges zum Ausdruck.

In diesem Konkurrenz-Gefüge demokratischer Konfliktregulierung nehmen die Parteien der Bundesrepublik vor allem folgende Aufgaben wahr: Organisation der allgemeinen, freien, direkten und geheimen Wahlen, Rekrutierung und Auswahl des politischen Führungspersonals, Artikulation und Bündelung gesellschaftlicher Interessen zu kompakten Politik-Konzepten, die Organisierung von Loyalität und Unterstützungen für die Entscheidungen im staatlichen Bereich, die parlamentarische Regierungsbildung, die Koordinierung der unterschiedlichen politischen Funktionsbereiche und -ebenen, spezielle Partizipationsangebote an die Bürger u. a. Manchmal wird Parteien wegen ihrer Funktionsvielfalt und angesichts ihrer Dominanz und Zentralität im politischen System irrtümlicherweise Omnipotenz zugeschrieben. Es sind mitunter die großen politischen Parteien, insbesondere die Großparteien selbst, die mit überzogenen Funktionsansprüchen solchen Fehleinschätzungen und überzogener Kritik Vorschub leisten.

In einer Bilanz der mehr als vierzigjährigen Entwicklungsgeschichte können jedoch folgende Tatsachen besonders hervorgehoben werden: Die politische Institution „Partei" hat in der parlamentarisch-demokratischen Herrschaftsorganisation der Bundesrepublik ihre zentrale und dominante Stellung bewahrt. Trotz aller prinzipiellen strukturellen und normativen Probleme ist sie als politische Institution und als Instrument der Interessenvermittlung und demokratischen Konfliktregelung noch immer ohne wirkliche Alternative. Auf kritische Fragen und Zweifel läßt sich antworten: Die Parteien haben sich weder überlebt, noch sind sie „unweigerlich zum Aussteigen aus der Geschichte gezwungen". Die Parteiendemokratie der Bundesrepublik hat sich entgegen düsteren Prognosen durch die Entwicklung der sogenannten Volksparteien nicht selbst aufgehoben, indem sie etwa zum „Einparteienstaat" geworden wäre. Vielmehr hat sie sich als relativ flexibles Institutionsgefüge erwiesen.

Die Großparteien der Bundesrepublik sind auch keineswegs an den Grenzen ihrer Entwicklungsmöglichkeiten angelangt; gemessen an den drängenden Gegenwarts- und Zukunftsaufgaben weisen sie noch Problemlösungskapazitäten auf. Gewiß vorhandene Struktur- und Funktionsschwächen, organisationspolitische Defizite und hierdurch verstärkte Legitimationsdefizite müssen nicht zwingend bedeuten, daß die Großparteien, die „Super-Strukturen", oder gar die Institution „Partei" selbst als politische Organisationsform veraltet und überholt sind oder in einer dramatischen Krise stecken. Allerdings ist es offensichtlich, daß am Ende des 20. Jahrhunderts neue gesellschaftliche Anforderungen und funktionale Erfordernisse für die Steuerungs- und Regierungsfähigkeit eine permanente Parteireform im Sinne einer Adaption und Flexibilisierung notwendig machen.

V.

In einem Rückblick auf die Entwicklung der Parteien und des Parteiensystems der Bundesrepublik ist noch ein anderer zentraler Aspekt zu erörtern: die Entwicklung der sogenannten Volksparteien als Typus und die zukünftige Entwicklung dieser Großparteien. Insbesondere aus dem Blickwinkel ausländischer Beobachter war es fraglich, ob der nach 1945 entwickelte Typus der zwei dominanten Großparteien und das hyperstabile Parteiensystem der Bundesrepublik im Rahmen der westlich-kontinental-europäischen Parteiensysteme eine „partielle Anomalie" (Gordon Smith) darstellten.

Auf der sozialwissenschaftlichen Suche nach der Wirklichkeit der Großparteien wurden verschiedene Typologisierungsversuche unternommen. Der bekannteste stammt von Otto Kirchheimer, der in den „echten Volksparteien"/„Allerweltsparteien"/„Catch-all-Parteien" – er verwendete diese Termini synonym – einen nach dem Zweiten Weltkrieg neu entstandenen und noch immer neu entstehenden Parteitypus sah. Diesen neuen Parteitypus hielt er für ein allgemeines Entwicklungsprodukt der fortgeschrittenen Industriegesellschaften des Westens, für eine höher entwickelte Organisationsform und ein Handlungssystem, das besser funktioniere als der ältere Typus der demokratischen Massenintegrationspartei und seiner Varianten (SPD und Zentrum bis 1933). Der neue Typus der „echten Volkspartei" habe eine höhere Integrations- und Problemlösungskapazität und zeichne sich zudem durch eine breitere Legitimationsbasis aus. Kirchheimer stellte die These auf, daß überall da im Westen, wo hoher Wohlstand herrscht, wo ein hohes Maß an sozialer Sicherheit erreicht ist und weiterhin garantiert wird, wo die (staatlichen) Wohlfahrtseinrichtungen der gesamten Bevölkerung zugute kommen und die Gesellschaft am Massenkonsum ausgerichtet ist, der neuartige Typus der „echten Volkspartei" entstanden oder in Entstehung begriffen sei. Kirchheimer bezeichnete diesen Typus als westliche Partei schlechthin, charakteristisch und mustergültig für die entwickelten Industriegesellschaften und Wohlfahrtsstaaten der westlichen Welt. Seither galten die volksparteilichen Großparteien der Bundesrepublik quasi als Prototypen für die politische Organisationsform fortgeschrittener Industriegesellschaften mit parteienstaatlich-demokratischer Herrschaftsorganisation. Dabei waren Kirchheimers begriffliche und interpretative Aussagen durchaus problematisch.

Gordon Smith, der Deutschlandexperte der London School of Economics and Political Science, deutete die Entwicklung des westdeutschen Volkspartei-Typus als ein besonderes Geheimnis der Nachkriegsmetamorphose Westdeutschlands und als eine „partielle Anomalie" in der westeuropäischen Parteiengeschichte. Die Entwicklung der Volkspartei der Bundesrepublik sei drei historischen Ausnahmebedingungen zuzuschreiben: 1. einem starken Grundkonsens in der Bevölkerung, 2. der „politischen Zentralität" der Großparteien und 3. dem „ideologischen Trauma", das der Nationalsozialismus hinterlassen habe. Unter „politischer Zentralität" verstand Gordon Smith die Dominanz der Volksparteien in der parteienstaatlich-demokratischen Herrschaftsordnung der Bundesrepublik. Diese „politische Zentralität" hätten sie nicht zuletzt durch die staatliche Parteienfinanzierung erhalten, die sie quasi zu „Staatsparteien" habe werden lassen. Nach Gordon Smith stellte die „partielle Anomalie" insofern keinen politischen Problemfall innerhalb der westeuropäischen Demokratien dar, als die Volksparteien der Bundesrepublik zu Garanten stabiler demokratischer Verhältnisse und handlungsfähiger Regierungen geworden seien. Doch auch er ging davon aus, daß hierzulande ein wirklich neuer Typus entstanden sei.

Es besteht kein Zweifel, daß nach 1945 die traumatischen Erlebnisse des NS-Regimes, das Nebeneinander von Hoffnung und Ohnmacht, von Neubeginn, Reformwille und Reaktion, von Aufbruch und Rückbesinnung sowie die neue europäische und globale Kräftekonstellation gerade auf den Wieder- und Neubeginn des parteipolitischen Lebens und auf die Gestaltwerdung der großen demokratischen Parteien prägenden Einfluß hatten. Die neugegründeten Unionsparteien traten mit dem Anspruch auf, Konfessionen, soziale Klassen und Schichten, politisch-historische Landschaften und Landsmannschaften in einer großen Sammelpartei zu vereinigen. Ihr Selbstverständnis als neue Volkspartei bezogen sie ebenso auf die Organisationsform der Partei wie auf ihr übergreifendes Programm und ihre Politik. Doch war mit der Gründung und dem Aufbau der Unionsparteien tatsächlich gleich ein neuer Parteitypus entstanden?

Inzwischen mehren sich unter theoretischen und empirischen Aspekten Zweifel, ob dieser angeblich neue Typus der „echten Volkspartei" überhaupt jemals auch nur annäherungsweise existierte. Jedenfalls gilt es heute unter Parteienforschern als ausgemacht, daß der von Kirchheimer skizzierte Typus nicht zum europaweiten entwicklungstypologischen Muster wurde.

VI.

Nach dem Zweiten Weltkrieg hatten sich Gebilde entwickelt, die weder gänzlich neue Typen noch einfach Kopien älterer, überkommener Strukturtypen darstellten. Es gab nach 1945 keinen völlig neuen, einheitlich durchorganisierten Parteitypus, geschweige denn den Typus der „Allerweltspartei"/„Catch-all-Partei" im Sinne von Otto Kirchheimer. Die demokratischen Großparteien waren und blieben Mischtypen mit sehr verschiedenen, heterogenen Strukturelementen und -eigenschaften. Die sozialstrukturelle, ideologisch-programmatische und organisatorische Öffnung der Großparteien war schon vor 1933 zu beobachten gewesen. Sie setzte sich nach 1945 infolge der jüngsten deutschen Geschichte und im Rahmen neuer europäischer und globaler Machtkonstellationen beschleunigt fort. Die Großparteien transformierten sich allmählich zu modernen, Klassen, Schichten und Konfessionen übergreifenden, in sich hochkomplexen „Massen- und Apparatparteien modernen Typs" (Mintzel).

Zahlreiche empirische Analysen sprechen dafür, daß es sich bei den sogenannten Volksparteien nicht um einen strukturell-funktional *einheitlichen,* nach bestimmten Merkmalen völlig durchorganisierten Parteitypus handelt. Die demokratischen Großparteien der Bundesrepublik, CDU/CSU und SPD, stellen bei allem Wandel noch immer in sich hochkomplexe Mischtypen dar, die aus verschiedenen Strukturelementen zusammengesetzt sind. Empirische Befunde belegen, daß die heutigen Großparteien der Bundesrepublik (noch immer) strukturfunktionale Elemente der (älteren) „demokratischen Massenintegrationsparteien" (Sigmund Neumann), einer hochtechnisierten „Massen- und Apparatpartei" (Sigmund Neumann) und einer Milieupartei umfassen können. Die SPD ist in Teilen Bayerns mitnichten das, was man, wenn auch noch so vage, unter einer „Volkspartei" verstehen mag. CDU und CSU sind noch immer in regionalen Teilbereichen nachweisliche Milieuparteien oder relativ geschlossene Honoratiorengebilde. Auch im Rahmen der CDU-nahen Parteienforschung besteht nicht in allen Punkten Konsens darüber, ob die CDU ihren volksparteilichen *Anspruch* wirklich eingelöst habe, ob sie überall und auf allen Ebenen zur „Volkspartei" geworden sei. Nur in dem Sinne stellt die moderne Großpartei *einen* Typus besonderer Art dar, indem sie sich von der „reinen" Milieupartei, der „reinen" Honoratiorenpartei, der „reinen" liberalen Repräsentationspartei unterscheidet. Es wäre jedenfalls realitätsfern, in den Großparteien der Bundesrepublik so etwas wie *einen reinen,* nach bestimmten Merkmalen einheitlich durchorganisierten Organisationstypus zu sehen. Die formal-statutarischen Regelordnungen der Großparteien stehen dieser Eigenart nicht im Wege.

Wie immer dieser Mischtypus zusammengesetzt sein mag, die Großparteien sind noch in einem anderen Sinne locker organisierte Gebilde. Ihre binnenstrukturell vielfach segmentierten, fragmentierten und parzellierten Organisationselemente schließen sich quasi nur temporär, zum Beispiel bei Parteitagen, zu fest strukturierten Einheiten zusammen. Es ließen sich zahlreiche empirische Beispiele dafür anführen, daß führende Akteure verschiedener Organisationsteile von ihren Initiativen und Aktivitäten gegenseitig nichts oder „nur aus der Zeitung" wissen, daß die kommunikative Vernetzung verschiedener Organisationsteile und regionaler Parteikomplexe untereinander zum Teil relativ schwach ist und Abschottungstendenzen bestehen.

Diese Organisationswirklichkeit des komplexen Mischtypus „Großpartei" erklärt zum Teil die Schwierigkeiten und Widersprüchlichkeiten in der theoretischen und empirischen Diskussion. Möglicherweise resultiert ein Gutteil der bisherigen großen Integrationskapazität der sogenannten Volksparteien gerade daraus, daß sie hochkomplexe Mischtypen darstellen und deshalb als Vehikel für sehr verschiedene Umweltbedingungen und Anforderungen dienen können.

VII.

In der hochorganisierten Industriegesellschaft und im interventionistischen Industriestaat der Bundesrepublik bedarf die politische Institution „Partei" zur Erfüllung der tatsächlichen und normativ zugewiesenen Aufgaben einer entsprechend ausdifferenzierten, komplexen, multifunktionalen und flexiblen Organisation. Sie ist eben nicht nur ein verfassungsrechtlich sowie bundes- und landesgesetzlich privilegierter Mitgestalter und Mitträger des politischen Prozesses, sondern zugleich ein Vehikel und Instrument zur Realisierung dieser multifunktionalen Trägerschaft. Die Großparteien standen und stehen unter Anpassungsdruck. Angesichts neuer Herausforderungen erwiesen sich alte Strukturen als hinfällig.

Die Großparteien versuchten ihre Organisationsform den gewachsenen Aufgaben der gesellschaftlichen Integration, der Interessenartikulation und -aggregation sowie der gouvernementalen Steuerung anzupassen. Die staatlichen Aufgaben umfassender Daseinsfürsorge und planender Regulierung sozialökonomischer Entwicklungen führten bei fortschreitender Technisierung und Nutzbarmachung von Technologien im politischen Bereich zur strukturell-funktionalen Anpassung an gesellschaftlich-politische Entwicklungen. Als Agenten der Organisation der politischen Macht und als Mit-Gestalter und treibende Momente der gesellschaftlichen Entwicklung haben die Großparteien vor allem ihre Apparate ausgebaut und die Parteiorganisation als Vehikel und Instrument durchzuorganisieren versucht. Dabei spielte die staatliche Parteienfinanzierung eine nicht geringe Rolle.

Im Prozeß ihres weiteren Wandels veränderten die „Übergangsgebilde" und Mischtypen der Großparteien in unterschiedlichen Entwicklungsphasen nicht gleichermaßen alle Strukturteile. In den Wandlungsprozeß einbezogen waren vor allem die Parteiapparate auf den verschiedenen Ebenen, insbesondere aber die Landes- und Bundesgeschäftsstellen und die parteinahen Stiftungen. Sigmund Neumann hatte bereits im Jahre 1932 vom „Übergang von den Persönlichkeits- und Honoratioren-Parteien zu den Massen- und Apparat-Parteien" gesprochen. Er hatte diese von ihm als „Strukturgesetz der modernen Parteien" apostrophierte Entwicklungsrichtung generell auf „ökonomisch-soziale Wandlungen" zurückgeführt, jedoch nur allgemein von „einer durchgehenden Angleichung zwischen dem bürokratischen Parteiapparat und den Betrieben der modernen Wirtschaft und des modernen Großstaats" gesprochen.

Der informierte Beobachter erkennt in der Entwicklung der demokratischen Großparteien unschwer strukturell-funktionale Adaptionsprozesse an die Fülle wachsender Aufgaben und an die technischen Rahmenbedingungen der Politikgestaltung. Die Weiterentwicklung bzw. permanente Reorganisierung der Großparteien war gekennzeichnet durch Bürokratisierung, Rationalisierung, Professionalisierung, politische Rollendifferenzierung, Technisierung und – mit Einschränkungen – durch Zentralisierung sowie durch Ausdifferenzierung der Parteiorganisation in Exekutivorgane und (Führungs-)Stäbe, in Suborganisationen wie Arbeitsgemeinschaften und Arbeitskreise und in Nebenorganisationen wie Wirtschafts- und Verlagsbetriebe oder Stiftungen. In der Entwicklungsgeschichte der bundesrepublikanischen Großparteien richtete sich ein Gutteil der organisationspolitischen Bemühungen der hauptamtlichen Apparate, insbesondere aber der Landes- und Bundesgeschäftsführungen, auf die schrittweise Durchrationalisierung und Vereinheitlichung der Organisationsgebilde und Organisationsteile. Die Bemühungen um eine Durchorganisation und einen Zusammenschluß zu einem effektiven Strukturtyps waren geradezu ein Charakteristikum der Großpartei. Es waren zum Teil schleichende, in der Öffentlichkeit kaum wahrgenommene Prozesse der Verwandlung der Großparteien in „politische Tendenz- und Dienstleistungsbetriebe" mit vielen Hunderten von hauptamtlichen Angestellten.

Trotz aller Wandlungen entwickelten sich die politischen Großparteien jedoch nicht zu „Allerweltsparteien", zu sozial und geistig *„entorteten"* und *„kontextlosen* Superstrukturen" (Wilhelm Hennis). Sie blieben, empirisch nachweisbar, weltanschaulich und sozialstrukturell deutlich identifizierbare und unterscheidbare „Tendenzbetriebe". Zahlreiche Kerngruppen-Analysen zeigen zwar, daß die Großparteien der Bundesrepublik unter dem Gesichtspunkt ihrer Mitglieder- und Wählerbasis tatsächlich in hohem Maße Klassen, Schichten, Landsmannschaften und Konfessionen übergreifen, daß sie aber zugleich charakteristische sozialstrukturelle, weltanschauliche Alignements und Affinitäten behielten. Trotz der sozialstrukturellen Nivellierungstendenzen in ihren Mitgliederschaften weisen die Großparteien kennzeichnende Unterrepräsentationen, Überrepräsentationen und Nicht-Repräsentationen auf, die Sozialbarrieren verdeutlichen. In den Nivellierungstendenzen zeigt sich allerdings eine sozialstrukturelle Selektivität, die beiden Großparteien gemeinsam ist, nämlich die zunehmende Tendenz, zur politischen Organisation des öffentlichen Dienstes zu werden.

VIII.

Wie gesagt, die Plädoyers für ein Mehrheitswahlrecht und ein für effizienter gehaltenes Zweiparteiensystem nach britischem und amerikanischem Muster wurden von den tatsächlichen Entwicklungen überholt und als „Problem" durch die Effizienz einer regierungsfähigen Parteiendemokratie historisch erledigt. Das kontinentaleuropäische Grundmuster des Mehrparteiensystems setzte sich auch nach 1945 wieder durch. Dies ist wahrscheinlich eine der wichtigsten politischen Einsichten, die aus der Parteiengeschichte der zweiten Hälfte des 20. Jahrhunderts und speziell auch aus der Wirklichkeit des westdeutschen Parteiensystems gewonnen werden kann: daß Mehrparteiensysteme nicht notwendigerweise zu instabilen, ineffizienten Parteiregierungen oder gar zu Regierungsunfähigkeit führen müssen. Klein-

bzw. Nebenparteien sind nicht eo ipso dysfunktionale „Störer" des demokratischen Prozesses. Auch hier sind die Sachverhalte viel komplizierter und komplexer.

Die Siegermächte waren bei allem Dissens über die gesellschaftlich-politische Neugestaltung Deutschlands in bezug auf die deutschen Parteigründungsinitiativen zumindest in einem Punkt einig gewesen, eine Parteienauffächerung ähnlich der Weimarer Konstellation zu verhindern und eine Konzentration der politischen Kräfte Deutschlands auf wenige Großparteien zu fördern. Durch ihre besatzungspolitischen Maßnahmen und auch durch deutsche Bestrebungen wurde dieser Effekt, zumindest in den ersten Nachkriegsjahren, erreicht, obgleich nicht überall in gleich effektiver Weise. Die Frage, ob und in welchem Maße die Sammlung und Konzentration der politischen Kräfte in wenigen „Lizenzparteien" auch nach der kanalisierenden und abstützenden Lizenzpolitik anhalten und zu einer dauerhaften Stabilisierung des westdeutschen Parteiensystems führen würde, war bis in die fünfziger Jahre hinein offen.

In der Tat, mit ihrer Gründung erlebte die Bundesrepublik eine Phase der Auffächerung und drohenden Zersplitterung des neuentstandenen Parteiengefüges. Mit der Lockerung und schließlichen Aufhebung des Lizenzzwanges entstanden zwischen 1948 und 1950 rund 20 neue Parteien. In den Unionsparteien zeigten sich konfessionelle, landsmannschaftliche und regionale Risse. Die von den Besatzungsmächten verordnete Anbindung „abweichender" Kräfte an die „Lizenzparteien" der ersten Stunde hatte die tatsächliche Integrationskapazität und die charakteristischen Integrationsschwächen der Unionsparteien nicht so augenscheinlich werden lassen. Es schien für eine Weile so, als ob alte regionale sozio-kulturelle Milieus und alte politische Konfliktlagen wieder an Kraft gewönnen. Der Krieg und die Kriegsereignisse hatten neue Interessengruppen entstehen lassen, die eine eigene parteipolitische Repräsentanz geltend machten. So stellte sich heraus, daß insbesondere die Vertriebenengruppen, die sich schon zu Landsmannschaften in sogenannten Selbsthilfeorganisationen gefunden hatten, nicht alle wirklich an die großen Parteien hatten gebunden werden können.

Die bereits 1947/48 auf der Länderebene einsetzende Auffächerung des westdeutschen Parteiensystems zeigte sich dann in der Bundestagswahl 1949 darin, daß neben SPD, CDU, CSU und FDP die Deutsche Partei (DP), das Zentrum (Z), die Bayernpartei (BP), die Wirtschaftliche Aufbau-Vereinigung (WAV) und der Südschleswigsche Wählerverband (SSW) in den Bundestag einzogen. Die Parteiengruppen, aus denen 1950 der Gesamtdeutsche Block bzw. der Block der Heimatvertriebenen und Entrechteten hervorgegangen waren, gewannen Anfang der fünfziger Jahre vorübergehend größere Bedeutung. In die Phase der Auffächerung fiel auch die Gründung der Gesamtdeutschen Volkspartei (GVP) als einer bürgerlich-demokratischen Oppositionspartei. Stark kirchlich engagierte Politiker wie die damalige Vorsitzende des Zentrums, Helene Wessel, und der 1950 aus Protest gegen die Außenpolitik Konrad Adenauers zurückgetretene CDU-Bundesinnenminister Gustav Heinemann waren die Hauptinitiatoren dieser Gründung.

Daß aber die „Blüte" der zumeist bürgerlichen Splitterparteien nur von kurzer

Dauer war, signalisierte schon die Bundestagswahl von 1953, noch deutlicher aber die von 1957. In der Bundestagswahl von 1957 errangen CDU und CSU die absolute Mehrheit. Die bürgerlichen Splitterparteien schieden bis auf die Deutsche Partei aus dem Bundesparlament aus. Das Parteiensystem der Bundesrepublik hatte einen tiefgreifenden Wandel durchgemacht und sich in einem vorher nie gekannten Maße stabilisiert. Die Stabilität des neuen Parteiensystems drückte sich vor allem in der hohen Konzentration der Wählerstimmen auf die Bundestagsparteien CDU/CSU, SPD und FDP aus. Von 1961 bis 1983 beherrschten CDU/CSU, SPD und FDP allein die parlamentarische Szene in Bonn. Stabilität und Effizienz des Parteiensystems gehörten wie das sog. Wirtschaftswunder zum „deutschen Nachkriegswunder".

Bis Anfang der sechziger Jahre hatte dieser Konzentrationsprozeß hauptsächlich CDU und CSU begünstigt. Den Unionsparteien war es angesichts der Popularität und Führungsautorität des Bundeskanzlers und Bundesvorsitzenden der CDU, Konrad Adenauer, gelungen, in der Phase des anhaltenden wirtschaftlichen Aufstiegs und Wohlstandes die Auffächerung im sog. bürgerlichen Lager rückgängig zu machen. In der damaligen Konstellation des Ost-West-Konfliktes hatten weite Kreise der Bevölkerung im außenpolitischen Kurs Adenauers die besten Sicherheitsgarantien gesehen. CDU und CSU absorbierten die bürgerlichen Splitterparteien größtenteils. In dem Maße, wie die „Union" als große Mehrheitspartei Stimmen dazugewann, reduzierte sich der sog. Bürgerblock auf wenige Parteien rechts von der SPD. Die SPD blieb vorerst noch in ihrem 30%-Turm gefangen und konnte mit ihren Alternativ-Konzepten zur Politik der Westintegration und der Sozialen Marktwirtschaft nicht überzeugen. Die guten Erfahrungen mit dem wirtschaftlichen Wiederaufbau, der anhaltende und der Bevölkerung zugute kommende Wohlstand, das Verlangen nach politischer Sicherheit im westlichen Militärbündnis, das Bedürfnis nach innenpolitischer Ruhe und Privatheit ließen Fragliches und Widersprüchliches des Bonner „Provisoriums" und in der Politik der Unionsparteien nicht gewichtig genug erscheinen, um politische „Experimente" zu befürworten.

Die neue „wehrhafte Demokratie" trat ihren Feinden entgegen. Die 1949 gegründete, neonazistische Sozialistische Reichspartei (SRP), die ihre Schwerpunkte in Niedersachsen und Bremen hatte, wurde auf Antrag der Bundesregierung vom Bundesverfassungsgericht 1953 für verfassungswidrig erklärt und verboten. Die alte KPD, die durch das abschreckende Beispiel sowjetisch-kommunistischer Politik ohnehin zur Splitterpartei geworden war, wurde ebenfalls auf Antrag der Bundesregierung durch das Bundesverfassungsgericht 1956 für verfassungswidrig erklärt und durch das Verbot in die Illegalität abgedrängt. Die entschlossene verfassungspolitische Abwehr von Anti-Systemparteien war ebenfalls Ausdruck einer Konsolidierung der Parteiendemokratie der Bundesrepublik.

Nach der Bundestagswahl 1957 drängten in der SPD stärker werdende Kräfte auf eine Parteireform und auf einen Kurswechsel. Herbert Wehner, Willy Brandt und Fritz Erler wurden 1958 in den Bundesvorstand der SPD gewählt. Auf ihrem Godesberger Parteitag verabschiedete die SPD 1959 ein neues Programm und empfahl sich mit ihren neuen Positionen mehr als zuvor den Mittelschichten und dem katholischen Bevölkerungsteil. Die programmatische Neuorientierung und das Einschwenken der SPD auf den außenpolitischen Kurs Adenauers im Jahre 1960 verbesserten in den folgenden Bundestagswahlen die sozialdemokratischen Wahlergebnisse. Neue innen- und außenpolitische Faktoren und Ereignisse – genannt seien der Berliner Mauerbau 1961, die „Spiegel-Affäre" und die Kuba-Krise von 1962, der Abtritt Adenauers von der politischen Bühne 1963, die Führungsschwäche der CDU unter Bundeskanzler Ludwig Erhard, die außenpolitischen Meinungsverschiedenheiten in CDU und CSU – führten allmählich zu einem Umschwung der Wählergunst. Der „Genosse Trend" stärkte die SPD. Mit Bildung der Großen Koalition am 1. Dezember 1966 erhielt die SPD ihre Regierungs- und Koalitionsfähigkeit bescheinigt.

Die SPD weckte und verstärkte Hoffnungen auf Reformen und bessere Wege in zentralen Politikbereichen, die Unionsparteien gerieten in die Defensive und wurden 1969 von der sozialliberalen Koalition in die Opposition geschickt. Die bipolare Grundstruktur des Parteiensystems hatte sich zu einem System zweier, fast gleichgewichteter Blöcke entwickelt. Es kam auf die kleine FDP an, ob die Unionsparteien oder die Sozialdemokraten die Bundesregierung stellen konnten.

Gewisse Erstarrungserscheinungen der CDU-geführten Regierungen und vor allem die Bildung der Großen Koalition im Jahre 1966 und der sozialliberalen Koalition im Jahre 1969 setzten links und rechts von den Bundestagsparteien politische Flankenkräfte frei. Neuformierungen traten auf den Plan: 1964 die „Nationaldemokratische Partei" (NDP), 1965 die national-neutralistisch orientierte „Aktionsgemeinschaft Unabhängiger Deutscher" (AUD) und 1968 die „Deutsche Kommunistische Partei" (DKP). Im Februar 1970 erfolgte die Gründung der „Kommunistischen Partei Deutschlands" (KPD/Dortmund). Teile der Außerparlamentarischen Opposition (APO) gegen die Große Koalition, gegen die Notstandsgesetze und gegen den Vietnam-Krieg traten den Weg in die antiparlamentarische Fundamentalopposition gegen das „Bonner System" an. Die neuen Formierungsvorgänge links und rechts von den etablierten Bürgerparteien waren Signale einer veränderten Gesamtsituation. Das noch von Bundeskanzler Erhard verkündete „Erbe der Nachkriegszeit" war im Sinne des Wechsels der politischen Generationen gekommen. Die Nachkriegsgeneration, die die Weimarer Republik, das NS-Regime und den katastrophalen Zusammenbruch Deutschlands 1945 bestenfalls aus Geschichtsbüchern kannte, trat auf die politische Bühne. Der zum Teil spektakuläre Auftritt gab zu schlimmen Befürchtungen Anlaß. Es wurde an Weimarer Verhältnisse erinnert. Solche Befürchtungen erwiesen sich jedoch als Überschätzungen der Flankenkräfte.

Die Wahlergebnisse der siebziger Jahre widerlegten auch Behauptungen, wonach das Parteiensystem in eine Legitimationskrise gekommen sei. Im Gegenteil, die Wähler entschieden sich geradezu demonstrativ für die drei Parteien des Bundestages. Wie anders sollte die Tatsache verstanden werden, daß in den Bundestagswahlen 1972 und 1976 bei sehr hoher Wahlbeteiligung jedesmal 99,1 Prozent der abgegebenen Stimmen auf die Bundestagsparteien entfielen. Allerdings zeigte dann die

Entstehung der Umweltschutz-Bewegung und zahlreicher Bürgerinitiativen am Ende der siebziger Jahre, daß das Parteiensystem der Bundesrepublik vor neuen Bewährungsproben stand. Gefahren drohten vielleicht nicht in dem Maße, wie es die Extremismusdebatte und der „Radikalenerlaß" nahegelegt hatten. Auch der verkrustete innere Zustand und die Politik der Großparteien gaben Anlaß zur Kritik. Die Parteien des Bundestages waren neuerlich zu glaubhaften Antworten auf die großen Probleme unserer Zeit herausgefordert.

Auch die Parteiwerdung der GRÜNEN (1979/80) und der Einzug der GRÜNEN in den 10. Bundestag im Jahre 1983 führten nicht zu einer wirklich bedrohlichen Abschwächung der elektoralen Stabilität des Parteiensystems der Bundesrepublik. Es gelang zwar den beiden Großparteien nicht mehr, wie in ihrer besten Zeit, knapp über 90 Prozent der Wähler zu binden, aber bei den Bundestagswahlen 1983 und 1987 erzielten sie zusammen immerhin noch über 80 Prozent. Wenn die Konzentrationsprozesse im Parteiensystem der Bundesrepublik im kontinentaleuropäischen Vergleich eher Ausnahmeentwicklungen, eine „partielle Anomalie", darstellten, dann war der Einzug einer kleinen Partei in den Bundestag eher eine Rückkehr zur Normalität und darüber hinaus sicher ein Anzeichen für die Flexibilität der parlamentarischen Demokratie.

Auch nach der Entwicklung der grün-alternativen Initiativen zur Partei der GRÜNEN läßt sich das Parteiensystem der Bundesrepublik mit Giovanni Sartori noch immer als Typus eines „gemäßigten Pluralismus" klassifizieren. Nach Sartori gehören zu den Merkmalen dieses Typs erstens eine Fragmentierung des Parteiensystems in drei bis fünf relevante Parteien, zweitens eine relativ geringe ideologische Distanz der relevanten Parteien untereinander, drittens eine gemäßigt ideologische Wettbewerbssituation (d. h. weder stark zentripetal noch stark zentrifugal), viertens die Tendenz zur „bipolaren Koalitionsfiguration" (Beispiel: CDU, CSU, FDP versus SPD, Grüne) und fünftens die Abwesenheit von linken und rechten Anti-Systemparteien bei der „Organisation der Macht". Inzwischen ist es fast gewiß, daß die ultrarechte Partei „Die Republikaner" (REP) die bundespolitische Reizschwelle politischer Relevanz nicht überschreiten und nicht in das Parlament einziehen wird. Ihr Erfolg bzw. Mißerfolg hängt nicht zuletzt auch von den komplexen Wechselbeziehungen zwischen Großparteien und Kleinparteien ab.

IX.

Unter der Decke des „gemäßigten Pluralismus" steckte auf den verschiedenen Ebenen der demokratischen Herrschaftsorganisation immer ein Vielparteiensystem. Das Parteiensystem wird realiter stets von der Gesamtheit aller existierenden Parteien, von Großparteien *und* (zahlreichen) Kleinparteien sowie von ihren mannigfaltigen, komplexen Wechselbeziehungen konstituiert. Regionale und auf der Grundlage partieller Interessenlagen gebildete Kleinparteien haben in den „Etagen" (politische Gemeinde, Landkreis, Bezirk, Bundesland, Bund) des Parteiensystems

tor und Moment der funktionalen Tertiarisierung selbst. Die Verapparatung der Großparteien, der Zuwachs des hauptamtlichen Personals, die Schaffung von Parteiexpertenstäben, die Einrichtung wissenschaftlicher Gruppen in parteinahen Stiftungen, die Nutzung von Technologie und die zunehmende Professionalisierung im „politischen Tendenzbetrieb" Großpartei sind Momente der Tertiarisierung. Tertiarisierung findet nicht nur im Wirtschaftsbereich und im öffentlichen Sektor statt, sondern auch im intermediären Bereich, dem die Großparteien zugehören. Als politische Dienstleistungsorganisationen treten sie als typische und spezifische Anbieter von politischen Dienstleistungen an ihre „private Kundschaft"/„Klientel", an ihre Mitglieder und Wähler, heran, aber auch an private und staatliche Unternehmen. Großparteien erbringen ihre spezifischen Dienstleistungen über verschiedene Gliederungen und Organisationsteile sowie über die ihnen nahestehenden Stiftungen und überparteilichen „Dienste". Großparteien sind „Co-Produzenten" sozialstruktureller Tatsachen und Prozesse. Agrarpolitik, Mittelstandpolitik, im weitesten Sinne Gesellschaftspolitik, Gesundheitspolitik, Industriepolitik, Wirtschaftspolitik, Technikpolitik, Energiepolitik, allen diesen Politiken wohnen Momente der Tertiarisierung inne. Auch gesellschaftspolitische Subventions-, Harmonisierungs- und Befriedigungsstrategien, die nicht primär Tertiarisierungseffekte zeitigen, beeinflussen diese indirekt auf dem Wege der Expansion sozial- und wohlfahrtsstaatlicher Tätigkeiten. Der Charakter der Großparteien als politische Agenten der Tertiarisierung und als Phänomene der Tertiarisierung eo ipso ist von der herkömmlichen Parteienforschung viel zu wenig beachtet worden.

Die Prozesse der „funktionalen Tertiarisierung", das heißt die Zunahme von Dienstleistungsberufen aller Art im sekundären und im tertiären, im privaten und im öffentlich/staatlichen Sektor und die damit einhergehende Veränderung der Beschäftigtenstruktur der Erwerbsbevölkerung, vergrößern und differenzieren zunehmend die sog. Dienstleistungsklasse vor allem in den Verdichtungsgebieten. Der Tertiarisierungsprozeß wird begleitet von einem durch steigende Bildungs- und Informationsmöglichkeiten geförderten Säkularisierungsprozeß. Diese Prozesse verändern zugleich mentale Orientierungen: In den gehobenen Ausbildungsstufen der Dienstleistungsklasse werden ein Individualisierungsprozeß und eine ideologische Abkehr von traditionellen Autoritäten (Kirche) und eine zunehmende Distanz zu traditionellen politischen Organisationsformen (wie zum Beispiel zu den herkömmlichen Parteistrukturen und -ritualen) erkennbar.

Für die klassen-, schichten- und konfessionsübergreifenden Großparteien bringen die gesellschaftlichen Entwicklungen und ihre Begleiterscheinungen wie Säkularisierung, Individualisierung und Wertewandel neue Anforderungen mit sich: Sie können sich nicht mehr auf die bisherigen, relativ stabilen Parteibindungen ihrer jeweiligen Kernwähler und Kerngruppen verlassen.

Neue gesellschaftliche Situationsgruppen (Verbraucher, Mieter, Jugendliche, Arbeitslose, alte Menschen, Übersiedler aus der DDR, Aussiedler, Gastarbeiter usw.), spezifische berufliche Situationsgruppen des tertiären Sektors (Taxifahrer, Polizei, Pflegepersonal, Jungakademiker usw.) und ökonomische Produktionsgruppen (Landwirte, Weinbauern) und ihre jeweiligen Interessenlagen und Mentalitäten erweisen sich für die Großparteien als neue Problemgruppen und Konfliktpotentiale.

Auch wenn die (partei-)politische „Volatilität" (Wählerfluktuation/Wechselwähler) der Dienstleistungsklasse noch nicht zum dominanten Muster des Wahlverhaltens geworden ist, so haben die Großparteien es doch zunehmend mit dem Problem der „Volatilität" zu tun. Dies bedeutet, daß sie sich mit Wahlkampfstrategien und in ihrer Organisationspolitik in besonderer Weise auf die verschiedenen Zielgruppen der „Dienstleistungsklasse" und auf deren Ansprüche und mentale Bedürfnisse einstellen müssen.

Literatur

Broszat, Martin/Henke, Klaus-Dietmar/Woller, Hans (Hrsg.), Von Stalingrad zur Währungsreform. Zur Sozialgeschichte des Umbruchs in Deutschland, München 1988.
Dittberner, Jürgen/Ebbighausen, Rolf (Hrsg.), Parteiensystem in der Legitimationskrise. Studien und Materialien zur Soziologie der Parteien in der Bundesrepublik Deutschland, Opladen 1973.
Döring, Herbert/Smith, Gordon (Hrsg.), Party Government and Political Culture in Western Germany, London/Basingstoke 1982.
Haungs, Peter/Jesse, Eckhard (Hrsg.), Parteien in der Krise? In- und ausländische Perspektiven, Köln 1987.
Kaack, Heino, Geschichte und Struktur des deutschen Parteiensystems, Opladen 1971.
Mintzel, Alf, Die Volkspartei. Typus und Wirklichkeit. Ein Lehrbuch, Opladen 1977.
Ders./Oberreuter, Heinrich (Hrsg.), Parteien in der Bundesrepublik Deutschland, Bonn 1990.
Neumann, Sigmund, Die Parteien der Weimarer Republik. Mit einer Einführung von Karl Dietrich Bracher, Stuttgart ²1970.
Paterson, William E./Smith, Gordon (Hrsg.), The West German Model. Perspectives on a Stable State, London 1981.
Rohe, Karl (Hrsg.), Elections, Parties and Political Tradition, Oxford 1990.
Sartori, Giovanni, Parties and party systems. A framework for analysis. Bd. I, Cambridge/London/New York u. a. 1984.
Schmitt, Hermann, Neue Politik in alten Parteien. Zum Verhältnis von Gesellschaft und Parteien in der Bundesrepublik, Opladen 1987.
Staritz, Dietrich (Hrsg.), Das Parteiensystem der Bundesrepublik. Geschichte – Entstehung – Entwicklung. Eine Einführung, Opladen ²1980.
Stöss, Richard (Hrsg.), Parteien-Handbuch. Die Parteien der Bundesrepublik Deutschland 1945–1980, Bd. I: AUD bis EFP, Opladen 1983, Bd. II: FDP bis WAV, Opladen 1984.
Wildenmann, Rudolf, Volksparteien. Ratlose Riesen?, Baden-Baden 1989.

Arnold Sywottek

Konsum, Mobilität, Freizeit

Tendenzen gesellschaftlichen Wandels

Ein Huhn im allsonntäglichen Topf eines jeden Franzosen soll Heinrich IV., 1589–1610 König von Frankreich, als Ziel seiner Herrschaft bezeichnet haben – ein utopisches Programm damals. Erst drei Jahrhunderte später waren die technischen, wirtschaftlichen und gesellschaftspolitischen Voraussetzungen vorhanden, eine inzwischen allerdings erheblich gewachsene Bevölkerung dauerhaft vor dem Verhungern zu bewahren. Hunger gehörte gleichwohl noch bis zur Mitte des 20. Jahrhunderts zu den Grunderfahrungen der in West- und Mitteleuropa lebenden Menschen, doch hatten diese Erfahrungen jetzt nicht mehr ihre Ursachen in natürlichen Wechsellagen, sondern in politischen Entscheidungen. Vor allem die Weltkriege unterbrachen die Optimierung der Erzeugung, des Austausches und der Verteilung der Nahrungsgüter. Heute wächst in Westdeutschland die dritte Generation heran, die Hunger nicht mehr in bewußter Erinnerung hat und für die das „Huhn im Topf", d.h. die nach alten Maßstäben reichliche und „gute" Mahlzeit, nicht nur sonn-, sondern alltägliche Gewohnheit ist.

Die Industrialisierung in Landwirtschaft und Gewerbe, die mit der Maschinisierung einhergehende Erweiterung und Beschleunigung von Verkehr und Transport sowie die Zunahme des Austausches von Waren und Kenntnissen sind auch Voraussetzungen dafür, daß die Behausung hier in einem in der Geschichte bisher unbekannten Maße gegeben ist. Nicht nur ist für die gesamte Bevölkerung das sprichwörtliche „Dach über dem Kopf" vorhanden, es ist wetterfest und bietet dem einzelnen Bewohner beträchtlichen Raum. „Wohnungsnot" kennzeichnet heute keine Massenerfahrung wie noch vor 40 Jahren, sondern Engpässe eines Wohnungsmarktes, der neu aufkommendem Bedarf nicht unmittelbar nachkommen kann, weil einschlägige Baukapazitäten erst wieder geschaffen werden müssen.

Denn die Bundesrepublik Deutschland hat in diesen 40 Jahren trotz nach wie vor beträchtlicher industrieller Leistung den als „Industriegesellschaft" markierten Zustand hinter sich gelassen, bei der das Bau- und Baunebengewerbe eine bedeutende Rolle spielte, und ist in das Stadium der „Dienstleistungsgesellschaft" getreten, in der für ein gesamtwirtschaftliches Wachstum die produzierenden Wirtschaftsbereiche weniger Arbeitskräftezuwachs benötigen als disponierende, koordinierende, reparierende und pflegende. Folgen dieses Wandels sind Tendenzen zur Auflösung der vordergründigen Gliederung der herkömmlichen industriellen

„Arbeitsgesellschaft und das Abklingen der in ihr gepflegten Utopien, denen zufolge Reichtum und Arbeit gerecht verteilt sein sollten. Doch die polemische Gegenwartscharakterisierung „Zweidrittelgesellschaft" weist in Westdeutschland darauf hin, daß diese Utopien nicht Wirklichkeit geworden sind. Aber Wandel ist auch in dieser Hinsicht unverkennbar, wenn man sich daran erinnert, daß noch vor einigen Jahrzehnten die amtlichen Statistiken vier Fünftel der Bevölkerung als „minderbemittelt" einstuften. Armut im landläufigen Sinn von Elend und Not ist jedoch in der Bundesrepublik kaum noch augenfällig; im Gegensatz zu den Jahren um 1930, als Massen „überflüssiger Menschen" Straßen und Plätze füllten, muß sie heute aufgespürt werden.

Einige Tendenzen zur Neugliederung der Arbeitsgesellschaft spiegeln sich in ihrer veränderten Arbeitsteilung. Die Erwerbszeit im Leben der heute erwachsenen Männer hat sich im Vergleich zu der ihrer Väter nicht zuletzt wegen längerer Schul- und Ausbildungszeit verkürzt, die Erwerbszeit der Frauen hat sich im Vergleich mit der ihrer Mütter erheblich verlängert. Die Arbeit für Haushalt und Familie dagegen hat sich verringert, nicht zuletzt wegen der generell zunehmenden Lebensdauer, aber auch wegen des Rückgangs der Beständigkeit von Familienbindungen. Vielfältige Formen des Zusammenlebens und -arbeitens sind schichtenübergreifend üblich; vor allem bei den Heranwachsenden lassen sie sich kaum noch in dominante und sub- oder gegenkulturelle Normenvarianten scheiden. Ein differenziertes, zunehmend weniger auf Ehe- und Familiensolidarität basiertes System staatlicher Hilfen für einkommenslose und -bedürftige Menschen stützt eine Gesellschaft, deren Gliederung sich überkommenen Klassifizierungsmustern mehr und mehr entzieht.

Vor diesem Hintergrund können Beobachtungen über Konsum, Mobilität und Freizeit nicht beanspruchen, mehr als Begleitumstände einer Entwicklung in Erinnerung zu rufen, die nur selten intensiven Nachdenkens für wert befunden werden. Es geht um Aspekte des Alltagswandels, und der Versuch, sie in ihrer Verflechtung und Bedingtheit ein wenig zu erhellen, kann nur helfen, die Dynamik einer Geschichte zu verdeutlichen, die sich dem kollektiv wie individuell an Ereignissen orientierten Gedächtnis als – im Wortsinn – langweilig darstellt.

I.

Als Ereignis, mit dem in Westdeutschland der Mangel an überlebenswichtigen Gütern schwand, gilt unbestritten die Währungsreform im Juni 1948. Plötzlich habe es alles wieder zu kaufen gegeben, was zuvor nicht zu sehen gewesen sei – in solchen Wendungen beschreiben Zeitgenossen noch Jahrzehnte später ihre Erfahrungen des Übergangs vom Ausnahmezustand in eine „Normalität", in der Mangel sich nicht länger im Fehlen von Gütern, sondern in ihrer individuellen und schichtengebundenen Unerreichbarkeit zeigte. Auf solche „Normalität" war die erwachsene Bevölkerung eingerichtet, auf sie hin waren die Kinder erzogen. Die Älteren hatten einen mehrmaligen Wechsel von „fetten" und „mageren" Zeiten erfahren; die Jahre von 1916 bis 1924, um 1930 und dann besonders seit 1944 waren „schlecht" gewesen, und auch die Zwischenzeiten für längst nicht alle „gut". Sparsamkeit in der Haushaltsführung und andere Ausgaben mindernde hausfrauliche Tugenden und Fertigkeiten wie Selbstschneidern, Ändern, Flicken und Stricken, intensive Gartennutzung, Konservierungs- und Vorratshaltung von Gemüse und Obst gehörten zu den in diesem Rahmen gewohnten Lebensstilen der breiten Schichten. Die Arbeiterbewegung vor 1933 hatte diese traditionell eher kleinbürgerlichen Haltungen ebenso gefördert wie die Nationalsozialisten danach, und am Ende hatte der Warenmangel solches Verhalten auch dort erzwungen, wo es nicht erlernt worden war.

Im geschichtlichen Vergleich erinnert das erste Jahrzehnt Westdeutschlands nach 1948 in mancher Hinsicht an „Pionier"-Situationen früherer Zeiten. „Aufbau" (und „Wiederaufbau") war nicht nur allerorten an Wohnanlagen und -siedlungen von außen sichtbar, er fand in ihnen auch in durchaus herkömmlichen „Existenz"-Gründungen statt: Junge Paare und Familien holten die oft lange hinausgeschobene Errichtung eigenständiger Haushalte nach, „Flüchtlinge" und „Ausgebombte", die in Lagern oder zur Untermiete gelebt hatten, begannen sich „anständig" zu etablieren, oft allerdings in zunächst geringeren Standards, als sie ihnen aus „guten" Zeiten geläufig waren. Überdies wurde zuweilen seit Jahren bestehender Ersatzbedarf gedeckt. Die Möbelproduktion z. B. war im Deutschen Reich 1939 eingestellt worden, und manches Bett hatte inzwischen ausgedient. Gefehlt hatte es zudem bis 1948 an Textilien, nicht zuletzt an Oberbekleidung für Männer, nachdem die Zeit der Uniformen vorüber und die umgefärbten Soldatenmäntel verschlissen waren.

So lenkten zunächst Notwendigkeit im Wortsinn und Bedürfnisse nach „Normalität" in überkommener Differenzierung die Ausgaben in den sich etablierenden Haushalten; wo Brauchbares oder gar im Bewußtsein Wertvolles vorhanden war, wurde es beibehalten, besonders in wohlhabenderen Häusern. Erst gegen Mitte der fünfziger Jahre setzte eine Umorientierung ein. Vor allem Designänderungen bei industriell erzeugten, teils speziell auf die kleinräumigen neuen Wohnungen zugeschnittenen Möbeln und Haushaltswaren, aber auch technische Neuerungen reizten zur Anschaffung, selbst wenn eine intakte Ausstattung noch vorhanden war. Die ästhetische „Moderne" wurde zur Mode, die im Unterschied zu früheren Stilwechseln die Gesellschaft vorübergehend tief durchdrang. Vor allem die städtische Bevölkerung kannte solche Vorgänge, seit sich nach dem Ersten Weltkrieg vehement die Kleiderordnungen auflösten und die Textilindustrie um den Absatz ihrer Massenproduktion warb.

Die „Pioniere" haben sich den an solchen äußeren Kennzeichen meßbaren Lebenszuschnitt mit dem traditionellen „Vom-Munde-Absparen" erworben. Erst um 1958 erreichte die Ernährung durchschnittlich wieder jenen Stand, der 1913, 1928 und 1938 schon einmal gegeben war, mißt man ihn an den herkömmlichen Indikatoren, z. B. dem Kaloriengehalt. Freilich ist dies problematisch, denn sie lassen kaum darauf schließen, welcher Bedarf im zeitlichen Wandel ausreichend war und wie er gedeckt wurde. Daß die einzelnen Lebensmittel, das Brot z. B., in ihrem Nährwert im Vergleich zu den dreißiger Jahren verbessert wurden, ist bekannt; daß Obst und

Gemüse in breiterem, zunehmend importiertem Sortiment verzehrt wurden, desgleichen. Wie weit dadurch der Fleischverbrauch als traditionelles Zeichen „guten" Lebens zunächst bewußt kompensiert wurde, steht dahin. Doch am lange geübten Verzicht auf traditionelle Luxuswaren, Bohnenkaffee z. B., läßt sich der Spartrend wohl begründet ablesen.

Neue Gewohnheitsbildungen im Konsum, wirtschaftswissenschaftlich primär auf veränderte Bedürfnisse oder die Erfüllung langgehegter Wünsche zurückgeführt, folgten seit den fünfziger Jahren eher einem sich wandelnden Angebot. Dies läßt sich an Beispielen aus verschiedenen Bereichen erschließen. WC und Bad z. B., Anlässe für einen großzügigeren Verbrauch von Wasser, gehörten zu den staatlich festgesetzten Normen für den Bau der neuen Mietwohnungen, und die so geschaffenen Standards wurden nach und nach auch auf die Altbauten übertragen, die noch nicht damit ausgestattet waren. Besonders in ländlichen Gegenden wurden dafür umfängliche Zu- und Abwasserkanäle gelegt. Alle derartigen Maßnahmen schlugen bei den privaten Ausgaben zu Buch, ohne daß diese schon detailliert ermittelt wären. Besonders die hohe Spar- und Bauspartätigkeit sowie das Kreditnahmeverhalten sind noch unzureichend untersucht. Die Ausbreitung der Zentralheizungen, die in den sechziger Jahren die Kohleöfen ersetzten, vollzog sich nach ähnlichem Muster. Mit ihr einher ging die Ersetzung des Feuerherdes durch Gas- oder Elektroherde. Solche Grundausstattungsinnovationen zogen ebenso veränderte Konsumorientierungen nach sich wie technische Neuheiten für den alltäglichen Gebrauch. Die Verfügbarkeit über eine elektrische Waschmaschine z. B., die in der ersten Hälfte der fünfziger Jahre aufkam, galt schnell als erstrebenswert und gehörte am Ende des Jahrzehnts zur Standardausrüstung fast aller Mehrpersonenhaushalte. Staubsauger und Kühlschränke, vor dem Zweiten Weltkrieg allenfalls in „herrschaftlichen" Großhaushalten vorhanden, gewannen fast gleichzeitig denselben Rang; Geschirrspülmaschinen traten ihren Siegeszug zehn Jahre später an.

Doch zeichnete sich um 1960 noch eine weitere Veränderung im Verbrauchsverhalten der Haushalte ab, das angebotsgesteuert war: Bei zunehmender Ausstattung der Küchen mit elektrischen Geräten stieg der Verzehr konservierter, teils schon komponierter und gewürzter Nahrungsmittel an. Die gegenwärtig mit den „Mikrowellenherden" stark geförderte „Fertiggericht"- und „Gefriertruhen"-Kultur, bei der die Mahlzeitenzubereitung weitgehend vor die Haushalte verlagert ist, zeichnete sich damals schon ab; die Pflege alter Kochkulturen als Feinschmecker-Hobby breitete sich dann gewissermaßen als Kompensation seit den siebziger Jahren aus.

Die technischen und wirtschaftlichen Hintergründe dieser Entwicklung sind kaum schon ausgeleuchtet und einer systematisierenden Analyse unterzogen. Am Beispiel des Verzehrs und der Verteilung von Milch lassen sich einige Dimensionen erläutern. Die Zeiten, da man im Dorf zur Bäuerin in die Milchkammer ging und in der Stadt zum Milchhändler, der die Frischmilch in die vom Kunden mitgebrachten Kannen füllte, waren Ende der fünfziger Jahre vorüber; vorbei auch der frühmorgendliche Lärm in den Straßen, wenn leere gegen volle Milchflaschen ausgetauscht wurden. Zunehmend war die Milch in Wegwerfbehältern aus Papier und Kunststoff verpackt – freilich kaum noch die natürliche Milch, auf der bei längerem ruhigen Offenstehen sich eine Rahmschicht bildete und die schließlich wohlschmeckend sauer und dick wurde, sondern ein Industrieprodukt, das nach einer garantierten Verzehrbarkeitsdauer ungenießbar wird. Für die Dickmilch, zu deren Herstellung es einiger einfacher Küchenkenntnisse bedurft hatte, wird ein Ersatz angeboten, der mit ihr kaum mehr als den Namen gemein hat. Hygienevorschriften, betriebliche Konzentration in der Landwirtschaft und in den Molkereien, die Ausbreitung von Kühl- und anderen Konservierungstechniken sowie eine sich nahezu immens erweiternde Verpackungskultur in Verbindung mit betriebswirtschaftlich rationellen Transport- und Lagerungsmöglichkeiten bei Herstellern und Händlern hatten bei diesem Produktwandel zusammengewirkt, gegen den die Verbraucher sich kaum wehrten. Die willige Akzeptanz wurde offensichtlich erhöht durch die Sortimentsdifferenzierung z. B. bei Joghurt, die zwecks Absatzsteigerung bei den Herstellern ersonnen wurde.

In solcher Differenzierung, die durch die Anbieter-Konkurrenz zunehmend auch aus dem Ausland gefördert wurde – gedacht sei an Käse aus Frankreich –, lag und liegt wohl der Kern des Unterschieds zu einer Konsumgüterproduktion und -verteilung, die unter Mangelbedingungen gleichermaßen rationalisierbar war und ist. Trockenmilch und Schmelzkäse gehörten seit Jahrzehnten zu den in Deutschland bekannten Milchprodukten, die unter solchen Umständen den Bedarf deckten. Ihr Absatz schwand, als eine nicht zuletzt ästhetisch „interessantere" Angebotsvielfalt bei industriell erzeugten Nahrungsmitteln lockte. Seit jedoch die Sensibilisierung für den ökologischen Preis des „schönen Scheins" der Waren in den achtziger Jahren sprunghaft stieg und zugleich die fast abhanden gekommenen alten „natürlichen" Geschmacksrichtungen den Reiz des Neuen gewannen, ist eine nicht unerhebliche Kundenschicht bereit, für oft vorindustriell hergestellte Produkte, für „Rohmilch"-Käse z. B., die geforderten höheren Preise zu zahlen. Hier wird unübersehbar, daß unter Bedingungen gesicherter Versorgung Konsum sich zunehmend aus nichtökonomischen Motiven entfaltet. Die Frage, wann Schwellen für derartige kulturell bestimmte Konsumorientierungen überschritten werden, kann wohl kaum generalisierend beantwortet werden. Die Situation jedenfalls, in der die Angehörigen der breiten unteren Einkommensschichten, die neue Gewohnheitsbildungen im Konsum meistens am Ende übernehmen, am bewußt „einfachen" Konsum Gefallen finden könnten, ist kaum vorstellbar, es sei denn, es bestünde ein notgedrungener Anlaß für die Reduzierung von industriell erzeugter Vielfalt und Qualität.

Freilich ist das „trickle down" der Konsumgeschichte früherer Jahrzehnte, das noch in der ersten Hälfte der fünfziger Jahre die Erwartungen von Beobachtern und Politikern leitete, seither so beschleunigt worden, daß es zuweilen kaum noch aufgefunden werden kann. Der Staubsauger brauchte über dreißig Jahre, um in Westdeutschland zum Allgemeingut zu werden, die elektrische Waschmaschine knapp zehn, ebensolange der Fernsehapparat, dieser allerdings kaum noch auf dem Wege von „oben" nach „unten", sondern für die flächige Ausbreitung in allen Schichten gleichzeitig. Die Gründe für die unterschiedlichen Zeiten und Formen der Durchsetzung lassen sich je nach Gegenstand bestimmen. Der Bedarf an Staubsaugern entstand nachhaltig erst, als die allein mit Teppichen versehene „gute Stube" zum alltäglich genutzten „Wohnzimmer" wurde – dazu gab der meistens dort aufgestellte Fernsehapparat Anlaß –, als seit den sechziger Jahren die Wohnungen mit Teppichböden ausgelegt wurden und herkömmliche Reinigungsmethoden nicht länger ihren Zweck erfüllten. Die elektrische Waschmaschine dürfte vor allem deshalb so schnell Abnehmer in allen Schichten gefunden haben, weil sie die schwerste regelmäßige Hausfrauentätigkeit erheblich erleichterte. In den oberen Einkommensschichten war überdies das weibliche Dienstpersonal, das solche Arbeit bis dahin verrichtete, knapp geworden. In den mittleren und unteren Schichten kam hinzu, daß schnell steigenden Sauberkeitsansprüchen angesichts eines oft nur kleinen Bestandes angemessener Kleidung mit Hilfe der Waschmaschine Rechnung getragen werden konnte. Das gleichzeitig aufkommende Angebot an waschbaren, kein oder wenig Bügeln erfordernden Textilien aus „Kunststoff"-Fasern (Nylon, Perlon) wirkte ebenso in diese Richtung wie die zunehmenden „Kleiderbäder" (chemische Schnellreinigungen). Diese unverkennbare Steigerung der Sauberkeitsansprüche wird man wohl nicht zuletzt als kulturelle Reaktion auf die „Trümmerjahre" interpretieren können; als Erziehungsziel war sie den damals erwachsenen Frauengenerationen ohnehin bekannt.

An der Fernsehnutzung läßt sich die Verschränkung von technischer Innovation und gesellschaftsweiter kulturell neuer Verhaltensprägung besonders gut beobachten. Bei der Einführung des Radios eine Generation zuvor waren vergleichbare Phänomene schon einmal aufgetreten. Leichter und schneller als Zeitungen hatte sich dieses Medium für Information und Unterhaltung ausgebreitet; im „Dritten Reich" war es als Herrschaftsmittel nachhaltig gefördert und mißbraucht worden, aber es hatte besonders in und nach dem Krieg auch Überleben erleichtern können. Rundfunksendungen hatten begonnen, den Werktagsablauf zu gliedern (Frühgymnastik, Nachrichten) und den Sonntag zu gestalten (Gottesdienst, Wunschkonzert). Das Fernsehen gewann ab 1954 mit seinem zunächst zweistündigen Abendprogramm bald eine ähnliche Funktion. Bis heute sind die großen Nachrichtensendungen auf die Zeit, in der sich die Mehrzahl der Bürger zur Nachtruhe begibt, abgestimmt. Doch die Bedeutung des Fernsehens lag und liegt wohl weniger in solchen Verhaltensregulierungen als in der Mühelosigkeit, mit der es die Teilnahme am Kulturkonsum gestattet. Das Interesse an dieser Form von Teilnahme war offensichtlich so stark, daß die Haushalte für die Anschaffung und das Betreiben eines Fernsehempfängers, seit den siebziger Jahren auch für seine Ersetzung durch Farbfernsehgeräte, einen nicht geringen Anteil der für Bildung, Information und Unterhaltung anfallenden Ausgaben (kontinuierlich sieben bis neun Prozent) aufzubringen bereit waren.

Frühe Umfragen nach den Motiven des Fernsehempfangs ließen erkennen, daß die Teilnehmer überwiegend Unterhaltung suchten, „leichte Kost" gewissermaßen. Aber die Programmausdehnung und -differenzierung sowie die laufende Ermittlung der Zufriedenheit bzw. der Wünsche der Rezipienten halfen und helfen, ähnlich wie im gesamten Verbrauchsgütermarkt seit Mitte der fünfziger Jahre, Bedürfnisfächerung und -wandel zu berücksichtigen. Da vom Kino abgesehen – es stand 1956 im Zenit der Konsumentengunst, die seither bis auf einen dünnen Sockel spezieller Interessenten geschrumpft ist – die „klassischen" Formen des Kulturangebots, Konzerte und Theateraufführungen vor allem, an Attraktivität nicht verloren haben, wird man das Fernsehen als kulturell neue öffentliche Kommunikationsweise interpretieren müssen. Familienserien seit Sendebeginn und in den letzten Jahren verstärkt ausgestrahlte Talk-Shows legen diese Deutung mindestens nahe.

Zurück ging seit dem Aufkommen des Fernsehens freilich der Wirtshausbesuch der Männer und damit eine andere Form der öffentlichen Kommunikation (sowie der Faßbierkonsum). Doch wird man die sich hier zeigende zunehmende „Häuslichkeit" (und den vermehrten Flaschenbierverbrauch) auch auf die gegenüber früheren Zeiten verbesserte Wohnsituation zurückführen können, die nicht mehr zur „Flucht" vor bedrängender Familienenge Anlaß gab. Vereinsmitgliedschaften dagegen, auch eine mehr oder minder aktive öffentliche Kommunikationsform, stiegen in den sechziger Jahren stark an, überdies die Telefonverbreitung in den siebziger Jahren, die allerdings erst jetzt vom staatlichen Monopol her stimuliert wurde, das bis dahin der wachsenden Nachfrage nur eben genügt hatte. Auch suchten seit den sechziger Jahren immer mehr Familien regelmäßig Speisegaststätten auf. „Samstags bleibt die Küche kalt, wir gehen in den Wienerwald" – dieser Werbespruch republikweit verbreiteter Hähnchenbratereien signalisierte einen Konsumtrend, dem ein ganzer Kranz von Ursachen und Begleitumständen zugrunde lag. Aufgerufen wurde hier zu einer neuen Nutzung des Wochenendes, das sich mit der inzwischen eingerichteten Fünf-Tage-Arbeitswoche verlängert hatte. Geflügel-Massenzucht hatte die Voraussetzungen dafür geschaffen, daß ein in den unteren Einkommensschichten bis dahin eher als Feiertagsessen aufgetragenes Gericht jetzt vergleichsweise preisgünstig im Restaurant verzehrt werden konnte. Die Verdoppelung der Reallöhne in den fünfziger Jahren und das beginnende Sinken des Ernährungskostenanteils an den Haushaltsausgaben von durchschnittlich über 50 auf über 40 Prozent versprachen solcher Werbung offenbar Erfolg. Ob sie darüber hinaus eher die berufstätigen oder eher die Nur-Hausfrauen ansprach, deren Anteil um 1960 beträchtlich zurückging, sei hier nicht diskutiert. Erwähnt sei nur, daß dieses Herauslocken aus Küche und Wohnung im nun mehr und mehr üblichen PKW-Besitz eine wichtige Voraussetzung hatte. Zwar waren dadurch die Verkehrsausgaben der Haushalte gegen Ende der fünfziger Jahre in die Höhe geschnellt, aber das eigene Auto reizte zum Gebrauch nicht nur beim Wochenendeinkauf, sondern auch bei Ausflügen in die weitere Umgebung. Das „Einkehren", eine Konsumgewohnheit, die bis dahin vor allem Großstadtbewohner bei ihren Fahrten (mit öffentlichen Verkehrsmitteln) „ins Grüne" gepflegt hatten, wurde so auch für Kleinstadt- und Dorfbewohner üblich; die „Würstchenbuden" wurden derweil zu „Schnellimbissen" auf Rädern, die sich mit ihren neuen Angeboten, der „Curry-Wurst mit Pommes" und dem „Schaschlik", weit in die ländlichen Gebiete vorschoben. Zwei Jahrzehnte später war das Essen beim „Italiener", „Spanier", „Griechen" oder „Türken" eine besonders bei der jüngeren Stadtbevölkerung beliebte Feierabend- und Feiertagsgewohnheit. Das vielfältige, oft exotisch anmutende und vergleichsweise preisgünstige Angebot der ausländischen Restaurants erweiterte und änderte die Geschmackspräferenzen breiter Schichten.

II.

In solchem Verhalten zeigten sich Wandlungen einer Lebensweise, die sich sowohl der Erinnerung als auch dem messenden oder gedanklich systematisierenden Zugriff nur schwer erschließen. „Mobile Gesellschaft" – diese geläufige Charakterisierung des Zustandes seit den sechziger Jahren schließt das Gegenbild einer vorausgegangenen ruhenden Ordnung ein, das kaum trifft. Im Gegenteil: Regionale Mobilität als Wohnortwechsel ging seit dem Ende der fünfziger Jahre deutlich zurück und setzte so die seit dem Ende des Ersten Weltkrieges sich deutlich abzeichnende Tendenz zum „settle down" fort, nachdem die in Folge des Zweiten Weltkrieges Evakuierten, Geflüchteten und Vertriebenen „untergekommen" waren, die diesen Trend unterbrochen hatten. Auch die „soziale Mobilität", der Wechsel der Klassen-, Schicht- und Berufsgruppenzugehörigkeit der Bevölkerung, erscheint im generationenübergreifenden Rückblick geringer, als sie in Diagnosen und Prognosen besonders der ersten Hälfte der fünfziger Jahre gezeichnet wurde.

Allerdings ist bei der Erörterung dieser Problematik der wirtschaftliche und der durch die Technik-Entwicklung bedingte Wandel zu berücksichtigen. Die Konzentration in der Landwirtschaft hat zwischen 1950 und 1980 70 Prozent der selbständig wirtschaftenden bäuerlichen Hofstellen verschwinden lassen und damit die Voraussetzungen für die entsprechenden Selbständigen und die dort früher arbeitenden „mithelfenden" Familienangehörigen. Auch im Einzelhandel und im Handwerk, wo ähnliche Tendenzen zu beobachten sind, mußten sich die Geschäfts- oder Werkstattbetreiber, mindestens aber die auf ihre Nachfolge vorbereiteten Erben, anderen Berufen oder gar Ständen zuordnen. Manchen Berufen entzogen aufkommende neue Techniken die Existenzgrundlagen, Ofensetzern z. B., denen erst der im Zuge stilbewußten Wohnens Ende der siebziger Jahre wieder zu Ansehen gelangte Kachelofen erneut zu Arbeit und Prestige verhalf. Darüber hinaus wandelten sich durch Maschinisierung und Automatisierung manche Berufsbilder bis zu Unkenntlichkeit; im Baugewerbe (Hoch- und Tiefbau) z. B. geschah dies unter den Augen der Öffentlichkeit. Die in den siebziger Jahren unter denkmalpflegerischen Gesichtspunkten begonnene „Dorf-" und „Stadterneuerung", die zur Wiederbelebung mancher inzwischen fast abgerissenen Berufstraditionen, z. B. der Straßenpflasterei, geführt hat, ändert wenig an den großen Entwicklungslinien.

Die Problematik sozialer Mobilität läßt sich vielleicht am besten an den weiblichen Berufstätigen mit minderem Einkommen aufweisen, die vor allem in Dienstleistungsfunktionen, z. B. als Verkäuferinnen oder Schreibkräfte, arbeiten. Ihre Zahl nimmt seit der Jahrhundertwende ständig zu, ihr Platz in der Gesellschaft ist aber noch kaum eindeutig bestimmt, gleichviel ob diese als hierarchisch geordnet oder sektoral gegliedert gedacht wird. Noch in den zwanziger Jahren kamen viele dieser „kleinen Angestellten" aus Arbeiterfamilien, und sie blieben mehrheitlich in ihrem Milieu, wenn sie, wie die meisten Arbeiterinnen auch, wegen der Familiengründung die Berufstätigkeit aufgaben. Seit den sechziger Jahren unterbrechen mehr und mehr Frauen aus diesem Anlaß ihr Berufsleben nur für kurze Zeit. Die altersmäßige Zusammensetzung der weiblichen Beschäftigten hat sich inzwischen gegenüber den Jahrzehnten zuvor beträchtlich verändert, ohne daß dies bisher in besonderen Organisationen als Formen und Zeichen bewußter Eigenständigkeit Ausdruck gefunden hat. Gleichwohl sind Begleitumstände und Folgen dieser Entwicklung für die soziale Mobilität in verschiedener Hinsicht unverkennbar.

Zu den Begleitumständen zählt, daß Ende der fünfziger Jahre, als viele Ehefrauen und Mütter ihre wohl vor allem wirtschaftlich begründete „Mitarbeit" wieder aufnahmen, die Töchter inzwischen nahezu sämtlich ihr Arbeitsleben mit einer formal abgeschlossenen Berufsausbildung begannen. Diese deutlich höhere Qualifikation hat die Berufsbindung dieser jungen Frauen nachweisbar gefördert und zum Abbau der überkommenen Vorstellungen von der Rolle der Frau in der Gesellschaft beigetragen. Die in den sechziger Jahren primär aus volkswirtschaftlichen Gründen eingeleitete „Bildungsoffensive", die sowohl Männer als auch Frauen vermehrt zum verlängerten Schulbesuch, zu Hochschulreife und Studium führte, hat diese Tendenzen weiter verstärkt, wenn auch die langfristigen Folgen der zeitweiligen Akademiker-„Überproduktion" in den achtziger Jahren noch nicht voll erkennbar sind. Die Hebung des durchschnittlichen Qualifikations- und Bildungsniveaus ist jedoch unübersehbar, die Wahrnehmung unterschiedlicher kultureller Optionen und die Tendenz zur Auflösung berufsstands-, klassen- und schichtengebundener Traditionen gestiegen. Gleichwohl ist die „Selbstrekrutierungsrate" besonders in „klassischen" akademischen Oberschichtengruppen (Ärzte, Juristen, Gelehrte) nach wie vor hoch; selbst zeitweilig deklassierte Stände, der vertriebene ostelbische Adel z. B., sind, im intergenerationellen Wandel betrachtet, in den Funktionseliten der Gesellschaft verankert geblieben.

Ihren Niederschlag finden diese Trends nicht nur im erwähnten häufigen Wechsel der familialen Bindungen seit den sechziger Jahren, den die Zunahme wirtschaftlich selbständiger Frauen begünstigt, sondern auch im Geburtenrückgang, den allerdings auch andere Faktoren, z. B. die „Pille" als neues weit verbreitetes Empfängnisverhütungsmittel seit 1963/64, mitbestimmt haben. In eine systematische Betrachtung der Mobilitätsgeschichte der westdeutschen Gesellschaft sind solche Veränderungen noch kaum eingeflossen, obwohl sie dafür – als Mobilität des Lebenslaufes gewissermaßen – fundamental erscheinen. Auch die alltägliche Mobilität der Bevölkerung, die vor allem Stadt- und Verkehrsplaner beschäftigt, ist kaum zu dieser mit der zunehmenden Frauen-Berufstätigkeit zusammenhängenden Lebenslauf-Mobilität in Beziehung gesetzt worden, obwohl sich durchaus schon einige Zuordnungen erkennen lassen.

So wird bei einem Blick in die einschlägigen Statistiken deutlich, daß der vermehrte PKW-Besitz besonders in den unteren Einkommensschichten seit Beginn der sechziger Jahre sich zum Teil nur durch die „Mitarbeit" der Ehefrauen und Mütter finanzieren ließ. Hatte in den fünfziger Jahren vor allem ihre Sparsamkeit in den Haushalten geholfen, bis dahin kaum gekannte Rücklagen zu bilden, so war es jetzt ihre Rückkehr an Lohnarbeitsplätze, die solche Güter in erreichbare Nähe rückte, die bis dahin oft eher Wunschträume als Lebensziele gewesen sein mochten. Der zeitgenössisch wohl am meisten geträumte und zuweilen auch karikierte Wunsch nach einem eigenen Haus mit Garten war allerdings trotz staatlicher Förderung aus Kostengründen oft nur stadt- oder arbeitsplatzfern zu verwirklichen. Für die notwendige tägliche Mobilität hatte dies zur Folge, daß der Besitz (mindestens) eines PKW zweckmäßig, wenn nicht gar Bedingung war.

Die täglichen Bewegungsradien der Westdeutschen sind zwar noch nicht in Zeitreihen erfaßt, jedoch bieten „Pendler"-Statistiken und Verkehrszählungen genügend Hinweise, die die Behauptung stützen können, daß die Alltagsmobilität seit den sechziger Jahren zugenommen hat. Die Steigerung ergibt sich nicht nur aus den Arbeitswegen der Berufstätigen, sondern auch aus den Schulwegen von Kindern und Jugendlichen, seit die dörflichen „Zwergschulen" im Zuge der Schulkonzentration aufgehoben wurden und die Wohnsiedlungen sich immer mehr ins Land fraßen. Die Einzelhauszunahme hat auch dazu geführt, daß die Wege zu Versorgungseinrichtungen, Einkaufszentren, Sportplätzen usw. für mehr Menschen länger geworden sind – Trends, die sich selbst in städtischen Wohngebieten einstellten, seit die um die Jahrhundertwende entstehenden Stadtplanungen, die auf den Fußgängerverkehr hin konzipiert waren, in den sechziger Jahren von der Entwicklung überholt wurden.

Zwar ist die „autogerechte" Stadt nach amerikanischem Vorbild in der westdeutschen Wirklichkeit allenfalls in Ansätzen anzutreffen – erst seit den siebziger Jahren mehren sich die großen Einkaufszentren an den städtischen Ausfallstraßen und Autobahnabfahrten –, doch ist die Tendenz zur in Deutschland später als in den anderen Industriegesellschaften einsetzenden Massenmotorisierung seit den fünfziger Jahren spürbar gewesen. In diesem Jahrzehnt wies die Bundesrepublik die stärkste Motorraddichte im internationalen Vergleich auf, ein Sachverhalt, der wohl am ehesten ebenso als kriegsbedingter Ersatz für die verzögerte „Volkswagen"-Produktion und -Verbreitung zu interpretieren ist wie die vorübergehende Kleinwagen-Kultur der fünfziger und sechziger Jahre. Die Vision eines motorisierten Deutschland war jedenfalls seit den ausgehenden zwanziger Jahren vorhanden, und ersten Planungen für ein Autobahnnetz war zu entnehmen, daß dieses in den sechziger Jahren fertig sein sollte.

Der Boom privater Motorisierung, bedingt durch hohes volks- und einzelwirtschaftliches Wachstum bzw. kontinuierlichen Anstieg eines im geschichtlichen Vergleich ohnehin hohen Einkommens, beschränkte dann die Verkehrspolitik und -planung tendenziell auf Reaktionen auf das Verkehrswachstum. Die öffentlichen Verkehrssysteme dagegen schrumpfen seit Jahrzehnten und dürften erst dann wieder an Nutzung gewinnen, wenn der Individualverkehr an spürbare Leistungs- und vor allem Platzgrenzen gestoßen ist. Daß flexible Reaktionen den Verkehrsteilnehmern möglich sind, hat die Wiederaufnahme des Fahrradverkehrs in den achtziger Jahren gezeigt; sie ist vor allem in den Städten und besonders bei den Angehörigen der jüngeren Generationen, unter denen die ökologische Sensibilisierung besonders stark ist, zu beobachten. Daß dennoch wohl nicht vor allem Statussymbol-Motive einen Großteil der individuellen Motorisierung erklären, wie Soziologen in den ausgehenden fünfziger Jahren mutmaßten, ließ die Zunahme des Straßengüterverkehrs in den achtziger Jahren erkennen, als die ökologische Problematik bereits bekannt war. Dies kann als untrüglicher Hinweis darauf gelten, daß einzelwirtschaftliche Kosten- und Zeitersparnis durch Intensivierung der Arbeitsvorgänge, hier die rationelle Beschleunigung der Transportleistung, nach wie vor ein Motiv und ein Grundzug steigender Mobilität in der Gesellschaft ist.

III.

Zunehmende individuelle Entfaltung in zeitlich wechselnd gefächerte Richtungen bei gleichzeitiger Lockerung von herkömmlichen Bindungen, Erweiterung der individuellen Bewegungshorizonte bei wachsender Besiedlungsdichte sowie Trennung, Rationalisierung und Intensivierung einzelner Vorgänge im Zusammenleben und -arbeiten – all dies sind Phänomene, die sich auch an dem Strang der Gesellschaftsgeschichte ablesen lassen, die zum oft vorschnell „Freizeitgesellschaft" genannten gegenwärtigen Zustand geführt hat. Schon der Anstieg des in Arbeit gegen Lohn oder Gehalt stehenden Teils der Bevölkerung hätte Skepsis gegen diese Charakterisierung wecken können. Doch folgen solche Zuschreibungen offensichtlich gern Augenblickseindrücken. Daß Freizeit, verstanden als lohnarbeitsfreie Zeit, zu Beginn der fünfziger Jahre noch beängstigende Probleme aufgeworfen hatte, schien jedenfalls vergessen, als gegen Ende des Jahrzehnts die Rede von der „Freizeitgesellschaft" aufkam; ebenso scheint heute kaum bedacht, daß die „erzwungene" Freizeit für mindestens zwei Millionen Arbeitsuchende ein Problem darstellt. Auch die Freizeit nach der Lebensarbeitszeit, die für viele Menschen schon vor dem 60. Lebensjahr endet, sowie die Freizeit von Teilzeitbeschäftigten scheint der Freizeitforschung bisher kaum der Beachtung wert. Vor allem die Mitte der fünfziger Jahre in weiten Bereichen der Industrie und der Dienstleistungen eingeführte Fünf-Tage-Arbeitswoche und das dadurch mögliche „verlängerte Wochenende" nach amerikanischem Mittelschichtenvorbild („weekend") haben vermutlich die soziologische Phantasie in einer Situation beflügelt, in der vielleicht intensiver gearbeitet wurde als je zuvor in der deutschen Geschichte. Auf einen in manchen Branchen tiefgreifenden Rationalisierungsschub, auf zahlreiche „Überstunden", auf gerade jetzt oft gesuchten „Nebenerwerb" und auf breite „Eigen-" und „Nachbarschaftshilfe" beim Hausbau kann hier ebenso nur stichwortartig hingewiesen werden wie auf die zunehmende Zahl derer, für die das Wochenende Hauptarbeitszeit wurde, und auf die Selbständigen und Freiberufler, deren Arbeitszeit nicht festgelegt war.

Wenig bedacht wurde bei der Diagnose des Trends zur „Freizeitgesellschaft" auch, daß mit dem gewonnenen „freien" Samstag keine tarifliche Wochenarbeitszeitverkürzung einherging. Erst zwischen 1970 und 1973 wurde die (durchschnittliche) 40-Stunden-Woche für die industriellen Arbeitnehmer üblich, die 1955 noch 56 Stunden gearbeitet hatten. Das verlängerte Wochenende brachte mithin nur eine andere Verteilung der Lohnarbeitszeit und gibt lediglich Anlaß, nach der neuen Verteilung der lohnarbeitsfreien Zeit zu fragen. Zeitbudget-Erkundungen, die hier zweckmäßige Auskunft geben könnten, stehen allerdings kaum zur Verfügung, so daß von einigen wenigen Anhaltspunkten auf Grundlinien der Freizeitentwicklung geschlossen werden muß.

In einschlägigen Forschungen zur Geschichte der Arbeitszeit (und damit der Freizeit) ist bisher kaum beachtet worden, daß in den fünfziger Jahren noch die Mehrzahl der Beschäftigten in Kleinbetrieben tätig war, deren Arbeitszeit den örtlichen, großenteils ländlich-kleinstädtischen Wohnverhältnissen angepaßt war. Selbst Amtsstuben wurden vielerorts mittags für zwei bis drei Stunden geschlossen; das ermöglichte den Bediensteten den Gang zum häuslichen Mittagstisch. Erst nach Einführung der Fünf-Tage-Woche nahmen diese Regelungen spürbar ab, sie sind gleichwohl vor allem in Ladengeschäften, die oft von ihren Inhabern und mithelfenden Familienangehörigen betrieben werden, auch heute noch anzutreffen. Die allmähliche Konzentration der Lohnarbeitsplätze auf weniger Betriebe mit längeren Tagesarbeitszeiten für die Beschäftigten, von denen ein steigender Anteil immer längere Wege zur Arbeit zurückzulegen hat, ist indirekt bei der Erörterung der Mobilitätsproblematik schon angesprochen worden.

Weitgehend unerörtert ist der Einteilungswandel, der sich daraus für den Hausfrauenalltag ergab. Bemerkenswert ist, daß noch 1955 einer repräsentativen Umfrage zufolge in der Mehrheit der westdeutschen Haushalte (60 Prozent) mittags die Hauptmahlzeit im Familienkreis eingenommen wurde – eine Regelung, die in den sechziger Jahren immer weniger realisierbar war, weil weder die berufstätigen Eltern noch die Kinder dann zu Hause waren. Die den Tagesrhythmus im Haushalt bestimmende Vorbereitung der warmen Hauptmahlzeit verlagerte sich deshalb, verteilte sich, falls abends (nochmals) warm gegessen wurde, neu oder verschwand völlig aus dem werktäglichen Arbeitsprogramm, sofern die Haushaltsangehörigen ihre Hauptmahlzeit regelmäßig außerhalb der Wohnung (z. B. in der Kantine) einnahmen. Dann entfiel auch der tägliche Einkauf (z. B. von Fleisch und Frischgemüse), der, wie angedeutet, allerdings auch aus anderen Gründen (Konservierungsmöglichkeiten im Haushalt, Wohnweise) zunehmend auf wenige Großeinkaufsaktionen konzentriert wurde.

Auch auf sonstige Entwicklungen, die den Hausfrauen-Alltag veränderten, ist schon hingewiesen worden, auf das Aufkommen bügelfreier Textilien z. B. Überdies wurde das Bekleidungsangebot zunehmend preisgünstiger, so daß das bis dahin zeitraubende Ausbessern wegzufallen begann. Das Selbstschneidern und Stricken, wegen der Nichtberechnung der Lohnkosten in den fünfziger Jahren oft noch dem Kauf von Konfektionsbekleidung vorgezogen, ging zurück und wurde schließlich in den siebziger Jahren von jungen Frauen als „Freizeit"-Hobby wiederentdeckt und mit mehr oder minder künstlerischem Anspruch betrieben.

Solche Verlagerung von körperlichen Anstrengungen aus dem Feld der Arbeit in das der Freizeit läßt sich an verschiedenen Betätigungen beobachten, bei denen der ursprünglich hauswirtschaftliche Zweck noch leicht erkennbar ist. Genannt sei das „Heimwerken" (Do-it-yourself), das sich seit den sechziger Jahren beträchtlich ausdehnte, als dauerhafter Haus- und Wohnungsbesitz zu kostensparender Renovierung oder zur Ergänzung mit technischen Innovationen oder auch nur mit bis dahin als Luxus geltenden Einrichtungen animierte und so eine neue Dauerbeschäftigung für weite Kreise der Bevölkerung erzeugte; bei den Hausbesitzern der unteren Einkommensschichten waren das Selbst-Anstreichen und andere regelmäßige Wartungs- und Pflegearbeiten seit jeher üblich. Ähnliches gilt für die Gartennutzung einschließlich der seit dem Ersten Weltkrieg erheblich erweiterten Schrebergärtnerei; unverkennbar ist hier die Ausbreitung der Zierflächen gegenüber den für den Obst- und Gemüseanbau vorgesehenen Beeten – eine Tendenz zweifellos, in der sich der Übergang von versorgungs- zu verschönerungs- und wohlstandsbezogener Tätigkeit wohl am augenfälligsten spiegelt. Daß hier bei entsprechender Intensität kein geringeres Maß an körperlicher Anstrengung aufgewandt werden muß als bei der Nutzgartenpflege, liegt auf der Hand.

Freilich ist bekannt, daß schwere körperliche Lohnarbeit nur noch von einem immer geringeren Teil der Berufstätigen verrichtet werden muß, und es ist sicher nicht abwegig, diese Freizeitbeschäftigungen auch dem Bedürfnis nach körperlicher Betätigung zuzuschreiben. Bei verschiedenen Massensportinitiativen, dem Laufen („Joggen") z. B., ist diese Motivkomponente unübersehbar. Wie sehr allerdings gerade sportliches Engagement auch von Einkommen und Wohlstand abhängig ist, läßt sich besondern an vereins- und damit mitgliedsbeitragsgebundenen Sportarten sowie bei denen beobachten, deren Ausübung Spezialkleidung oder -gerät erfordert. Die Sportvereine wuchsen besonders während der zweiten Hälfte der fünfziger Jahre stark an; man darf annehmen, daß herkömmliche Ballspiele (Fußball) und Turnen vor allem Kinder und Jugendliche reizten; zunehmende Haushaltseinkommen, aber auch verlängerte Schul- und Ausbildungszeiten schufen hier Voraussetzungen und neue Rahmenbedingungen, bereits seit Jahrzehnten bestehende Traditionen breiter aufzugreifen. Für manche Sportarten ist die überkommene Schichtenbindung seither gelockert worden, nicht zuletzt wegen kommerzieller Interessen an einem erhöhten Absatz der Sportartikel; Tennis z. B. ist auf diese Weise tendenziell zum „Volkssport" geworden. Für den Skisport, dessen regionale Verbreitung durch Winterurlauber erheblich zunahm, ist ebenfalls eine kommerzielle stimulierende Ausbreitung zu verzeichnen. Verändert hat sich allerdings die öffentliche lokale Kommunikation und Identität fördernde Funktion des Sports. Die Zeiten, als die Fußballmannschaft des örtlichen Vereins ihre Siege auch in Dörfern und kleinen Städten vor den Augen zahlreicher Zuschauer errangen, für die dies ihr Freizeitvergnügen war, sind seit der Verbreitung des Fernsehens vorüber; das sportbezogene Unterhaltungsinteresse konzentriert sich intensiv auf die wenigen dort beobachtbaren überregionalen professionellen Spitzenmannschaften.

Ähnliche Entwicklungen lassen sich auch für das vielerorts stark gepflegte Chorsingen beobachten. Allerdings war hier in den sechziger Jahren ein Rückgang des Engagements der Jugend zu verzeichnen, der mit dem Wandel der organisierten Jugendkultur und dem rapiden Schwund kirchlicher Bindung in der Bevölkerung zusammenhängt. Erst die ausgehenden siebziger Jahre haben erneut ein breiteres Interesse an dieser Form geselliger Freizeitbetätigung entstehen lassen, die jene Mischung von zeitraubenden Proben und Anstrengung sowie tendenzieller Professionalität aufweist, die auch das aktive sportliche Engagement auszeichnet.

Dem Wandel der Jugendkultur wird man bei der künftig zu schreibenden Geschichte der Freizeitgestaltung wohl den breitesten Raum widmen müssen, denn dieser Wandel und seine Bedingungen können als ein Spiegel und ein Schrittmacher der Entwicklung nicht nur im Freizeitverhalten gelten. Bis zur Mitte der fünfziger Jahre bieten sich zur Erfassung und Beschreibung der Jugendkultur noch jene Muster an, die sich seit der Jahrhundertwende herausgebildet hatten und besonders den Teil der Jugendlichen betrafen, der nach den damals üblichen acht Pflichtschuljahren weder ins volle Erwerbs- und damit Erwachsenenleben trat noch eine Berufsausbildung (Lehre) begann. Organisierte Jugendpflege in den Varianten, die die Jugendbewegungstradition bot, erreichte allerdings auch von dieser Minderheit nur einen Teil. Gegen Ende der fünfziger Jahre schwand die Resonanz auf solche, von pädagogischer Fürsorge getragene, öffentliche Angebote, die auch privaten Mangel ausglichen, fast völlig, nachdem zuvor die Vielfalt, die vor der nationalsozialistischen Monopolisierung in diesem Feld bestanden hatte, wieder hergestellt war. Freie Gruppen, wie sie aus den städtischen Unterschichten seit der Weimarer Republik und aus der resistenten „swing"-Jugend des „Dritten Reiches" bekannt waren, lassen sich als Vorläufer einer „Jugendszene" begreifen, die in zunächst oft mißverstandenen „Halbstarken"-Gruppen, in von Oberschülern und Studenten gebildeten Jazz-Zirkeln, bald auch in Fan-Clubs für Medien-Stars und anderen locker organisierten Formen Ausdruck fand.

Freilich banden auch sie nur Minderheiten. Grobe Analysen des Freizeitverhaltens der Jugendlichen seit den sechziger Jahren haben ergeben, daß sich die Gewohnheiten ähnlich differenzierten wie die der damaligen Elterngeneration. Auf die Abhängigkeit des Freizeitverhaltens vom wachsenden Wohlstand wurde schon hingewiesen. „Allgemeiner Aufstieg bei fortbestehenden Ungleichheiten, räsonable Nutzung in der Mehrheit neben Randgruppen von Abstinenten und Verschwendern" – so hat Walter Jaide den „Jugendkonsum im Jahrhunderttrend" wohl treffend zusammengefaßt. Zu bedenken ist allein, daß seit den sechziger Jahren das „Geld in Nietenhosen" – so der Titel einer ersten Jugend-Konsumuntersuchung – kommerziell zunehmend interessant erschien. Das jetzt allgemein übliche Lehrlings-„Einkommen", das nicht in die Haushaltskasse fließt, kann hierfür als ein wichtiges Motiv gelten. Spezielle Modeangebote, vor allem aber die Ausdifferenzierung einer jugendbezogenen Unterhaltungskultur in der Medienindustrie und in traditionellen Freizeitstätten, sind Folgen dieser Entdeckung. Bis in die fünfziger Jahre hinein weit verbreitete, für alle Generationen offene Ballhäuser und Tanzcafés sowie der an Wochenenden übliche Tanz im Gasthof wichen fast völlig den Diskotheken für Jugendliche. Rhythmen, Lautstärke und eine sich den Konventionen entziehende individuelle Körperbetonung beim Tanz sorgten hier für Generationendifferenzierung, die sich beim Musikkonsum in den Wohnungen fortsetzte. Erst die sechziger und siebziger Jahre boten den Jugendlichen vollends – im Wortsinn – Raum für das oft zeitintensive Experimentieren mit individuellen Entfaltungsmöglichkeiten, ästhetischen und Lebensstilen, zunächst im eigenen Kinderzimmer, dann in zunehmender Zahl auch in abgeschlossenen Wohnungen oder in Wohngemeinschaften mit Gleichaltrigen ohne die direkte Aufsicht Erwachsener. Auch das Fernsehen, das zunächst Familien und Wohngemeinschaften nahezu allabendlich für Stunden vor dem Bildschirm vereinte, verlor mit zunehmender Programmvielfalt seine integrative Wirkung. Seit den siebziger Jahren wurden Zweit- und Drittempfänger üblich und dienten individuellen Konsumbedürfnissen wie 20 Jahre zuvor die Radios.

Kinderaufsicht und Kinderpflege ist in den bisherigen Untersuchungen des Freizeitverhaltens kaum besondere Aufmerksamkeit geschenkt worden, obwohl das Maß bewußter Zuwendung und pädagogischer Betreuung besonders der Kleinkinder unverkennbar zugenommen hat. Das Freizeitverhalten junger Eltern wird durch die Kinder in den Kleinfamilienhaushalten nachhaltig beeinflußt, außerhäusliche Aktivitäten werden oft Jahre hindurch eingeschränkt. Auch der seit den sechziger Jahren aus Sozialisationsgründen für zweckmäßig gehaltene Kindergartenbesuch – bis dahin waren Kindergärten überwiegend Bewahranstalten für Kinder einkommensschwacher Eltern – brachte zusätzliche Pflichtmobilität in den elterlichen Tagesablauf; in privaten „Kinderläden", in denen mehrere Familien ihre Kinder für Stunden werktäglich unter wechselnder Aufsicht meistens der Mütter zusammenbrachten, wurde Betreuung zu einer Arbeit, die mit der lockeren Beaufsichtigung zahlreicheren Familiennachwuchses früherer Zeiten nur bedingt verglichen werden kann. Auch die Stunden, die zur Kontrolle und Unterstützung der Schulpflichtigen seitens der Eltern nicht selten aufgewandt werden und im Laufe der Jahrzehnte zugenommen haben, sind noch kaum in Zeitbudgetanalysen verortet.

Unter solchen Gesichtspunkten betrachtet, hat sich die alltägliche Freizeit für viele Menschen wohl nicht so spürbar vermehrt, wie es quantifizierende Groberhebungen nahelegen. Eine wachsende Zeit für „nutzfreie Tätigkeiten" von 1600 bis 1800 Stunden pro Arbeitnehmer und Jahr in den siebziger und achtziger Jahren bleibt eine abstrakte Rechengröße, solange die unterschiedlichen Umstände, Lebenssituationen und -stationen nicht genauer verglichen werden. Der Grad frei gewählter Organisiertheit der Freizeit z. B. müßte zum Geselligkeitszwang u. a. des Kirchgangs früherer Jahrzehnte in Beziehung gesetzt werden, um zu gültigen Aussagen zu gelangen; berücksichtigt werden müßte auch, daß die Wahrnehmung gemeinsam organisierter Freizeit in höherem Maße Eigeninitiative und Koordinations-„Arbeit" erfordert als das Befolgen von eingespielten gesellschaftlichen Ritualen oder politischen Befehlen. Das Aufgreifen oder Wiederbeleben älterer Festtraditionen, z. B. in Gegenden, in denen Karneval gefeiert wird, oder die Organisation von Orts- und Straßenfesten ohne vorausgegangene Tradition, aber unter Einschluß aller Generationen in den siebziger Jahren, ferner die gleichzeitig aufschäumende politische Demonstrationskultur sowie die Bürgerinitiativen-Bewegung – all dies sind Anlässe für oft zeitaufwendiges Engagement, die in Freizeitanalysen bisher kaum Beachtung gefunden haben.

Ohne Zweifel verkürzt hat sich allerdings die jährliche Arbeitszeit der abhängig Beschäftigten. Seit 1960 ist die Zahl der arbeitsfreien Werktage pro Jahr durchschnittlich von 15 auf 30 (1982) gestiegen – eine Entwicklung, die der Rede von der „Freizeitgesellschaft" vielleicht am besten Farbe geben kann, bedeutet sie doch, daß ca. 150 von 365 Tagen des Jahres „frei" von Zwängen des Arbeitsalltags sind, allerdings oft nicht für alle Angehörigen einer Familie oder Wohngruppe gleichzeitig. Doch die mit zunehmendem Urlaub einhergehenden Reisen, deren Länge und Zahl steigt, haben seit drei Jahrzehnten mehr und mehr den Jahresrhythmus des individuellen und Gruppenlebens der Angehörigen aller Schichten und Klassen bestimmt. Selbst traditionelle familiäre Feiertage wie das Weihnachtsfest sind ansatzweise in diesen Rhythmus einbezogen und in ihrem Ablauf verändert worden. Der ursprüngliche Zweck des „Erholungs"-Urlaubs, die Wiederherstellung der vollen Arbeitskraft, ist dabei oft nur noch als psychologisches Faktum relevant; Statusprobleme spielten mindestens zeitweilig keine unerhebliche Rolle. Zu denken ist dabei vor allem an die Auslandsreisen, die Westdeutsche im Vergleich zu Franzosen, Engländern und Italienern besonders früh, häufig und zahlreich antraten.

Die Gestaltung dieser Urlaubs-„Freizeit" richtet sich ebenso nach individuellen Bedürfnissen, wirtschaftlichen Möglichkeiten und verfügbaren Angeboten wie die der alltäglichen und ist wie diese „Wellen" und Moden unterworfen, deren Rhythmus sich kaum schon dem ordnenden Blick erschließt. Beobachten lassen sich gerade auch beim Urlaubsverhalten jene überkommenen Schichtendifferenzierungen, die seit jeher die Gesellschaft in kultureller Hinsicht kennzeichnen.

Die Darstellung der hier zu erörternden „feinen Unterschiede" (Pierre Bourdieu) in ihrem Wandel und Wechselspiel, in ihrem Erlerntwerden und ihren Traditionen wird freilich wohl erst aus dem Abstand künftiger Generationen geboten werden können. Daß Ende der fünfziger Jahre eine Epoche jenseits der Not-Wendigkeit im herkömmlichen Sinn begann, in der diese „feinen" kulturellen Unterschiede die ökonomisch-klassenspezifischen Auseinandersetzungen ablösten, kann jedoch wohl schon heute gesagt werden.

Literatur

Bourdieu, Pierre, Die feinen Unterschiede. Kritik der gesellschaftlichen Urteilskraft, Frankfurt a.M. ³1984.

Bucher, Willi/Pohl, Klaus (Hrsg.), Schock und Schöpfung. Jugendästhetik im 20. Jahrhundert, Darmstadt/Neuwied 1986.

Fotiadis, Fokion/Hutzel, Jürgen W./Wied-Nebbeling, Susanne, Bestimmungsgründe des Konsumverhaltens (= Konsum- und Investitionsverhalten in der Bundesrepublik Deutschland seit den fünfziger Jahren, Bd. 1), Berlin 1980.

Glatzer, Wolfgang, Die materiellen Lebensbedingungen in der Bundesrepublik Deutschland, in: Werner Weidenfeld/Hartmut Zimmermann (Hrsg.), Deutschland-Handbuch. Eine doppelte Bilanz 1949–1989, Bonn 1989, S. 276–291.

Jaide, Walter, Generationen eines Jahrhunderts. Wechsel der Jugendgenerationen im Jahrhunderttrend. Zur Sozialgeschichte der Jugend in Deutschland 1871–1985, Opladen 1988.

Oppenländer, Karl-Heinrich (Hrsg.), Wirtschaftliche Auswirkungen des technischen Wandels in der Industrie (= Wirtschaftliche und soziale Aspekte des technischen Wandels in der Bundesrepublik Deutschland, 3. Bd.), Frankfurt a. M. 1971.

Osterland, Martin/Deppe, Wilfried/Gerlach, Frank u.a., Materialien zur Lebens- und Arbeitssituation der Industriearbeiter in der BRD, Frankfurt a. M. 1973.

Schildt, Axel/Sywottek, Arnold (Hrsg.), Massenwohnung und Eigenheim. Wohnungsbau und Wohnen in der Großstadt seit dem Ersten Weltkrieg, Frankfurt a. M./New York 1988.

Schudlich, Edwin, Die Abkehr vom Normalarbeitstag. Entwicklung der Arbeitszeiten in der Industrie der Bundesrepublik seit 1945, Frankfurt a. M./New York 1987.

Schulz, Bernhard (Hrsg.), Grauzonen, Farbwelten. Kunst und Zeitbilder 1945–1955, Berlin/Wien 1983.

Schweitzer, Rosemarie von/Pross, Helge, Die Familienhaushalte im wirtschaftlichen und sozialen Wandel – Rationalverhalten, Technisierung, Funktionswandel der Privathaushalte und das Freizeitbudget der Frau, Göttingen 1976.

Storbeck, Dietrich (Hrsg.), Moderner Tourismus, Tendenzen und Aussichten, Trier 1988.

Zapf, Wolfgang (Hrsg.), Lebensbedingungen in der Bundesrepublik. Sozialer Wandel und Wohlfahrtsentwicklung, Frankfurt a. M./New York ²1978

Ute Frevert

Frauen auf dem Weg zur Gleichberechtigung – Hindernisse, Umleitungen, Einbahnstraßen

Als Karl Dietrich Bracher 1970 eine Bilanz (bundes)deutscher Geschichte nach dem Zweiten Weltkrieg vorlegte, fand sich unter den achtzehn Beiträgen kein einziger, der einen engeren Bezug zu Frauen oder zur Geschlechterpolitik herstellte. Um der Leitfrage nach dem Verhältnis von Kontinuität und Wandel, von Tradition und Neubeginn nachzugehen, untersuchte man die Situation im Pressewesen und Forschungsbetrieb, im Städtebau und in den Kirchen; auf die Idee, den Status von Frauen und die Beziehungen zwischen den Geschlechtern zum Thema zu machen, kam damals offenbar niemand. Ähnliche Prioritäten setzte vier Jahre später der von Richard Löwenthal und Hans-Peter Schwarz edierte, fast 1000 Seiten starke Jubiläumsband über die „zweite Republik". Auch in dieser „Bilanz" tauchten Frauen und ihre Probleme nicht auf. Weder waren sie den Herausgebern ein gesondertes Kapitel wert, noch zeigten sich die Autoren der insgesamt dreißig Beiträge daran interessiert, ihren jeweiligen Forschungsgegenstand auf seine geschlechterpolitischen Implikationen zu befragen.

Zum 40. Geburtstag der Bundesrepublik Deutschland hingegen ist das Thema „Frauen" augenscheinlich nicht mehr zu vermeiden. Allzu auffällig hat sich die Geschlechterfrage in den achtziger Jahren in öffentliche Debatten und tagespolitische Kontroversen gedrängt. Was zu der Zeit, als Bracher, Löwenthal und Schwarz ihre Bücher konzipierten, schlicht übersehen oder als „Nebenwiderspruch" abgetan werden konnte, hat seitdem eine politische Aktualität und Sprengkraft gewonnen, der nun auch die Wissenschaft Tribut zollt.

Damit bin ich bereits beim Thema, nämlich bei der allen Autoren dieses Bandes vorgegebenen Frage nach Brüchen, Zäsuren und Entwicklungssprüngen in der (bundes)deutschen Geschichte nach 1945. Wenn im folgenden versucht wird, jene Frage an die Lebensbedingungen und -entwürfe von Frauen heranzutragen, kann dies allerdings nur zu provisorischen Antworten führen. Schließlich stehen frauengeschichtliche Forschungen zu dieser Periode unserer Geschichte noch ganz am Anfang und konzentrieren sich überdies auf die unmittelbare Nachkriegszeit. Je näher man an die Gegenwart heranrückt, desto größer wird, aus leicht verständlichen Gründen, die professionelle Zurückhaltung, sind doch hier die zwischen Historiographie und Betroffenheits-Kommentar immer schwerer zu ziehen.

Läßt man sich trotzdem auf das Wagnis ein, die Entwicklung der Republik aus frauenhistorischer Sicht darzustellen, bedarf es deshalb eines schon verzweifelten Mutes zur Lücke. Als besonders schwierig erweist sich die Wahl von Fluchtpunkten und Kriterien, unter denen sich die vergangenen viereinhalb Jahrzehnte aus der Perspektive des „anderen Geschlechts" erfassen und bewerten lassen. Wie erkenne und woran messe ich mögliche Veränderungen im Status und in den Handlungsmöglichkeiten von Frauen? Und wie kann ich solche zumeist schleichenden Veränderungen im Geschlechterverhältnis positionieren, so daß sie als Fortschritte oder gegebenenfalls auch als Rückschritte sichtbar werden?

Aus heuristischen und politischen Gründen möchte ich die Antwort darauf in einem historischen Dokument suchen, das seine an diesem Punkt fast utopische Verpflichtung noch immer nicht verloren hat: im Grundgesetz für die Bundesrepublik Deutschland aus dem Jahre 1949. Darin heißt es an prominenter Stelle: „Männer und Frauen sind gleichberechtigt" – fünf Worte, deren öffentlicher Streitwert von Anfang an groß war und bis heute geblieben ist. Auch wenn der Grundsatz an sich kaum jemals ernsthaft bestritten wurde, knüpften und knüpfen sich an seine konkrete Ausformung doch höchst verschiedene Vorstellungen und Programme, die sich zudem mehrfach verschoben und gewandelt haben.

Gleichberechtigung von Männern und Frauen war und ist ein politischer Dauerbrenner – das prädestiniert sie zum Leitmotiv dieses Artikels. Die übergeordnete Frage, ob die bundesrepublikanische Geschichte seit 1945/49, aus der Erfahrungsperspektive von Frauen betrachtet, ganz spezifische Brüche und Entwicklungssprünge aufwies, läßt sich demnach darauf zuspitzen, welche Entscheidungen und Entwicklungen besonders geeignet – oder ungeeignet – waren, den verfassungsmäßig verbrieften Anspruch von Frauen auf gleiche Entfaltungsmöglichkeiten und -rechte durchzusetzen und das gesellschaftlich bedingte Machtungleichgewicht der Geschlechter aufzuheben.

In einer ersten Annäherung kann man in der politischen Geschichte der Bundesrepublik eine eigentümliche Kreiselbewegung der „Frauenfrage" beobachten: Ging von ihr in der unmittelbaren Nachkriegszeit eine massive Herausforderung traditioneller Orientierungen und Verhaltensmuster aus, erfuhr sie danach eine lang anhaltende Dethematisierung, bevor sie in den siebziger Jahren erneut und mit größerem Nachdruck auf die Tagesordnung trat. Wie sich diese wechselnden Konjunkturen mit sozialen Unterströmen verbanden, welche Triebkräfte und Widerstände dabei auftraten, soll im folgenden skizziert werden.

I.

Daß viele Deutsche, die im Mai 1945 mit dem vollständigen militärischen, politischen und moralischen Zusammenbruch des „Dritten Reiches" konfrontiert waren, diese Situation als eine „Stunde Null" erlebten, ist allgemein bekannt. Auch Historiker, die die These eines kompletten Neubeginns mit dem Hinweis auf deutliche Kontinuitäten im Bereich ökonomischer Strukturen und kollektiver Mentalitäten anzweifeln, stellen die zeitgenössische Wahrnehmung eines tiefen Einschnitts, eines flächendeckenden Bruchs mit der Vergangenheit nicht in Abrede. Kaum ein Historiker aber hat sich bislang der Mühe unterzogen, diese Wahrnehmung geschlechterspezifisch zu analysieren. Ob Männer und Frauen im gleichen Maße und aus ähnlichen Gründen den Eindruck hatten, einer Zeitenwende beizuwohnen, oder ob Frauen andere Erfahrungen machten, andere Hoffnungen hegten, andere Lehren zogen als Männer, das sind offene Fragen, auf die es derzeit keine Antworten gibt, die aber für eine Alltagsgeschichte nicht nur der unmittelbaren Nachkriegszeit alles andere als trivial wären.

In diesem Beitrag kann und soll es nun allerdings nicht um eine Um- und Neuinterpretation der bundesrepublikanischen Entwicklung aus frauen- und geschlechtergeschichtlicher Perspektive gehen, so reizvoll ein solches Unterfangen auch wäre. Hier sollen statt dessen die einzelnen Etappen auf dem langen und kurvigen Weg zur Gleichberechtigung markiert werden. Dabei ist zunächst danach zu fragen, wie sich das Verhältnis zwischen den Geschlechtern und damit auch die gesellschaftliche Position von Frauen in der Umbruchszeit nach 1945 gestaltet und umgestaltet hat. Hatte der Kollaps des „Dritten Reiches" Auswirkungen auf die Art und Weise, wie sich Männer und Frauen zueinander verhielten, was sie sich unter Männlichkeit und Weiblichkeit vorstellten und wie sie diese Vorstellung lebten? In anderen Worten: Gab es 1945 eine „Stunde Null" auch auf dem Terrain des Geschlechterverhältnisses, oder blieb letzteres von all dem Chaos ringsum unbehelligt?

Nicht nur in zeitgenössischen Dokumenten – Briefen, Leserzuschriften, Zeitungsartikeln –, sondern auch in später verfaßten Erinnerungstexten war immer wieder davon die Rede, 1945 habe die „Stunde der Frauen" geschlagen. Bereits aus demographischen Gründen, meinte die Ärztin und Publizistin Gabriele Strecker, sei Deutschland „ein Frauenland geworden – war nicht die gesamte Männerwelt mit all ihrer soldatischen Pracht zerstoben, als wäre sie nie gewesen?" In der Tat besaßen Frauen in der unmittelbaren Nachkriegszeit rein zahlenmäßig eine deutliche Übermacht: Die Berliner Bevölkerung beispielsweise setzte sich im August 1945 zu 69 Prozent aus Frauen zusammen. Fast vier Millionen Männer waren im Krieg gefallen, 11,7 Millionen befanden sich bei Kriegsende in Gefangenschaft. Noch die im Oktober 1946 durchgeführte Volkszählung errechnete für die westlichen Besatzungszonen ein Verhältnis von 45 Prozent Männern zu 55 Prozent Frauen. Besonders groß war der „Frauenüberschuß" bei den 20- bis 40jährigen. 1946 kamen in den drei Westzonen auf 100 Männer zwischen 20 und 30 Jahren 167 Frauen; in der Altersgruppe der 30- bis 40jährigen standen 100 Männern 151 Frauen gegenüber.

Männer waren aber nicht nur in ihrer physischen Existenz, sondern auch moralisch gleichsam an den Rand gedrängt worden. „Im totalen Zusammenbruch", notierte Gabriele Strecker, „schienen einzig die Frauen noch seelisch intakt zu sein [...] Ich erinnere mich, wie mir ein ausländischer Mitarbeiter des Frauenfunks nach einem Besuch im zerstörten Frankfurt sagte: ‚Die Männer machen alle einen so müden, schwächlichen, geschlagenen Eindruck. Die Frauen hingegen, scheint mir, halten sich besser, frischer, stärker.'" Auch der Journalistin Ursula von Kardorff fielen im August 1945 die vielen „ganz geschlagenen und verzweifelten Männer" auf, die weiblicher Stärke, Ermutigung und Unterstützung ihrer Meinung nach dringend bedurften.

Es wäre absurd, diese häufig beobachtete, oft bewunderte, von Männern aber auch gefürchtete weibliche Energie und Durchhaltekraft allein der „biologischen Überlegenheit der Frau" zuzuschreiben, wie es Gabriele Strecker aus medizinischer Sicht tat. Daß das Erlebnis der militärischen Niederlage und der Auflösung politischer Institutionen Frauen offenbar weniger stark erschütterte und aus der Bahn warf als Männer, deutet vielmehr darauf hin, daß sie sehr viel loser mit dem NS-System verflochten gewesen waren. Zwar waren Frauen in den Jahren des „Dritten Reiches" intensiver als jemals zuvor in staatliche Politik involviert und als Arbeitskräfte, Hausfrauen und Familienmütter ebenso wie als Mitglieder millionenstarker Frauenorganisationen den politisch-militärischen Regimezielen verpflichtet worden. Doch fast durchweg blieben sie Statistinnen, Claqueure, dekoratives Beiwerk in einem Stück, in dem es, wie sich nach 1939 immer deutlicher herausstellte, vor allem um männliche Macht und Massen ging. In weiblichen Selbstzeugnissen aus der unmittelbaren Nachkriegszeit klang dieses Gefühl, in einem „Männerstaat" gelebt zu haben, immer wieder an. Männer, schrieb eine Berlinerin 1945 an die Redaktion einer Frauenzeitschrift, „haben den Nationalsozialismus begründet" und die „Voraussetzungen des Chaos geschaffen". Eine andere Leserbriefschreiberin erklärte 1946, „die Welt des Mannes" habe „Schiffbruch erlitten", und es sei nun an der Zeit, eine „Welt des Menschen" zu schaffen, zu der „wir Frauen unser Teil beitragen".

In solchen Texten – deren Repräsentativität an dieser Stelle nicht näher kommentiert werden soll – schien ein weibliches Selbstbewußtsein auf, das aus dem Zusammenbruch des nationalsozialistischen „Männerstaates" Mut zum Aufbau einer neuen Gesellschaft schöpfte, an der Frauen gleichberechtigt mitwirken sollten. Daß sich eine solche Gesellschaft scharf von der des „Dritten Reiches" unterscheiden müßte, in der Frauen ideologisch-propagandistisch auf die „kleine Welt" der Familie, Männer auf die „große Welt" der Politik und des Militärs zugerichtet worden waren, verstand sich von selber. Eine andere Arbeitsteilung zwischen den Geschlechtern stand auf der Tagesordnung, sowohl im privaten Bereich als auch in der Öffentlichkeit. An vielen Orten bildeten sich Frauenclubs und -vereine, die neben praktischen Beratungs- und Hilfeleistungen vor allem die Gleichberechtigung der Frau in Politik, Wirtschaft und Kultur zum Programm erhoben. Auch in den „Antifaschistischen Ausschüssen" arbeiteten Frauen mit und beteiligten sich an der politisch-organisatorischen Rekonstruktion der deutschen Zusammenbruchs-Gesellschaft.

Nun wäre es allerdings weit übertrieben, dieses Engagement als weiblichen Massenprotest gegen eine traditionelle, von den Nationalsozialisten besonders starr gehandhabte Geschlechterordnung zu interpretieren. Längst nicht alle, ja nicht einmal eine Mehrheit der Frauen teilten den Drang nach politischer Teilhabe und öffentlicher Präsenz. Nur acht bis neun Prozent aller Frauen, schätzte 1948 die amerikanische Militärregierung in Bayern, arbeiteten in Parteien, Gewerkschaften, Frauenorganisationen und konfessionellen Wohlfahrtsverbänden mit. Nach den deprimierenden Erfahrungen mit einer totalitären Gesellschaft wollten viele nichts mehr mit Politik zu schaffen haben. Vor allem aber hielt die meisten die Sorge um das tägliche Überleben der Familie so in Atem, daß für politische oder gemeinnützige Aktivitäten weder Zeit noch Raum blieben. Je mehr sich zudem die politische Arbeit professionalisierte und von den spontan gebildeten, auf lokale Aufgaben und Probleme zugeschnittenen Ausschüssen in Weltanschauungsparteien und Interessenverbände hineinverlagerte, desto stärker zogen sich auch jene Frauen zurück, die anfangs noch nach politischen Mitwirkungschancen gesucht hatten. Wie wenig die Parteien selber eine Einbindung von Frauen für nötig befanden, zeigte sich spätestens dann, als sie Kandidaten für die Bundestags- und Landtagswahlen rekrutierten: In den ersten Parlamenten nahmen Frauen nur zwischen sieben und acht Prozent der Abgeordnetensitze ein.

Der schöne Traum einiger Beobachterinnen, die „Stunde Null" sei auch eine „Stunde der Frauen" gewesen und habe ihre mindestens gleichberechtigte Teilhabe an den öffentlichen Angelegenheiten eingeläutet, war folglich schnell ausgeträumt. So tiefgreifend sich politische Strukturen und Problemlagen auch veränderten, so einschneidend viele Zäsuren in den täglichen Lebensverhältnissen auch sein mochten, so viel Kontinuität herrschte doch im Bereich der Geschlechterpolitik. Daß Männer politische Verantwortung übernahmen, während Frauen Verantwortung für den Zusammenhalt und die Fortdauer des Familienverbandes trugen, war eine auch in den Umbruchsjahren der Nachkriegsära selbstverständliche Form der Arbeitsteilung.

Trotzdem gewannen nicht wenige Zeitgenossen den Eindruck, daß sich Frauen und ihr „privater" Umgang mit Männern auf zum Teil dramatische Weise veränderten. Zwischen 1940, als Walther von Hollanders Buch „Das Leben zu Zweien" erschien, und 1953, als es seine zweite Auflage unter dem bezeichnenden Titel „Die Krise der Ehe" erlebte, hatten sich nach Meinung des Autors im Denken und Handeln des weiblichen Geschlechts große Umbrüche vollzogen. Frauen, schrieb Hollander 1953, seien „selbständiger" geworden, sachlicher, berufsbezogener – kurzum: „Sie sind nicht mehr geeignet für die alte Form der Patriarchen-Ehe, in der der Mann befiehlt und die Frau gehorcht". Diese häufig kommentierte Entwicklung beruhte im wesentlichen auf den Erfahrungen der Kriegs- und Nachkriegszeit, als Frauen, auf sich allein gestellt, den Platz eingezogener oder kriegsgefangener Männer ausfüllen und den Alltag unter schwierigsten äußeren Bedingungen ohne männliche Unterstützung (und Kontrolle) meistern mußten. Trotz – oder gerade wegen – der immensen physischen und psychischen Anstrengungen, die ihnen dabei abverlangt worden waren, verdankten viele Frauen dieser Zeit ein gewachsenes Selbstbewußtsein und eine neue Selbständigkeit. Zwar hatten sie sich ihr Schicksal nicht selber ausgesucht. Auch war der Preis oftmals sehr hoch, den sie für die Erfahrung, „ihren Mann stehen" zu können, zahlen mußten. Die permanente Kräfteanspannung ließ sie vorzeitig altern, und viele Frauen trugen langwierige Gesundheitsschäden davon. Dennoch hatte das Erlebnis, in Zeiten existentieller Not und Gefahr ohne Männer zurechtgekommen zu sein, auch sein Gutes: Frauen erwarben ein Gefühl eigener Leistungsfähigkeit und Kompetenz, das sie auch dann nicht wieder verließ, als sie einen Teil ihrer Arbeit und Verantwortung auf die heimkehrenden Männer umverteilten.

In zahlreichen Familien kam es eben darüber zu gravierenden Konflikten und Reibungen. Stellten bereits die lange räumliche Trennung und die kaum überbrückbare Erfahrungsdistanz zwischen „äußerer" und „innerer Front" Eheleute vor massive Verständigungsschwierigkeiten, baute die Veränderung des traditionellen Machtgefüges zwischen den Geschlechtern weitere Spannungen auf. Viele Männer konnten oder wollten sich an die plötzliche Autonomie ihrer Frauen nicht gewöhnen: „Es hat lange gedauert", erinnerte sich ein Berliner an die erste Zeit des Wieder-Daheim-Seins, „bis ich begriffen hab, daß sie gelernt hat, ‚ich' zu sagen, solange ich weg war. Immer hieß es, ‚ich habe', ‚ich bin'." Die bislang unangefochtene Autorität der Männer als Familienoberhäupter hatte unter ihrer kriegsbedingten Abwesenheit arg gelitten; weder Frauen noch Kinder akzeptierten die Rückkehrer ohne weiteres als das, was sie gern wieder sein wollten. Unzählige Leserbriefe an Frauenzeitschriften bezeugten die Probleme, die aus solchen Konflikten und Ungleichzeitigkeiten entstanden. Auch der rapide Anstieg der Scheidungsrate während der ersten Nachkriegsjahre in bis dahin ungekannte Höhen kann als Indiz dafür gelten, welch tiefe Gräben die unterschiedlichen Erfahrungen von Männern und Frauen in vielen Ehen aufgeworfen hatten.

Frauen, beobachtete Hollander denn auch zu Beginn der fünfziger Jahre, „wollen nun mit vollem Recht die Gleichberechtigung", und zwar vor allem in der Ehe. Sie lehnten es ab, weiterhin von ihren Männern „beherrscht" zu werden, und verlangten, „als gleichberechtigte Partner" ernstgenommen zu werden. Auch familiensoziologische Untersuchungen aus den vierziger und frühen fünfziger Jahren kamen zu dem Schluß, daß Frauen, wie Helmut Schelsky es formulierte, „ihre Selbständigkeit und ihre Geltung" innerhalb der Familie erheblich erweitern konnten. In dem Maße, wie ihre Haus- und Alltagsarbeit unter den Bedingungen der Kriegs- und Nachkriegsgesellschaft unmittelbar über das Wohl und die Kontinuität der Familie entschied, verbuchten sie einen Zugewinn an Autorität, der sich in einem „neuen binnenfamiliären Selbstbewußtsein" (Schelsky) äußerte. Nur noch wenige Frauen erklärten sich mit der Vorrangstellung einverstanden, die der Mann formell, den Bestimmungen des Familienrechts folgend, in Ehe und Familie beanspruchen durfte. Eine Studie über „Leitbilder gegenwärtigen deutschen Familienlebens" fand denn auch 1951 heraus, daß lediglich 14 Prozent der Ehen nach patriarchalischem Muster funktionierten; zwei Drittel der befragten Ehepaare befürworteten demgegenüber ein partnerschaftliches Zusammenleben, im dem die Ehegatten grundsätzlich gleichrangig seien.

Die „Stunde der Frauen" schlug folglich, wenn überhaupt, in den „privaten" Beziehungen der Geschlechter, in der Familie, nicht aber in politischen Verbänden oder gesellschaftlichen Institutionen. Gleichwohl sollte dieser zwar begrenzte Auf-

und Umbruch nicht geringgeschätzt werden. Zum einen spielte die Familie in der Zusammenbruchs- und Wiederaufbaugesellschaft nach 1945 eine ungemein wichtige ökonomische, soziale und psychologische Rolle; bis weit in die fünfziger Jahre hinein war sie sowohl ein zentraler Motor wirtschaftlichen Wachstums als auch ein bedeutendes Scharnier gesellschaftlicher Reintegration. Die allseits sichtbare soziale „Vernetzung" der Familie verschaffte dem innerfamilialen Machtzuwachs der Frauen damit eine gleichsam öffentliche Dimension und Bedeutung. Zum anderen rührten die neuen Autoritätsmuster in Ehe und Familie an Grundfesten männlicher Herrschaftsansprüche und stellten die „Geschlechterordnung" nachhaltig in Frage.

II.

Daß diese Tendenzen tatsächlich als äußerst bedrohlich und zutiefst destabilisierend empfunden wurden, zeigte sich in den heftigen Auseinandersetzungen um die Aufnahme des Gleichberechtigungs-Postulats in das Bonner Grundgesetz. Nachdem man sich im ersten Entwurf darüber noch beredt ausgeschwiegen hatte, diskutierte der Grundsatzausschuß des Parlamentarischen Rats im Oktober und November 1948 höchst kontrovers über die Form, in der das Prinzip männlich-weiblicher Gleichberechtigung Eingang in die provisorische Verfassung der Bundesrepublik Deutschland finden sollte. Man entschied sich schließlich für eine Textfassung, die in der Tradition der Weimarer Reichsverfassung von 1919 Männern und Frauen „die gleichen staatsbürgerlichen Rechte und Pflichten" zugestand. Entgegen den Einwänden sozialdemokratischer Parlamentarierinnen, die für eine unbegrenzte Geltung des Gleichberechtigungs-Grundsatzes plädierten, sprach sich im Dezember 1948 auch der Hauptausschuß mehrheitlich für eine Einschränkung auf „staatsbürgerliche" Belange aus. Die Rechtsanwältin Elisabeth Selbert kämpfte auf verlorenem Posten, als sie forderte, „daß man heute weiter gehen muß als in Weimar und daß man den Frauen die Gleichberechtigung auf allen Gebieten geben muß". Gerade ihr Hinweis auf die notwendige und längst überfällige Reform des Familienrechts stachelte die Bedenken und den Widerstand konservativer Vertreter an, und erst der Sturm der Entrüstung, der daraufhin in der Presse und bei Frauenverbänden verschiedenster Couleur losbrach, schuf eine neue Entscheidungssituation: Nachdem der Hauptausschuß den SPD-Vorschlag „Männer und Frauen sind gleichberechtigt" noch am 3. Dezember 1948 mit elf gegen neun Stimmen abgelehnt hatte, nahm er ihn am 18. Januar 1949 einstimmig an.

Doch selbst nach Verkündigung des Grundgesetzes ebbte die Debatte um die sachliche Reichweite des Gleichberechtigungsprinzips nicht ab. Seine politischen, „staatsbürgerlichen" Aspekte waren weitgehend unproblematisch: Daß Frauen wählen und auch öffentliche Positionen bekleiden durften, stellte angesichts der verschwindend kleinen Zahl jener Frauen, die sich zu solchen Positionen drängten, keine wirkliche Gefährdung der überlieferten Geschlechterordnung dar. Sehr viel größere Befürchtungen knüpften sich an die Vorstellung, weibliche Gleichberechtigung könnte auch in der Familie Platz greifen und deren traditionelle Verfassung umkrempeln. Obwohl Ansätze in diese Richtung nicht mehr zu übersehen waren, weigerten sich Männer, wie Walther von Hollander 1953 mit selbstkritischem Unterton schrieb, „die tatsächlich vollzogene Entwicklung an[zu]erkennen". Diese Haltung vieler einzelner verdichtete sich in den Familienrechtsdebatten der fünfziger Jahre zu einer eisernen Front. Gleichberechtigungsforderungen wurden als frauenrechtlerische Übertreibungen, als Aufrufe zur „Gleichmacherei" verketzert, und immer wieder beschwor man die „natürliche Funktionsteilung" der Geschlechter, die jeder Gesetzgebung als Norm zu unterlegen sei, als mächtigen Kronzeugen gegen derartige „Auswüchse".

Nüchtern betrachtet, entbehren die sich hinter solchen Beschwörungen verbergenden Besorgnisse in den späten vierziger und fünfziger Jahren jeglicher faktischen Grundlage. Kaum eine Fürsprecherin unbeschränkter, d. h. auch familienrechtlicher Gleichberechtigung ging so weit, die „arbeitsteilige Ehe" in Frage zu stellen. Sogar engagierte Sozialdemokratinnen wie Elisabeth Selbert bekannten sich ausdrücklich zur überkommenen Aufgabentrennung in Ehe und Familie, die Frauen die Erziehung der Kinder und die Führung des Haushaltes, Männern die Sorge für den ökonomischen Unterhalt der Familie zuwies. Daß Frauen in erster Linie für Mann und Kinder da waren und in der Familie ihren Hauptarbeitsplatz fanden, war damals unbestritten. Die Forderung nach Gleichberechtigung zielte deshalb keinesfalls auf einen Rollentausch, ja nicht einmal auf eine paritätische Rollenteilung der Geschlechter ab, sondern attackierte vor allem das innerfamiliale Machtgefüge: Es handelte sich so gut wie ausschließlich um die Korrektur traditioneller Hierarchien, um das Recht der Hausfrauen und Mütter, für sich selber sprechen zu können.

Aber auch in dieser moderaten Fassung ging die Forderung vielen wertkonservativen Zeitgenossen entschieden zu weit. Als sich die erste Bundesregierung nolens volens daran begab, das seit 1900 gültige Familienrecht des Bürgerlichen Gesetzbuchs an den Gleichberechtigungsgrundsatz des Grundgesetzes anzupassen, tat sie sich äußerst schwer damit, die patriarchalische Grundstruktur über Bord zu werfen. Noch Mitte der fünfziger Jahre wurde um die oberste Entscheidungsgewalt des Mannes in allen ehelichen Angelegenheiten erbittert gekämpft, ebenso wie um den sogenannten Stichentscheid des Vaters in strittigen Erziehungsfragen und um sein alleiniges Vertretungsrecht gegenüber den gemeinsamen Kindern. Das 1958 in Kraft tretende Gleichberechtigungsgesetz nahm dann zwar davon Abstand, die Macht des Ehemanns rechtlich zu fixieren, hielt aber an der Privilegierung des Vaters fest. Erst nach Intervention des Bundesverfassungsgerichts, das die entsprechenden Paragraphen 1959 für verfassungswidrig erklärte, wurden sie aus dem BGB entfernt.

War der von konservativen Politikern mit tatkräftiger Unterstützung der Kirchen unternommene Versuch, die den Mann begünstigende Autoritätsverfassung der Familie vor dem Gesetz zu retten, auch nicht erfolgreich, gelang es doch, das Leitbild der sogenannten Hausfrauenehe und die Idee der „natürlichen Funktionsteilung" zwischen den Eheleuten im neuen Familienrecht zu verankern. Nur dann nämlich sollte die Ehefrau eine Erwerbsarbeit aufnehmen dürfen, wenn dies „mit ihren Pflichten in Ehe und Familie vereinbar" war. Die Erwerbstätigkeit des Mannes hingegen wurde als selbstverständlich angesehen; von seinen familialen Pflichten war nirgends die Rede. Auch im Namensrecht konnten sich konservativ-christliche Positionen behaupten: Ehe- und Familienname blieb weiterhin der Name des Mannes; Frauen wurde es lediglich gestattet, ihren Geburtsnamen anzuhängen.

Die Familienrechtsreform der fünfziger Jahre entpuppte sich damit als politischer Kompromiß zwischen wertkonservativen Grundsätzen einerseits und einem jedenfalls potentiell sehr viel weiter reichenden Verfassungsauftrag andererseits. Es war ein Kompromiß, der das Gleichberechtigungsgebot des Grundgesetzes nur insoweit umsetzte, wie es den in der Gesellschaft tatsächlich vorhandenen Lebensformen entsprach. Indem das 1958/59 novellierte Recht die Stellung von Ehefrauen deutlich verbesserte, löste es sich von den patriarchalischen Vorstellungen des späten 19. Jahrhunderts und orientierte sich klar erkennbar an dem Leitbild der partnerschaftlichen Ehe. Indem es im gleichen Atemzug die Hausfrauenehe als Norm festschrieb, kam es aber auch den Ängsten jener politischen Kräfte entgegen, die, wie der CDU-Abgeordnete Heinrich von Brentano 1953 im Bundestag, vor einer unverantwortlichen Ausgestaltung des Gleichberechtigungsgrundsatzes warnten und die „natürliche Ordnung der Familie und Ehe" als „Ausgangspunkt und Richtschnur" der Familienrechtsreform beschworen.

Der in den späten fünfziger Jahren gefundene Kompromiß zwischen Gleichberechtigungs- und Familieninteresse enthielt jedoch von Anfang an gefährliche Sollbruchstellen. Zwar kam er augenscheinlich nicht nur dem politischem Zeitgeist, sondern auch den Wunschbildern vieler Frauen entgegen, die nach den Belastungen und Entbehrungen der vierziger Jahre offenbar gern bereit waren, das „normale" Rollenangebot der Hausfrau und Mutter, von Kirchen, Wissenschaftlern, Verbänden und Politikern eilfertig propagiert, zu akzeptieren. Schelsky konstatierte 1953 bei Frauen eine stark ausgeprägte Neigung, „an dem alten Leitbild ihrer Stellung als Hausfrau" festzuhalten. Zugleich aber führten immer mehr Frauen ein Leben, das diesem Leitbild widersprach. Gerade in den fünfziger Jahren verzeichnete die Statistik eine steil ansteigende Erwerbsquote verheirateter Frauen: Waren 1950 nur 26,4 Prozent aller Ehefrauen berufstätig gewesen, stieg ihr Anteil bis 1961 auf 36,5 Prozent. Für jede dritte Ehefrau war die im revidierten Familienrecht ausgelobte reine Hausfrauenehe daher eine Fiktion.

Christlich-konservative Familienpolitiker wie Franz-Josef Wuermeling, der seit 1953 das neugeschaffene Ministerium für Familienfragen leitete, werteten diese Entwicklung als Ausdruck der „sozialen Notlage" und als „erzwungenes Unheil", das „gefährliche Rückwirkungen auf Geist und Gesinnung der nächsten Generation" erwarten lasse. Als jedoch die Soziologin Elisabeth Pfeil 1956/57 über tausend berufstätige Mütter interviewte, stellte sie fest, daß nur 13 Prozent aus bloßer „Existenznot", 49 Prozent aber deshalb berufstätig waren, um Haushaltsanschaffungen, Hausbauprojekte oder einen höheren Lebensstandard zu finanzieren. Die in der Phase des „Wirtschaftswunders" schnell wachsenden Konsumansprüche, der Wunsch, mitzuhalten in der neuen bundesrepublikanischen Wohlstandsgesellschaft, war in breiten Bevölkerungsschichten nur dann erfüllbar, wenn auch die Ehefrau – allerdings in gemeinhin schlechter qualifizierten und bezahlten Jobs – Geld verdiente.

Weder die dramatischen Appelle einer heillos ideologisierten Familienpolitik noch ein Einkommenssteuerrecht, das Hausfrauenehen mittels des 1958 eingeführten Splitting-Verfahrens finanziell begünstigte, vermochten den Aufwärtstrend weiblicher Erwerbsarbeit zu brechen oder gar umzukehren. Sie schafften es aber, den Konflikt zwischen Ideal und Wirklichkeit, zwischen normativem Leitbild und sozialer Praxis lebendig zu halten und als unaufhebbaren Dauerwiderspruch im Bewußtsein von Frauen zu verankern. Erwerbstätige Ehefrauen und Mütter lebten mit einem chronisch schlechten Gewissen. Sie hatten Schuldgefühle gegenüber ihren Ehemännern und Kindern, denen sie durch ihren Verdienst zwar mehr materiellen Wohlstand, aber weniger „mütterlich"-häusliche Sorge zukommen ließen. Im Bemühen, Haushalts- und Familienpflichten nicht hinter den Beruf zurücktreten zu lassen, überforderten sie nicht selten ihre physischen und psychischen Kräfte. „Gleichberechtigung" lief für sie auf eine Doppel- und Dreifachbelastung hinaus, bei der ihnen weder der eigene Ehemann noch gesellschaftliche Einrichtungen materiell und moralisch zu Hilfe kamen.

Männer steckten gemeinhin all ihre Energien in den ökonomischen Wiederaufbau der fünfziger und sechziger Jahre und zogen sich in einem Maße aus der Familie zurück, daß man von einer „vaterlosen" Gesellschaft zu sprechen begann. Der erste, 1965 vorgelegte Familienbericht der Bundesregierung vermerkte, daß Frauen „infolge der starken beruflichen Inanspruchnahme des Vaters die Hauptlast im erzieherischen Bereich" trügen; zu ergänzen wäre, daß auch die Haushaltsführung ganz allein in ihren Händen lag, selbst dort, wo sie einer außerhäuslichen Erwerbsarbeit nachgingen.

Staatliche und gesellschaftliche Institutionen taten ihrerseits wenig, Frauen dieses Los zu erleichtern. Schon bei der Betreuung ihrer Kinder blieben sie auf sich allein gestellt. Kindergärten und Kindertagesstätten waren rar; noch 1960 stand nur für jedes dritte Kind im Alter von drei bis sechs Jahren ein Kindergartenplatz bereit. Anstatt Einrichtungen zu schaffen, die es erleichtert hätten, Erwerbs- und Familienarbeit miteinander zu verbinden, verstärkte man den moralischen Druck auf Frauen, im Interesse ihrer Familie auf eine außerhäusliche Erwerbsarbeit zu verzichten. Berüchtigte Berühmtheit erlangte hierbei die Figur des „Schlüsselkindes", das die familiale Nestwärme nur deshalb entbehren mußte, weil seine Mutter für einen Fernsehapparat oder – welche Egozentrik! – eine Waschmaschine arbeitete. In der öffentlichen Meinung fand diese Perspektive einen deutlichen Niederschlag: Eine Umfrage aus dem Jahre 1964 ergab, daß 75 Prozent der Männer und 72 Prozent der Frauen der Ansicht waren, die Frau gehöre ins Haus – ganz allgemein und im besonderen dann, wenn Kinder zu versorgen seien.

III.

Als 1975, elf Jahre später, erneut nach geschlechtstypischen Rollenbildern gefragt wurde, hatten sich die Antworten deutlich verändert: Nur noch 42 Prozent der Männer und 35 Prozent der Frauen bekannten sich zu jenen herkömmlichen Vorstellungen über Platz und Aufgabe der Geschlechter. Was war inzwischen geschehen, wie läßt sich dieser bemerkenswerte Wandel erklären?

Selbstverständlich vollziehen sich solche kulturellen Umbruchprozesse nicht eruptiv. Bevor sie demoskopisch oder im praktischen Verhalten in Erscheinung treten, durchlaufen sie gemeinhin eine ausgedehnte Inkubationsphase, in der sich die Bedingungen für lebenspraktisch bedeutsame Einstellungen und Verhaltensweisen allmählich verändern. Wie lang jene Inkubationsphase jeweils dauert, wann und womit sie begann, ist kaum jemals genau zu ermitteln. Allerdings lassen sich verschiedene Faktoren benennen, deren Zusammenwirken Wandlungen in den Lebensformen und Einstellungen von Menschen verantwortet – ohne daß damit der Einfluß eines bestimmten Faktors exakt gemessen und gewichtet werden könnte.

Daß sich das „Rollenverständnis von Mann und Frau", wie es im Zweiten Familienbericht der Bundesregierung von 1975 hieß, im vergangenen Jahrzehnt so sichtbar zugunsten der Anerkennung von „Gleichberechtigung und Partnerschaft" innerhalb und außerhalb der Ehe geändert hatte, lag vor allem daran, daß immer weniger Frauen in der ihnen noch in den fünfziger Jahren alternativlos angetragenen Rolle ihre „Bestimmung" fanden oder zu finden gezwungen waren. Dieser Prozeß war eng mit dem qualitativen und quantitativen Wandel der Hausarbeit verknüpft. In einer Gesellschaft, die – je länger, je mehr – materiellen Wohlstand und beruflichen Erfolg prämierte, wurde die unbezahlte, repetitive und weithin unsichtbare Arbeit in der Familie schlicht übersehen. Hatte diese Arbeit unter den chaotischen Bedingungen der Nachkriegs- und Wiederaufbaujahre noch hohe öffentliche Anerkennung genossen, rückte sie in den geordneten Verhältnissen der sechziger und siebziger Jahre zusehends ins private Abseits. Dazu trug nicht zuletzt die zunehmende Maschinisierung des Haushalts bei, die Hausarbeit deutlich vereinfachte und das Zeitbudget der Hausfrau stark entlastete. Staubsauger, Waschmaschinen, Kühlschränke, elektrische Bügeleisen und Kochherde fanden in den sechziger Jahren massenhafte Verbreitung, zierten fast jede Familienwohnung und verringerten den häuslichen Arbeitsaufwand auf ein Maß, das der öffentlichen Rede kaum noch wert schien.

Eben diese schleichende gesellschaftliche Abwertung ihrer Arbeit machte vielen Nur-Hausfrauen schwer zu schaffen; ihre Daseinsform verlor sichtlich an Attraktivität und Ausstrahlungskraft. Zugleich litten sie immer häufiger unter dem Gefühl, im „Schatten des Mannes" zu stehen und ökonomisch von ihm abhängig zu sein. Solange eine solche Lebensweise ohne ernsthafte Alternative gewesen war, hatten Unzufriedenheit und Veränderungswünsche kein Ventil finden können und verborgen bleiben müssen. Je mehr verheiratete Frauen sich jedoch, ermuntert durch die

Nachfrage der Wirtschaft, dem Arbeitsmarkt zur Verfügung stellten, desto stärker gerieten bislang stabile weibliche Rollenbilder unter Druck, desto merklicher büßte der traditionelle Geschlechter-Vertrag seine bindende Kraft ein.

Wenn 1970 40,9 Prozent und 1980 sogar 48,3 Prozent aller Ehefrauen erwerbstätig waren, weist dies auf einen auffälligen Umbruch weiblicher Wertpräferenzen hin. Aus Meinungsumfragen und gezielten Interviews ging darüber hinaus klar erkennbar hervor, daß sich die Beweggründe, aus denen heraus verheiratete Frauen eine Erwerbsarbeit aufnahmen, im Laufe der Zeit erheblich verändert hatten. Nicht nur in der winzigen Gruppe hochqualifizierter und gut verdienender Akademikerinnen, sondern auch bei der Masse schlecht bezahlter und ausgebildeter Arbeiterinnen und Angestellten spielte der Beruf als Medium sozialer Begegnung und Anerkennung eine immer wichtigere Rolle.

Diesem Wandel trug die 1977 abgeschlossene Reform des Ehe- und Familienrechts Rechnung, als sie sich von dem Konzept der Hausfrauenehe verabschiedete und starren geschlechtsspezifischen Rollenvorgaben, nicht zuletzt auch im Namensrecht, eine deutliche Absage erteilte. Daß jene Reform von einer sozialliberalen Regierung initiiert wurde, war kein Zufall. Immerhin hatten sich Sozialdemokraten seit langem für die Rechte von Frauen eingesetzt, selbst wenn dieses Engagement im Innern der Partei, speziell in der Zusammensetzung ihrer Leitungsgremien, keine unmittelbare Resonanz fand. Der Satz, der in einem familienpolitischen Entwurf der SPD aus dem Jahre 1975 zu lesen war, galt durchaus auch für sie selber: „Die allgemeine Zustimmung der Männer zur Gleichberechtigung und Partnerschaft verbindet sich zu leicht mit ihrer Abneigung, diese in die konkrete Praxis umzusetzen." Dennoch erschien die Sozialdemokratie in der gesellschaftlichen Umbruchsphase der späten sechziger und frühen siebziger Jahre vielen Frauen als politischer Hoffnungsträger, der die Begriffe Emanzipation, Gleichberechtigung und Chancengleichheit in überzeugender Weise besetzte und zu realisieren versprach. Anders als zwei Jahrzehnte zuvor, als weibliche Wahlstimmen vor allem konservativ-christlichen Parteien zugute gekommen waren, erfreuten sich jetzt Sozialdemokraten der Gunst der Wählerinnen – ein deutliches Indiz für den tiefgreifenden politischen und mentalen Wandlungsprozeß, der inzwischen in der weiblichen Bevölkerungshälfte Platz gegriffen hatte.

Einen nachhaltigen Schub gewann dieser Aufbruch zu einem neuen, allmählich auch politisch artikulierten weiblichen Selbstbewußtsein schließlich durch die rasante Bildungsexpansion. Daß Frauen davon in besonderem Maße profitierten, lag vor allem daran, daß sie auf diesem Gebiet viel aufzuholen hatten. Nicht zufällig entdeckten Bildungsreformer die katholische Arbeitertochter vom Lande als Stiefkind des bundesdeutschen Bildungs- und Ausbildungssystems. Doch auch im protestantisch-städtischen Bürgermilieu war das weibliche Bildungsdefizit nicht zu übersehen: 1960 besuchten nur 8,7 Prozent aller 17jährigen Mädchen, aber immerhin 13,4 Prozent aller gleichaltrigen Jungen ein Gymnasium. In allen sozialen Schichten planten Eltern für ihre Töchter eine andere Bildungskarriere als für ihre Söhne. Mädchen, hieß es, heirateten ja doch und würden alsdann von ihren Ehemännern unterhalten, so daß sich schulische Investitionen nicht recht lohnten.

Konnte diese diskriminatorische Einstellung im Bereich beruflicher Bildung bis heute überdauern, schliff sie sich in den allgemeinen Bildungsinstitutionen allmählich ab. Während 1960 erst 41 Prozent aller Schüler in gymnasialen Oberstufenklassen weiblichen Geschlechts waren, hatten Mädchen 1980 mit den Jungen gleichgezogen. Zugleich erlebte die Bildungsbeteiligung von Frauen insgesamt eine enorme Steigerung: Hatte 1960 nur jede vierte 14jährige eine Realschule oder ein Gymnasium besucht, konnte sich dieser Anteil in weniger als zwei Jahrzehnten mehr als verdoppeln.

Die rasch ansteigende Nachfrage nach höherer formaler Bildung, von Prognosen über einen wachsenden Qualifikationsbedarf des Beschäftigungssystems erfolgreich unterstützt, eröffnete vielen Frauen nicht nur vormals ungeahnte Bildungs- und Qualifikationschancen, sondern auch begründete Aussichten auf attraktive Arbeitsplätze. Daß solche Perspektiven erhebliche Rückwirkungen auf ihr Selbstbewußtsein und ihr Rollenverständnis haben mußten, war nicht anders zu erwarten. Angesichts sich angleichender Bildungsverläufe erschien die glatte Trennung zwischen weiblichen und männlichen Normalbiographien zunehmend als unangemessen und problematisch. Warum es das Schicksal von Frauen sein sollte, nach einer anspruchsvollen, zeit- und kostenaufwendigen Ausbildung das Leben in der Kleinfamilie zu organisieren, während Männern öffentliche Karrieren und Belohnungen in Form von sozialem Status und Geld winkten, war immer weniger einsichtig und glaubwürdig.

So ist es kaum verwunderlich, daß der laute Protest, der sich seit dem Ende der sechziger Jahre gegen die „normale" Arbeitsteilung zwischen den Geschlechtern erhob, in erster Linie von hochqualifizierten jungen Frauen ausging. Sehr viel radikaler und kompromißloser als die alte, in den letzten Jahrzehnten des 19. Jahrhunderts entstandene Frauenbewegung rebellierten die neuen, „autonomen" Frauen gegen den Geschlechtervertrag der bürgerlichen Gesellschaft, der, wie sie argumentierten, Frauen unterdrücke und männliche Herrschaftspositionen absichere. Hatte die alte Frauenbewegung, die seit 1949 im Deutschen Frauenring ein unauffälliges und politisch wirkungsloses Mauerblümchen-Dasein fristete, an der grundsätzlichen Bindung aller Frauen an Familie und Mutterschaft festgehalten, identifizierten die neuen Feministinnen die klassische „bürgerliche" Familie geradewegs als Keimzelle weiblicher Ausbeutung und suchten nach Möglichkeiten, Frauen aus ihrer sexuellen und ökonomischen Abhängigkeit von Männern zu befreien.

Sexuelle Selbstbestimmung, die Freiheit, auch vor und außerhalb der Ehe intime Beziehungen aufzunehmen, war für Frauen bislang ungleich schwerer gewesen als für Männer. Das lag zum einen an der noch in den fünfziger Jahren eifrig gepflegten gesellschaftlichen Doppelmoral, die Frauen als „Hüterinnen der Familie" eine solche Freiheit nicht zugestand, während sie sie Männern augenzwinkernd einräumte. Zum anderen aber war es die begründete Angst vor einer ungewollten Schwangerschaft, die Frauen mit ihren sexuellen Bedürfnissen sehr viel repressiver umgehen ließ als Männer. Solange es keine sicheren kontrazeptiven Mittel gab und Verhütung die zuverlässige Kooperation des Partners unbedingt voraussetzte, konnte jede sexuelle Begegnung Folgen haben, die Frauen am eigenen Leib austragen mußten. Erst die Verbreitung der Anti-Baby-Pille seit den sechziger Jahren gestattete es ihnen, ihre Sexualität ähnlich bedenkenlos und lustvoll auszuleben, wie es Männer seit jeher durften.

Die Auswirkungen dieser Innovation auf den Handlungsspielraum und das Selbstbewußtsein von Frauen sollten nicht unterschätzt werden. Selber darüber bestimmen zu können, ob sie schwanger werden wollten oder nicht, eröffnete Frauen neue Möglichkeiten der Wahlfreiheit und Selbstverwirklichung und brachte sie dem Etappenziel „Gleichberechtigung" einen Schritt näher. War es doch gerade die Fähigkeit, Kinder zu gebären und aufzuziehen, die Frauen diese Gleichberechtigung faktisch vorenthielt und sie von kleinauf auf eine andere, weniger geachtete und schlechter bzw. gar nicht bezahlte „Karriere" verwies. Die Kontrolle der weiblichen Gebärfähigkeit rührte folglich an zentrale Ordnungselemente des Geschlechterverhältnisses und gewann von daher eine eminente, auch politisch relevante Bedeutung.

Welches Gewicht Frauen selber einer solchen körperlichen Autonomie beilegten, zeigte sich Anfang der siebziger Jahre im Streit um den Abtreibungsparagraphen 218 des Strafgesetzbuchs. 83 Prozent aller Frauen, fanden Meinungsforscher 1973 heraus, befürworteten die Freigabe der Abtreibung, während die in der Regel männlichen Experten, die im Rahmen der Reformdebatte aus medizinischer, kirchlicher und juristischer Sicht dazu Stellung bezogen, zum Teil schwerwiegende Bedenken erhoben. Viele Frauen empfanden diese Haltung als unerträgliche Bevormundung und konterten mit der trotzigen Parole „Mein Bauch gehört mir" – ein klarer Hinweis darauf, daß es eben nicht allein um ethisch-religiöse Fragen, sondern um das Selbstbestimmungsrecht von Frauen ging, deren Lebenschancen durch die Geburt ungewollter Kinder massiv beeinträchtigt wurden.

Obwohl die Paragraph 218-Aktion letztlich ihr Ziel nicht erreichte – nach heftigen Kontroversen und auf Intervention des Bundesverfassungsgerichts wich die 1974 verabschiedete Fristenlösung zwei Jahre später einer erweiterten Indikationenlösung –, wurde sie doch zum Kristallisationspunkt einer neuen Frauenbewegung. Zum erstenmal in der Geschichte der Bundesrepublik gelang es, „Frauenfragen" sichtbar und öffentlichkeitswirksam zu organisieren und politikfähig zu machen. Auch wenn viele Frauen, die sich in diesem Zusammenhang zu Wort gemeldet hatten, später wieder stumm wurden und sich keiner der zahlreichen Initiativ- und Selbsterfahrungsgruppen anschlossen, war zweifellos eine wichtige Artikulations- und Wahrnehmungshürde überwunden worden. Was unabhängig von dem konkreten Ergebnis kollektiver Aktionen und Petitionen übrigblieb, war ein geschärftes und weit verbreitetes Bewußtsein für Themen und Probleme, die alle Frauen, gleich welchen Alters, welcher sozialen Stellung und Berufszugehörigkeit, angingen und nach gemeinsamer politischer Bearbeitung verlangten.

IV.

Daß sich dieses Bewußtsein in den folgenden Jahren eher verstärkte als abschwächte und in vielen gesellschaftlichen Bereichen Folgen zeitigte, war zunächst das Verdienst der autonomen Frauenbewegung. Seit der Mitte der siebziger Jahre wirkte diese organisatorisch-institutionell wenig faßbare und intern oft heftig zerstrittene „Szene" durch eine Vielzahl lokaler Selbsthilfeeinrichtungen, aber auch durch nationale Zeitschriften, Kongresse und Demonstrationen als feministischer Stachel und Katalysator im öffentlichen Leben der Bundesrepublik. Phantasievolle Aktionen, denen es nicht an Deutlichkeit und Aggressivität mangelte, verschafften ihren Forderungen und Zielen eine breite Publizität. Waren sich männliche Kommentatoren auch darin einig, daß solch „absurdes Theater" besser auf einen Tag im Jahr, sprich Altweiberfastnacht, beschränkt bleiben sollte, ist über die längerfristigen Wirkungen der zunächst bespöttelten Signale – man denke nur an das „Feminat" der grünen Fraktionsführung im Bundestag – noch nicht das letzte Wort gesprochen.

Aber auch abseits der autonomen „Subkultur" kam etwas in Bewegung. Angeregt und ermuntert von der Kompromißlosigkeit, mit der radikale Feministinnen auftraten und eingeschliffene Rituale öffentlicher Repräsentation als Ausdruck eitel-selbstgewisser Herrlichkeit denunzierten, ließen allmählich auch jene Frauen, die in gesellschaftlichen Institutionen tätig waren, ihrem Unmut über männliche Privilegien und Herrschaftsstrukturen freien Lauf und klagten stärkere Mitspracherechte ein. Bis in die Provinz hinein, in Schulpflegschaften, Gemeinderäten und gewerkschaftlichen Betriebsgruppen gab es so etwas wie ein weibliches „Coming out". Konnte man sie anfangs noch mit rhetorischen Beschwichtigungen abspeisen, verlangen Frauen seit der Mitte der achtziger Jahre immer lauter nach politischen Beschlüssen und rechtlichen Garantien, um eine angemessene weibliche Präsenz auf allen Ebenen politischer und gesellschaftlicher Macht sicherzustellen.

Der Streit um Quotenregelungen, der in den letzten Jahren mit erbitterter Schärfe nicht nur in Parteien, sondern auch in Universitäten und Personalabteilungen des öffentlichen Dienstes ausgetragen wurde, zeigt sehr klar, wie selbstbewußt, aber auch wie illusionslos Frauen heute mit dem grundgesetzlich verbrieften Prinzip männlich-weiblicher Gleichberechtigung umgehen können. Der Geschlechterfriede ist aufgekündigt, das Ende jener Bescheidenheit in Sicht, mit der Frauen jahrzehntelang um bessere Start- und Partizipationschancen baten. Daß solche Bitten nunmehr gehört werden, liegt sicherlich nicht zuletzt an dem veränderten Ton, in dem sie vorgebracht werden, und an dem Rückhalt, den sie in der weiblichen Bevölkerungshälfte finden.

Dieser Rückhalt spiegelt sich auf politischer Ebene in der interfraktionellen Allianz, die Frauen aus unterschiedlichen weltanschaulichen, religiösen und gesellschaftlichen Lagern zusammenführt. Immer deutlicher zeichnet sich inzwischen eine weibliche Einheitsfront ab, die die „Frauenfrage" beharrlich und unabweisbar auf die politische Tagesordnung setzt. Erstmals konnte so in den achtziger Jahren über konkrete Maßnahmen zur Gleichberechtigung der Geschlechter gesprochen werden

– von betrieblichen Einstellungs- und Qualifizierungsprogrammen über verlängerte Öffnungszeiten in Kindergärten bis zur Anrechnung von Kindererziehungszeiten auf die Renten. Staatliche Einrichtungen, aber auch große Unternehmen beeilten sich, „Frauenförderungspläne" vorzulegen und über „positive Diskriminierung" nachzudenken.

Eine solche frauenpolitische Konjunktur reagiert allerdings nicht nur auf den massiven Druck, den weibliche „pressure groups" zunehmend erfolgreich auszuüben vermögen. Eine wichtige Rolle spielen strukturelle Faktoren wie etwa die anhaltend niedrige Geburtenrate, die Bevölkerungspolitiker seit den siebziger Jahren um das Überleben der Deutschen bangen und Sozialpolitiker vor einem Kollaps des Wohlfahrtstaates warnen läßt. Ungeachtet solcher Katastrophenszenarios ist der Trend zur demographisch besorgniserregenden Ein-Kind-Familie ungebrochen, vor allem in jenen sozialen Schichten, die mit einem knappen Budget wirtschaften müssen. Um nicht zu lange aus dem Erwerbsprozeß ausscheiden zu müssen und den Lebensstandard der Familie auf diese Weise gleichsam doppelt einzuschränken, entschließen sich viele Frauen dazu, auf weiteren Nachwuchs zu verzichten.

Angesichts dieser Kombination ökonomischer und kultureller Präferenzen geraten bevölkerungspolitische Ziele ins Hintertreffen, und die Vereinbarkeit von Beruf und Kind, von Erwerbstätigkeit und Familie wird zu einem heißdiskutierten Problem, dessen sich der Staat annehmen muß. Versöhnend soll hier das Babyjahr-Programm wirken, mit dem seit 1986 versucht wird, jungen Müttern den zeitlich befristeten Ausstieg aus dem Erwerbsleben durch finanzielle Anreize zu erleichtern. Wichtiger als der unmittelbare familienpolitische Effekt dieses Programms ist aber wohl sein symbolischer Gehalt: Indem der Staat allen Müttern ein – wenn auch karg bemessenes – Erziehungsgeld auszahlt, erkennt er ihre Leistungen erstmalig als gesellschaftlich notwendig und bedeutungsvoll an. Nach den kostenlosen Sonntagsreden der fünfziger und frühen sechziger Jahre ist dies ein erster Schritt zu einer realen Aufwertung weiblicher Reproduktionsarbeit.

Doch auch die Wirtschaft wirbt verstärkt um Frauen. Vor allem Großunternehmen, die eine langfristige Planung ihrer „womanpower" anstreben, sind bemüht, insbesondere höher qualifizierte Frauen an sich zu binden, indem sie Programme für einen mehrjährigen Erziehungsurlaub mit fortlaufender betrieblicher Weiterbildung auflegen. Dahinter steht die Sorge um eine bald schon spürbare Arbeitskräfteknappheit, die ihrerseits durch die demographische Entwicklung verstärkt wird.

Ob das nach wie vor utopische Ziel einer wirklichen Gleichberechtigung von Männern und Frauen durch kompensatorische Maßnahmen dieser Art ein Stück näherrückt, ist jedoch fraglich. Daß Frauen sich frei, ohne moralische Pressionen und ohne strukturelle Zwänge entscheiden können, ob sie Hausfrau und Mutter, erwerbstätig oder gar beides zusammen sein wollen, hat solange nichts mit Gleichberechtigung zu tun, wie Männern eine solche Entscheidung gar nicht erst abverlangt wird. Solange die Familienarbeit fast ausschließlich in den Händen von Frauen liegt, während Männer ihre Energien vornehmlich auf ihren Beruf richten, kann sich an der gesellschaftlichen Ungleichheit der Geschlechter nichts Entscheidendes ändern.

Das bedeutet keineswegs, die Fortschritte, die vor allem in den letzten zwei Jahrzehnten beim Abbau frauenspezifischer Restriktionen und Diskriminierungen erreicht wurden, geringzuschätzen. Die Verbesserung weiblicher Bildungschancen, die Liberalisierung sexueller Normen und Verhaltensweisen, der erleichterte Zugang zu qualifizierten Berufen, die wachsende Präsenz von Frauen in Medien und Politik – all dies zeigt einen gegenüber den fünfziger und frühen sechziger Jahren auffälligen Wandel an. Der persönliche Handlungsspielraum von Frauen hat sich zweifellos stark erweitert, Rollenbilder sind flexibler geworden, Grenzüberschreitungen finden häufiger statt. Frauen treten selbstbewußter auf, kennen ihre Rechte und wehren sich, wie der Andrang zu den in den achtziger Jahren überall installierten Gleichberechtigungsstellen und Frauenbeauftragten belegt, gegen offenkundige Zurücksetzungen und Ungleichbehandlung. Sie haben es geschafft, ihren Interessen und Problemen öffentliche Anerkennung und Gehör zu verschaffen, so daß es sich keine Partei und keine gesellschaftliche Gruppierung, seien es kirchliche Verbände, Gewerkschaften oder die Berliner Philharmoniker, leisten kann, darüber hinwegzusehen.

Trotz dieser unbestreitbaren Erfolge stellen sich Zweifel ein, sobald man ihre soziale Reichweite betrachtet und sie an dem allgemeinen Ziel männlich-weiblicher Gleichberechtigung mißt. Die Tatsache, daß es heute in Wirtschaft, Wissenschaft und Politik eine offenbar wachsende Zahl von „Karrierefrauen" gibt, die männliche Monopolstellungen gestürmt haben und sich in Führungspositionen behaupten, kann nicht darüber hinwegtäuschen, daß die große Mehrheit erwerbstätiger Frauen mit schlecht bezahlten und ungesicherten (Teilzeit-)Arbeitsplätzen vorliebnehmen muß, und dies in sehr viel höherem Maße als Männer. Darüber hinaus stehen hinter jeder Vorzeigefrau, die eine qualifizierte Berufstätigkeit mit Kindern und Familienleben verbinden kann, zwei oder drei weniger privilegierte Frauen, die ihr diese Lebensform ermöglichen: als Putzhilfen, Tagesmütter, Haushälterinnen, gegen geringen Lohn, ohne soziale Absicherung und berufliche Perspektiven. Die Haus- und Familienarbeit wird auf diese Weise einfach umverteilt, aber nicht zwischen den Geschlechtern, wie es dem Gleichberechtigungsprinzip entspräche, sondern unter den Frauen selber. Die Emanzipation der Wenigen findet auf dem Rücken der Vielen statt, die über ungünstigere Startchancen verfügen und sich mit dem neugeschaffenen Status aushäusiger Dienstboten begnügen. Man könnte einwenden, diese Probleme würden durch eine bessere Infrastruktur für die Versorgung und Erziehung von Kindern (Kitas, Ganztagsschulen) sowie durch eine weitere Professionalisierung hauswirtschaftlicher Dienstleistungen zumindest langfristig entschärft. Wie unvollständig und kurzatmig solche Lösungen jedoch letztlich sind, zeigt der Blick auf die DDR, wo Frauen dank dieser Infrastruktur zwar eine eindrucksvoll hohe Erwerbsquote vorweisen können, in den ökonomischen, politischen und gesellschaftlichen Machthierarchien aber nach wie vor die unteren Ränge bekleiden.

Um das Geschlechterverhältnis insgesamt auf eine neue, dem Gleichberechtigungsprinzip entsprechende Grundlage zu stellen, wäre es – ohne die Notwendigkeit struktureller Maßnahmen herunterspielen zu wollen – unbedingt notwendig, die nach wie vor wirksame, auch in den Gegenbeispielen nur individuell durchbrochene Familienorientierung von Frauen zu verallgemeinern, d. h. sie auch Männern zugänglich zu machen. Solange Frauen lediglich die Berufsarbeit, aber nicht auch die Haus- und Familienarbeit mit Männern teilen, wird es keine wirkliche Gleichberechtigung geben, sondern nur eine zwangsläufig unvollkommene und sozial gespaltene Angleichung weiblicher Biographien an männliche Modelle.

So wächst denn auch der Unmut über politische Programme, die die Geschlechterfrage auf eine reine Frauenfrage reduzieren und nicht erkennen, daß es an der Zeit wäre, sie als Männerfrage neu zu stellen. „Neue Männer braucht das Land", skandierte die Rocksängerin Ina Deter in den achtziger Jahren und faßte ein Bewußtsein in Worte, das zu den wichtigsten Neuerungen dieser Zeit gehört. Ob es sich über einen Sommerhit hinaus ausbreiten und vergesellschaften wird, ist ungewiß. Zwar lassen sich auch bei Männern Anzeichen dafür entdecken, daß überlieferte Rollenklischees aufbrechen. Dennoch ist die Zahl derer, die die neuen Möglichkeiten des Namensrechts oder des Elternschaftsurlaubs nutzen, denkbar gering. Männer, die bei der Eheschließung darauf verzichten, ihren Namen als Ehe- und Familiennamen festzusetzen, Väter, die nach der Geburt ihres Kindes zuhause bleiben oder sich die Pflege mit ihren Frauen teilen, bilden eine kleine Minderheit, der eine noch weitgehend geschlossene Phalanx aus Unverständnis und massiver Abwehr gegenübersteht.

Unter dieser Perspektive betrachtet, wird das Gleichberechtigungsversprechen des Grundgesetzes auf lange Sicht uneingelöst bleiben müssen – was aber nicht ausschließt, daß Frauen ihre Handlungs- und Entscheidungsspielräume weiter ausbauen können. Daß die Entwicklung noch immer nur in einer Richtung verläuft, verbindet die achtziger mit den fünfziger Jahren; daß es überhaupt möglich ist, diese Einbahnstraße als solche zu erkennen, zu kritisieren und Alternativen zu entwerfen, verweist auf einen tiefgreifenden, wenngleich alles andere als flächendeckenden Umbruch in der Geschlechterfrage, dessen historische Bedeutung kaum unterschätzt werden kann.

Literatur

Delille, Angela/Grohn, Andrea, Blick zurück aufs Glück. Frauenleben und Familienpolitik in den 50er Jahren, Berlin 1985.
Dies. (Hrsg.), Perlonzeit. Wie die Frauen ihr Wirtschaftswunder erlebten, Berlin 1985.
Freier, Anna-Elisabeth/Kuhn, Annette (Hrsg.), Frauen in der Geschichte V: „Das Schicksal Deutschlands liegt in der Hand seiner Frauen", Düsseldorf 1984.
Frevert, Ute, Frauen-Geschichte. Zwischen Bürgerlicher Verbesserung und Neuer Weiblichkeit, Frankfurt a. M. 1986.
Kuhn, Annette (Hrsg.), Frauen in der deutschen Nachkriegszeit, 2 Bde., Düsseldorf 1984/86.
Meyer, Sibylle/Schulze, Eva, Wie wir das alles geschafft haben. Alleinstehende Frauen berichten über ihr Leben nach 1945, München 1984.
Dies., Von Liebe sprach damals keiner. Familienalltag in der Nachkriegszeit, München 1985.
Ruhl, Klaus-Jörg (Hrsg.), Frauen in der Nachkriegszeit 1945–1963, München 1988.

Hans Maier

Kirche, Religion und Kultur

Welche Rolle spielen Kirche und Religion in der Gesellschaft der Bundesrepublik Deutschland? Wie ist ihr Verhältnis zur Kultur? Gibt es noch eine Volkskirche? Oder ist der Glaube dabei, zu verblassen, unsichtbar zu werden? Füllt die religiöse Praxis den institutionellen Mantel der Kirchen nur noch unzulänglich aus?

Es ist bezeichnend, daß diese Fragen erst in jüngster Zeit an Gewicht gewonnen haben. Lange Zeit schienen sie gänzlich akademischer Natur zu sein. Denn die Kirchen gehörten zu den stabilsten Gliedern der westdeutschen Gesellschaft: Weder der Einbruch des Nationalsozialismus und seiner religionsfeindlichen Politik noch der Wanderungs- und Mischungsprozeß der Konfessionen in der Nachkriegszeit hatte ihre Substanz berührt. Im Gegenteil, in dem Leerraum, den Krieg und Drittes Reich hinterlassen hatten, waren den Kirchen zahlreiche neue öffentliche Aufgaben zugewachsen. Sie nahmen in der westdeutschen Gesellschaft eine Stellvertreterrolle wahr – das reichte von caritativer Hilfe und Verwaltungsdiensten über gutachtliche Mithilfe bei der Entnazifizierung bis zu öffentlichen Erklärungen über Zeitfragen. Es kam den Kirchen dabei zugute, daß es in den ersten Nachkriegsjahren eine antikirchliche Stimmung, gar einen offenen Antiklerikalismus, kaum gab: Das öffentliche Klima war freundlich, allenfalls neutral. Der Öffentlichkeitsanspruch der Kirchen setzte sich in einer von Existenznöten geschüttelten Gesellschaft und einem weithin entleerten staatlichen Bereich ohne große Mühe durch. Die Kirchen traten auf den Plan als Kräfte vorpolitischer Integration, und als solche waren sie in einer Zeit, in der sich politische Ideen, Parteien und staatliche Institutionen erst langsam neu herausbildeten, de facto unangreifbar; Ausfälle gegen sie, wie sie vereinzelt vorkamen, fielen auf die Urheber zurück.

Genaue Statistiken sind kaum vorhanden, aber man kann wohl damit rechnen, daß der Gottesdienstbesuch, die Teilnahme an kirchlichen Kundgebungen und die Präsenz im Religionsunterricht in jenen Nachkriegsjahren in beiden Kirchen einen Höchststand erreichten. Das bestätigt nicht nur den alten Satz „Not lehrt beten"; es zeigt auch, daß die starke öffentliche Stellung der Kirchen in den Jahren des Umbruchs und des Übergangs vielen Menschen Schutz und Orientierung bot und daß der Reflex des Christlichen im Zeitbewußtsein damals weit über den Kreis der Kirchentreuen hinausreichte. Wohl gab es Warnungen vor einer Überschätzung der autonomen religiösen Kräfte; doch sie verblaßten vor dem eindrucksvollen Bild überfüllter Kirchen und eines neu anbrechenden religiösen Frühlings. Nicht zuletzt unter dem Eindruck einer Renaissance von Religion und Frömmigkeit in Kirche,

Politik, Recht und Kultur festigten sich aufs neue die öffentlich-rechtlichen Strukturen der Kirchen. Die Kirchenpolitik kehrte fast geräuschlos in die Weimarer Bahnen zurück; der öffentliche Status der Kirchen war nach 1945 – im Unterschied zu den Anfängen der Weimarer Republik – kein politisches Problem mehr.

Demgegenüber zeigen Kirche und Kirchlichkeit in der Bundesrepublik von heute ein verändertes Erscheinungsbild. Ganz allgemein kann man von einem *Vitalitätsverlust* und einer *Tradierungskrise* sprechen. Das heißt, verändert haben sich nicht so sehr die formalen Schemata der Kirchenzugehörigkeit, auch nicht die rechtliche Stellung der Kirchen, auch nicht die öffentlichen Erwartungen an sie (die vielfach sogar noch höher sind als früher, jedoch in andere Richtungen gehen). Verändert haben sich vielmehr Zahl, Entschiedenheit, Engagement und öffentliche Präsenz *der Gläubigen*. Wie bei anderen kulturellen Vorgängen liegt der Bruch nicht in der Kriegs- und unmittelbaren Nachkriegszeit, die bezüglich des religiösen Verhaltens eine erstaunliche Kontinuität aufweist; er liegt vielmehr später, und zwar ziemlich genau in der Mitte der sechziger Jahre.

In wenigen Jahren, etwa von 1967 bis 1973, kam es zu einem Erosionsprozeß, der in beiden Kirchen zu einem Absinken der religiösen Praxis um rund die Hälfte führte. Anfang der sechziger Jahre besuchten noch 55% der Katholiken und 15% der Protestanten regelmäßig den Gottesdienst; 1973 waren es nur noch 35% bzw. 7%, 1982 noch 32% bzw. 6%. Die Generationen, früher traditionell in Glauben und religiöser Praxis verbunden, lebten sich stärker auseinander. Die Gottesdienstgemeinden in der Bundesrepublik Deutschland sind heute durch erhebliche Überalterung gekennzeichnet. Lediglich 25% der Jugendlichen erfahren den Glauben als vitale Kraft. Auch aus der Familie verschwinden die religiösen Traditionen, so das tägliche Tischgebet und das Kreuzzeichen. Immer weniger Eltern wirken positiv und aus eigener Überzeugung an der religiösen Erziehung ihrer Kinder mit. Nur 15% aller befragten Bundesbürger sehen in der religiösen Erziehung der Kinder ein vorrangiges Erziehungsziel. Noch niedriger liegt die Zahl bei der erziehenden Elterngeneration: Nur 10% der 25- bis 44jährigen sehen in der Hinführung zum Glauben eine Erziehungsaufgabe für sich selbst. So wundert es nicht, daß 41% der heute unter 30jährigen angeben, in einem faktisch areligiösen Elternhaus aufgewachsen zu sein. Immer mehr junge Menschen wachsen ohne Berührung mit Werten des Glaubens, religiösen Traditionen und einem auch nur bescheidenen religiösen Grundwissen heran.

Die Tradierungskrise des Glaubens drückt sich besonders scharf im Verhältnis von Eltern und Kindern in der Bundesrepublik aus. Darauf hat schon die internationale Wertestudie von 1981 aufmerksam gemacht. Das überraschende Ergebnis war, daß in der Bundesrepublik Deutschland im Ländervergleich die Übereinstimmung der Jugendlichen mit den Eltern am geringsten ausfällt. Die Zahlen lauten, bezogen auf die Übereinstimmung in bestimmten Auffassungen zwischen Eltern und Jugendlichen: Übereinstimmung in der Einstellung zur Religion äußern 39% der Jugendlichen der Bundesrepublik gegenüber 69% der Jugendlichen in den USA, bei der Einstellung zur Sexualität sinkt diese Zahl auf 14% bei den Jugendlichen in der

Bundesrepublik gegenüber 43% bei den Jugendlichen in den USA, in der Einstellung zur Moral insgesamt stimmten 77% der Jugendlichen in den USA mit den Eltern überein gegenüber 38% der Jugendlichen in der Bundesrepublik. Soziologisch ergibt sich mithin, daß in der Bundesrepublik Deutschland wesentlich stärker als in den USA die Generationen auseinanderstreben und sich nicht mehr in zentralen Wertvorstellungen treffen.

Damit stimmt die Beobachtung überein, daß in vielen deutschen Familien Konflikte, auch religiöse, nicht mehr ausgetragen werden. Jugendliche, die sich mit ihren Eltern nicht mehr verstehen, neigen dazu, einfach auszuziehen und sich von den Eltern zu trennen. Ähnliche Prozesse lassen sich auch bei Eheleuten feststellen, die nicht um ihre Ehe kämpfen, sondern eher dazu neigen, sich vom Ehepartner zu trennen. Auf diesem Hintergrund wird verständlich, daß religiöse Werte nicht mehr wie früher tradiert werden, weil viele Menschen kein Verhältnis mehr zu diesen Werten haben. Es zeigt sich, daß der christliche Glaube für viele Menschen kein existenzielles Problem mehr ist.

Andere Zeitgenossen, darunter manche Jugendliche aus christlichen Familien mit gläubigen Eltern, trennen sich bewußt von der Kirche, vom christlichen Glauben, ja von Jesus selbst. In einem Brief an gläubige Eltern, der 1986 in der Zeitschrift „Christ in der Gegenwart" abgedruckt wurde, lesen wir: „Ich beanspruche nicht, hier eine vollständige Widerlegung aller kirchlichen Lehren und Ansichten auszubreiten. Das haben seit Voltaire und Feuerbach andere besser und umfassender getan. Ich will dagegen schildern, wie bei mir persönlich der sogenannte christliche Glaube trotz der geschilderten recht guten Voraussetzungen in Elternhaus, Schule und Pfarrei ziemlich ausgetrocknet ist. Ich glaube, die meisten Jugendlichen entfernen sich von der Kirche in der Zeit der Pubertät aufgrund ihrer ersten sexuellen Erfahrungen. [Die] Erfahrung zeigt bald, [...] was an Moral und Ethik notwendig ist unter den Menschen, kann auch ohne Kirche erkannt und gehalten werden. Eine Gesellschaft, in der die Kirche nicht mehr als der bestimmende Faktor gilt, ist keineswegs ‚unmoralischer' als eine sogenannte christliche Zivilisation (wie im Mittelalter oder im Barock). Menschen, die aus der Kirche ausgetreten sind, leben moralisch durchaus nicht ‚schlechter' als die Kirchenchristen. Zu viele Widersprüche in der sogenannten Offenbarung, zu viel Ungereimtes und Widersinniges hindert mich, meine religiösen Bedürfnisse innerhalb der Kirche zu leben. Aber ich bin außerhalb der Kirche durchaus nicht unglücklich."

Das Bild wäre jedoch nicht vollständig, würde man nicht auch die *Gegenbewegungen* verzeichnen. Es gibt in der westdeutschen Gesellschaft nicht nur die Abwendung von der Kirche, das Erlöschen religiöser Überlieferungen, es gibt auch breite Strömungen von Sinnsuche, Glaubenssuche, es gibt das Verlangen nach einer neuen, „weichen", die alten Formen überholenden Religion. Man will religiös sein ohne Kirche, man strebt nach einer anderen, „sanfteren" Religion, die nicht auf Weltbemächtigung aus ist, sondern auf fromme Verehrung des Universums. Das religiöse Spektrum zeigt hier eine erstaunliche Vielfalt, freilich auch Züge der Beliebigkeit. Dem „glimmenden Docht" des christlichen Glaubens hilft das Wehen dieser neuen

Religiosität jedenfalls kaum auf. Oft wird Religion zur Kuschelecke, zum grünen Gemütswinkel, zu einem Abenteuerspielplatz des Geistes. Ein universeller Synkretismus vereinigt alle Gegensätze: Astrologie, Kosmologie, Reinkarnation, magische und okkulte Praktiken stehen unmittelbar nebeneinander. So wenigstens im Abendland – während anderswo, vor allem im Islam, die militanten Züge des Religiösen neue überraschende Kraft gewinnen: in heiligen Kriegen und leidenschaftlichen Fundamentalismen; in einem Himmel und Erde kurzschließenden „Gott will es!", das wenig Unterscheidungen gelten läßt und sich mit Geduld und Toleranz schwertut.

Vorformen eines solchen Fundamentalismus sind seit den sechziger Jahren auch in Westdeutschland zu erkennen. Nicht nur, daß die Sozialverflechtung der Kirchen intensiver geworden ist – mit allen Folgen, die das für ihr Selbstverständnis hat –, auch die Erwartungen an die Kirchen sind gestiegen, und dies paradoxerweise im gleichen Maß, in dem die Gesellschaft sich weiter säkularisiert hat. Ein moralisches Hüter- und Wächteramt wird den Kirchen heute nicht so sehr zugebilligt als vielmehr abverlangt: sei es, daß man sie in der Rolle von Blockadebrechern gegenüber politischen Tabus und verhärteten Herrschaftspositionen sieht, sei es, daß man bei ihnen besondere Standfestigkeit gegenüber totalitären Praktiken als selbstverständlich voraussetzt (und sie beim Ausbleiben lebensrettender Warnungen hart kritisiert), sei es, daß man sie ganz allgemein in eine Anwaltschaft für Menschenrechte, für das bedrohte Humanum in der Industriegesellschaft drängt.

Im diffusen Chor der öffentlichen Meinung scheinen sich heute heftige, oft maßlose Kirchenkritik und ebenso leidenschaftliche Erwartungen an eine neue, mit irdischen Hoffnungen gefüllte Kirche die Waage zu halten. Auf der einen Seite der Angriff gegen alle Formen institutioneller kirchlicher Öffentlichkeit, gegen Kirchenrecht und Kirchensteuer, gegen die Mitwirkungsrechte der Kirchen im erzieherischen, sozialen, publizistischen Bereich. Auf der anderen Seite, im gleichen Atemzug, der Appell an die Kirchen zu ungeheuren sozialen und politischen Engagements – man beklagt, daß sie den Mächtigen nicht in den Arm fielen, wo Unrecht geschehe, daß sie zu wenig für Bildung, Entwicklungshilfe, Friedensarbeit täten, sich zu wenig an gesellschaftlichen Umbrüchen, ja an Revolutionen beteiligten. Es ist kaum abzusehen, ob sich in diesen widersprüchlichen Äußerungen, noch unklar, eine neue Beziehung von Kirche und Gesellschaft ankündigt; einstweilen verraten sie vor allem die Tendenz, Kirche einerseits aus dem Alltag zu verdrängen, sie anderseits aber als Rückversicherung in Krisenzeiten in Reserve zu halten.

Was macht Glauben – den wirklichen, bestimmten Glauben, nicht das unbestimmte Glaubensgefühl – für den modernen Menschen schwierig? Vor allem drei Ursachen dürfen genannt werden: 1. die Wirkung neuzeitlicher Wissenschaft und Weltaneignung, 2. die umfassende Daseinssicherung im modernen Staat, 3. die Verselbständigung und Institutionalisierung christlicher Gehalte in humanitären „selbsttragenden" Einrichtungen der Gesellschaft.

1. Was moderne Wissenschaft und Weltaneignung für den Glauben bedeutet, liegt vor aller Augen. Vieles, wenn nicht fast alles an der Welt, so scheint es, erklärt sich

heute selbst, bedarf nicht mehr der Brücken und Auslegungen des Glaubens. Gewiß, man ist bereit, „das Unerforschliche ruhig zu verehren" (Goethe). Aber was ist heute noch unerforscht, was darf als unerforschlich gelten? Kein Zweifel, daß der Glaube früherer Zeiten vor allem Fuß faßte im Unerklärbaren, Unverfügbaren der Welt und des eigenen Lebens, daß er ringsum eingehegt war durch das Erschrecken vor Naturmächten und durch das Staunen über die Schöpfung. Heute sind Furcht und Zittern aus unserem Gottesbild verbannt. Der Mensch erschrickt nur noch vor seinen eigenen Taten. Doch die Angst des Menschen vor dem Menschen führt nicht mehr ohne weiteres zur Gottesfurcht zurück. Wie sollte der Mensch der späten Neuzeit in einem gnädigen Gott diejenigen Züge suchen, die er an sich selbst mit Schaudern zu entdecken beginnt?

Die Wissenschaft hat die Welt erklärt und verfügbar gemacht – sie hat sie aber zugleich entzaubert. Unausweichlich steht der Mensch heute seinen eigenen Werken gegenüber. Aber diese Werke sind ihm fremd geworden. Und so klingt durch allen Erkenntnisstolz hindurch ein Ton der Klage darüber, daß die Wissenschaft die „Welt zerdacht", daß sie den Menschen vereinzelt hat, daß nichts mehr zurückführt zu der alten Einheit, die Gottfried Benn in seinem Gedicht „Verlorenes Ich" beschwört:

> „Und alle rannen aus der einen Wunde,
> brachen das Brot, das jeglicher genoß –
> o ferne zwingende erfüllte Stunde,
> die einst auch das verlorne Ich umschloß."

2. Die Wissenschaft bemächtigt sich der Welt zum Zweck der Sicherung des Lebens. Der moderne Staat schafft feste Ordnungen, berechenbare Abläufe, Frieden und Recht. Beide, Wissenschaft und Staat, nehmen dem Menschen heute vieles im Leben ab, um das er lange bangen mußte, auf das er kaum zu hoffen wagte. Sie sichern ihn im Dasein. So kann die Illusion aufkommen, diese Sicherung hinge *nur* von den Institutionen ab, und es komme einzig auf ihr gutes Funktionieren an. Was soll der Glaube an einen Weltenrichter in Zeiten eines durchgebildeten Rechts- und Verfassungsstaates und einer lückenlosen irdischen Gerichtsbarkeit? Was der Glaube an einen gnädigen Gott angesichts eines Sozialstaates, der als Recht zuweist, was der Glaube nur als Gnade erbitten kann? Muß die Frage der Gerechtigkeit denn ständig ins Jenseits vertagt werden? Kann Gerechtigkeit nicht schon auf Erden aufgerichtet werden, hier und jetzt?

Kein Zweifel, auch hier hat der Glaube viele seiner handgreiflichen Stützen und Geländer verloren, er muß schauen, wie er, auf sich gestellt, zu Rande kommt. In der älteren Welt gab es wenig Sicherheit. Die moderne bürgerliche Kultur dagegen ist eine Welt der Sekurität (Jacob Burckhardt), der Sicherheiten und Versicherungen. Dementsprechend reagiert der moderne Mensch kühler auf Wechselfälle des Lebens: Für den Blitz hat man den Blitzableiter, für den Hagel die Hagelversicherung, für Erkrankungen Krankenkassen, für das Alter die Rente. „Hilf, Sankt Anna, ich will ein Munch werden!" rief der junge Luther aus, als neben ihm auf der Straße nach Stotternheim der Blitz einschlug – es war ein lebensentscheidender Entschluß, geboren aus dem Erschrecken über die Natur und aus dem Vertrauen auf die schutzgewährenden Heiligen. In späteren Jahrhunderten haben auch Christen bei widrigen Naturereignissen zuerst an Sicherungen, an technischen Schutz und Schadenersatz gedacht – und ähnlich war es bei Risiken der Gesundheit und des sozialen Lebens.

Noch erlebt der moderne Mensch, trotz aller Ahnung kommender Katastrophen, die selbstgeschaffenen Sicherungen als stärkste Macht seiner erfahrbaren Umwelt. In seinem künstlichen Nest aus Glas, Beton, Elektrizität fühlt er sich unabhängig vom Tages- und Jahreswechsel, von allem plötzlich Einbrechenden, Unvorhersehbaren. Die rationalen Sicherungen des Daseins scheinen noch immer zu tragen. So kommt es, daß sich das Religiöse bei vielen, ja den meisten auf die Grenzerfahrungen zurückzieht, die von diesen Sicherungen nicht umgriffen werden: Geburt, Tod, Krankheit, Liebe, das Wagnis der Partnerschaft, der lebenslangen Bindung. Hier, in den großen Einschnitten des Lebens, begegnet die Kirche noch immer der überwältigenden Mehrheit der Menschen. Hier ist sie noch immer Volkskirche. Das Problem liegt darin, daß diese Begegnungen oft nur punktuell und flüchtig sind, daß sie für viele ohne Folgen bleiben. Ein religiöser Schauer dringt von Zeit zu Zeit, beruhigend oder beunruhigend, in die Menschen ein, doch bald ist alles wie zuvor. Das System der Lebenssicherungen wird davon nur punktuell durchbrochen.

3. Ist das nun ein Evangelium menschlicher Rechtschaffenheit, welches die Gottesbotschaft von Schuld und Sühne, Erlösung und Befreiung verdrängt hat? So zu urteilen wäre zu einfach. Die Schwierigkeit besteht ja darin, daß die moderne Welt aus christlichen Antrieben entstanden ist, daß sie ihre christliche Abkunft noch in ihren Abweichungen, Vereinseitigungen, Verirrungen auf der Stirne trägt. Der Glaube, der nach Erkenntnis strebt und die Welt durchdringen will; das in Freiheit, Gleichheit, Frieden geeinte soziale Leben; die Sorge für den anderen, für Menschenrecht und Menschenwürde; die grundlegenden Unterscheidungen von Kirche und Staat, öffentlicher Ordnung und Gewissenssphäre – das alles sind Ergebnisse einer langen inneren Formung der Gesellschaft durch das Christentum. Paradoxerweise könnte man sagen: Der christliche Glaube ist in der modernen Gesellschaft auch deswegen so unanschaulich geworden, weil seine weltlichen Wirkungen in viele Sachstrukturen von Politik, Gesellschaft und Wirtschaft eingegangen sind. So gesehen, wäre das Christentum der Moderne – wie es der Kulturprotestantismus gesehen hat – das Opfer seines eigenen Erfolgs. Doch das ist nur die halbe Wahrheit. Müßte doch das Eingehen der christlichen Botschaft in die Welt zu einer Verfassung der Offenheit, der ständigen Revisionsbereitschaft führen – nicht aber zu einer rationalen Abschließung des Daseins in immer perfekteren Sicherungen. So macht die moderne Gesellschaft mit ihrem Angebot „selbsttragender" Sicherungen und Versicherungen Christen den Glauben leicht und schwer zugleich: leicht, weil in ihr noch immer die Spuren christlicher Überlieferung gegenwärtig sind, schwer,

weil diese Zeugnisse nicht mehr an der Oberfläche liegen und es oft einer systematischen Spurensuche bedarf, um ihrer ansichtig zu werden.

Fragt man, um das Bild zu runden, nach religiösen Zügen in der deutschen Literatur der Gegenwart, so wird man nicht bei einzelnen Autoren, sondern bei Motiven und Themen einsetzen müssen. Das ist ein deutlicher Unterschied zur Zeit nach 1945. Damals traten – in ökumenischer Gemeinsamkeit – katholische und protestantische Autoren auf, die für eine christliche Literatur standen: Elisabeth Langgässer, Gertrud von le Fort, Rudolf Alexander Schröder, Edzard Schaper, Kurt Ihlenfeld, Reinhold Schneider, Werner Bergengruen. Heute sind solche Autoren, die das Christliche als einen literarischen Zusammenhang repräsentieren, selten geworden. Es kommt sowohl bei sozialkritisch gestimmten Autoren der älteren Generation vor – ich erinnere an Heinrich Böll, Carl Amery, Josef Reding, Kurt Marti – wie auch bei jüngeren Autoren, deren Schlüsselerlebnis das Jahr 1968 ist. „Mit der ‚Neuen Sensibilität' ist allenthalben das Interesse an Religion gewachsen. Besonders mit Motiven der Aufarbeitung von Lebensgeschichten und der neuen Vergewisserung von Heimat wachsen vorsichtige Annäherungen an das religiöse Erbe. Die Neubewertung des Poetischen kann sich mit der Suche nach spirituellen Horizonten berühren" (Hans-Rüdiger Schwab).

Gott erscheint in der jüngsten deutschen Literatur eher als Aussparung. Er lebt in der „erinnerungslosen Hoffnung der Menschen" (Wolf-Dietrich Schnurre). Manchmal ist er eine „Sekundenerfahrung" (Christa Wolf). Konkreter, fast allgegenwärtig, ist Jesus in Literatur, Theater, Film seit den siebziger Jahren, in frommen, grimmigen und blasphemischen Beschwörungen. Biblische Themen, oft verfremdet, haben seit den siebziger Jahren Hochkonjunktur, so die Weihnachtsgeschichte als Hintergrund der Sozial- und Zeitkritik bei Franz Xaver Kroetz und Peter Turrini, so die Apokalypse bei Christa Wolf, Stefan Heym, Günter Grass, Inge Merkel. Demgegenüber verblaßt die lange Zeit im Vordergrund stehende Kirchenkritik, Desinteresse tritt an ihre Stelle. „Dieser Hahn ist gerupft", bemerkte Heinrich Böll 1979 bei einer Tagung des Zentralkomitees der deutschen Katholiken mit Künstlern und Schriftstellern in Bonn.

Bemerkenswert ist gleichwohl, daß die Darstellung von Geistlichen, Ordensmännern, Ordensfrauen, ja selbst von Bischöfen und Päpsten in Literatur, Theater und Film neu eingesetzt hat. Die Darstellung von Geistlichen war in der christlichen Literatur der vierziger und fünfziger Jahre ein fester Bestandteil, glitt aber dann ins Triviale ab. 1981 schildert Manuel Thomas in „Die Nabelschnur" die Krise eines katholischen, 1982 Hartmut Lange in „Selbstverbrennung" (inspiriert durch den Fall Brüsewitz) die Nöte eines evangelischen Pfarrers. Auch in Marianne Fritz' „Dessen Sprache du nicht verstehst" (1984) und Markus Werners „Froschnacht" (1986) sind die Geistlichen angefochtene Figuren. Katholizität in positiver Bedeutung erscheint in Angelika Webers Maria-Ward-Film und in Percy Adlons „Fünf letzte Tage". In der zentralen Handlung von Wim Wenders' „Paris, Texas" (1984) spiegelt sich, in säkularisierter Form, die Beichtsituation.

Den neuen Geschmack am Subjektiven, Biographischen und Bekennerhaften bekunden die Erinnerungen an christliche Kindheiten. Sie sind in den letzten Jahren sehr zahlreich geworden, die Zeugnisse gehen in die Hunderte. Nach dem langen Vorlauf der katholischen Kindheiten kommen nun auch die protestantischen Kindheiten, Eva Zeller u. a. Dieses Genre ist ein Spiegel von Ambivalenzen und Sehnsüchten. Verzückte Rückschau und erschreckte Erinnerung halten einander die Waage. Vor allem die katholische Kindheit erscheint oft in traumatischem Licht: die Kirchenlehren und -gebote, an denen junge Menschen sich wundscheuern, denen sie zu entgehen suchen, ohne doch glücklicher zu sein, wenn sie sie abgeschüttelt haben; die Fluchten, Absagen, Widerrufe – aber auch Retraktationen, die überprüfende Rückschau, die „langsame Heimkehr" (Peter Handke).

Ist hier das Christliche hineingenommen in das Medium des Persönlichen, Biographischen, so bilden neue Spiritualität und neue Symbolik einen weiteren „Hof" um das Zentrum des Glaubens. Hierher gehört die Sehnsucht nach neuen Tugenden wie Demut, Ehrfurcht und Aufrichtigkeit, nach einer „postmateriellen" Ethik, hierher gehören aber auch die vor allem im modernen Film (ich nenne nur Andrej Tarkowskij) sich ausbreitenden Überstiege, Verweise, Symbolisierungen. Der Himmel und die Engel sind erst durch den heutigen Film wieder zu „greifbaren" Erfahrungen für einen breiten Zuschauerkreis geworden. Hier kommt die Kunst ganz spielerisch dem Katechismus nahe. Aber auch Märchen, Sagen, Mythen steigen heute wieder zu literarischen Ehren empor, vom Kinderbuch bis zum Musikdrama. So spiegelt sich die Sinnsuche in der literarisch wie filmisch aufgegriffenen Artus-Sage (Tankred Dorst, Eric Rohmer, Robert Bresson), in Jürgen Syberbergs Parsifal-Adaption, in Gertrud Leuteneggers Auseinandersetzung mit dem Gilgamesch-Epos („Lebewohl, gute Reise").

Die stärksten Berührungen mit dem christlichen Glauben liegen wohl in der Darstellung menschlicher Grenzsituationen in heutigen Texten, Filmen und Theaterstücken. Hier herrscht auch – von den existentialistischen Textmustern der vierziger und fünfziger Jahre bis zur Gegenwart – die dichteste literarische Kontinuität. Die christlich identifizierbaren Abgründe von Bosheit, Schuld, Leid, Angst, Verzweiflung, Gottverlassenheit in der modernen Literatur können zweifellos auch dem säkularisierten Menschen verschüttete Zugänge zu alten biblischen Erfahrungen öffnen, mag sich in den Texten auch vielfach ein fragmentarisches, ja ruinöses Christentum artikulieren. Jedenfalls sind Kunst und Dichtung im Raum der Kirche nicht mehr der Gefahr der Isolierung und Gettobildung, der Erstarrung und des Akademismus ausgesetzt. Gegenüber den Frontverläufen des 19. Jahrhunderts wirkt die heutige Lage zwar spannungs-, aber auch aussichtsreicher.

Wer die empirischen Befunde des Glaubensverlustes in den Kirchen zur Kenntnis nimmt und sich zugleich von der Intensität einer kirchenungebundenen Religiosität in der Gesellschaft überraschen läßt, dem stellt sich zum Schluß die Frage nach dem Verbleib religiöser Traditionen in der Bundesrepublik Deutschland. Brechtisch gesprochen: Die Religion geht weg – aber wo geht sie hin?

Eine vorläufige Antwort sei gewagt: am wenigsten in einen dezidierten Atheismus und Agnostizismus (noch immer bleiben die Zahlen der Konfessionslosen hinter denen der Katholiken und Protestanten weit zurück, auch wenn sie seit den siebziger Jahren rascher wachsen als diese). Auch nicht in einen „säkularen Glauben" (Thomas Nipperdey): Ihm fehlen heute die Antriebe eines bürgerlichen oder proletarischen Fortschrittsbewußtseins; Kulturkämpfe gegen die Religion lassen sich heute in westlichen Ländern kaum mehr vorstellen, nicht einmal mehr in Frankreich. Am ehesten noch in eine neue *außerkirchliche Religiosität,* deren Ingredienzien vielfältig und diffus sind: von wiederkehrenden Kosmologien (New Age) über neo-animistische Strömungen („Frieden mit der Natur") bis zur lebensreformerischen Sehnsucht nach einer „asketischen Weltzivilisation". Was von diesem Konglomerat Bestand hat oder sich wieder auflösen wird, ist schwer zu sagen – und ebenso, ob das neu Hervortretende den Titel „postchristlich" verdient, wie einige meinen, oder ob es sich um neue biblizistisch-fundamentalistische Bewegungen auf bescheidenem intellektuellen Niveau handelt. Möglicherweise werden sich angesichts der neuen Virulenz christlicher Traditionen in der mittel- und osteuropäischen Revolution 1989/90 auch im Westen die Gewichte künftig wieder anders verteilen: Manches, was aus dem übersättigten Boden einer Überflußgesellschaft hervorging, wird sich, in andere Zusammenhänge gestellt, neuen Bewährungsproben stellen müssen. Doch ist das Feld noch zu unübersichtlich, als daß man sichere Prognosen wagen könnte, und so mag es bei diesen summarischen Bemerkungen sein Bewenden haben.

Literatur

Altermatt, Urs, Katholizismus und Moderne, Zürich 1989.
Blessing, Werner K., „Deutschland in Not, wir im Glauben ...". Kirche und Kirchenvolk in einer katholischen Region 1933–1949, in: Martin Broszat/Klaus-Dietmar Henke/Hans Woller (Hrsg.), Von Stalingrad zur Währungsreform. Zur Sozialgeschichte des Umbruchs in Deutschland, München 1988, S. 3–111.
Forster, Karl (Hrsg.), Religiös ohne Kirche?, Mainz 1977.
Hehl, Ulrich von/Hürten, Heinz (Hrsg.), Der Katholizismus in der Bundesrepublik Deutschland 1945–1980. Eine Bibliographie, Mainz 1983.
Hessler, Hans-Wolfgang (Hrsg.), Protestanten und ihre Kirche in der Bundesrepublik Deutschland, München/Wien 1976.
Jooß, Erich/Ross, Werner (Hrsg.), Katholische Kindheit. Literarische Zeugnisse, Freiburg/Basel/Wien 1988.
Jüngel, Eberhard/Herzog, Roman/Simon, Helmut, Evangelische Christen in unserer Demokratie, Gütersloh 1986.
Köcher, Renate, Tradierungsprobleme in der modernen Gesellschaft, in: Erich Feifel/Walter Kasper (Hrsg.), Tradierungskrise des Glaubens, München 1987.
Maier, Hans (Hrsg.), Kirche, Wirklichkeit und Kunst, Mainz 1980.
Ders., Religion und moderne Gesellschaft, Freiburg/Basel/Wien 1985.
Schmidtchen, Gerhard, Protestanten und Katholiken. Soziologische Analyse konfessioneller Kultur, Bern/München ²1979.
Vollnhals, Clemens, Die Evangelische Kirche zwischen Traditionswahrung und Neuorientierung, in: Von Stalingrad zur Währungsreform, S. 113–167.
Ders., Evangelische Kirche und Entnazifizierung 1945–1949. Die Last der nationalsozialistischen Vergangenheit, München 1989.

Hermann Rudolph

Mehr als Stagnation und Revolte

Zur politischen Kultur der sechziger Jahre

Das Bild, mit dem sich die sechziger Jahre in der kollektiven Erinnerung der Bundesrepublik festgesetzt haben, ist merkwürdig undeutlich geblieben; wo es Konturen besitzt, sind sie eher negativ besetzt. Das Jahrzehnt erscheint vor allem bestimmt durch Unbeweglichkeit, Konformismus und Mangel an vorwärtsweisenden Ideen. In diesem Umstand spiegelt sich zum einen die Stellung dieses Jahrzehnts unter den verschiedenen Phasen der Geschichte des westlichen Nachkriegsdeutschlands. Wie eingeklemmt befinden sich die sechziger Jahre zwischen dem Massiv der Ära Adenauer, in der die Bundesrepublik ihre erste, überraschend feste und fortwirkende Gestalt fand, und dem Beginn der sozial-liberalen Koalition, mit der sich so etwas wie ein neuer Anfang anzukündigen schien. Halb noch im Schatten der Biederkeit der Nachkriegswelt stehend, halb schon im Sog heranziehender Aufbrüche und tiefreichender Umbrüche befindlich, trägt dieses Jahrzehnt mithin die verwischten Züge einer Zwischen- und Übergangszeit.

Zum anderen freilich ist dieses Bild der sechziger Jahre offenbar die Konsequenz des Stellenwertes, den die Studentenrevolte von 1968 und ihre Folgen für das Selbstverständnis der Bundesrepublik gewonnen haben. Zumal die Aufsätze, Serien und Filme, die im Rückblick auf dieses Ereignis entstanden sind, haben diese Bedeutung der Protestbewegung unterstrichen, und das um so mehr, als sie erkennen ließen, daß sich „linke" und „rechte" Sichtweise zumindest in bezug auf den historischen Ort, den sie diesem Vorgang einräumen, zunehmend annähern. So wie eine Geschichte der Bundesrepublik in den fünfziger Jahren mit dem Satz beginnen konnte: Im Anfang war Adenauer, so bräuchte eine Geschichte der vergangenen zwanzig Jahre kaum noch mit Widerspruch zu rechnen, wenn sie mit der Feststellung einsetzte: Am Anfang stand die Rebellion der Studenten. Jedenfalls hat die Ansicht nachgerade die Unanfechtbarkeit eines Gemeinplatzes erhalten, daß es die 68er waren, die Bewegung in die Bundesrepublik brachten, den notwendigen Wandel des Verhaltens und der Verhältnisse einleiteten und schließlich auch entscheidend dazu beitrugen, 1969 den Wechsel zur sozial-liberalen Koalition herbeizuführen. Was auch und vor allem heißt: Sie seien es gewesen, welche die Selbstzufriedenheit und Enge aufgebrochen haben, die bis dahin die Bundesrepublik bestimmt hätten. Vor allem die frühen sechziger Jahre werden so zur Kontrastfigur einer emphatischen Vorstellung der 68er-Revolte. Nach ihr sei diese eine Art zweite Geburt, eine neue Stunde Null dieser Republik gewesen.

Freilich hat diese neue Stunde Null den gleichen Nachteil wie die erste, legendäre, für die das Jahr 1945 steht: Es hat sie, sieht man nur etwas genauer hin, so nicht gegeben. Gewiß hat kein Ereignis vorher und nachher Gefühl und Phantasie so durchgeschüttelt, Politik, Publizistik und Wissenschaft so ausdauernd beschäftigt wie diese Aufkündigung bisheriger Übereinstimmungen durch einen Teil einer Generation, und außer Zweifel steht auch, daß 1968 damit den Anstoß für vieles gab. Aber die Stilisierung der Protestbewegung zur großen Zäsur, die das Alte vom Neuen, die Enge vom Aufbruch, das Verkrustete vom Lebendigen trennt, verbiegt die sechziger Jahre. Sie werden zu einem Alptraumland aus Nierentisch-Bürgerlichkeit, Wirtschaftswunder-Öde und autoritärem Konformismus – und eben das waren sie nicht.

Gewiß ist dieses Jahrzehnt auch eine Zeit des Überganges, aber es erschöpft sich nicht darin. Die sechziger Jahre haben eine eigene Physiognomie, und sie stellen innerhalb der Phasen der Geschichte der Bundesrepublik einen ebenso produktiven wie folgenreichen Zeitraum dar. Das gilt durchaus und gerade jenseits der Anstöße, welche die Studentenrebellion zu ihnen beigetragen hat. Denn die Studenten mußten 1968 Politik und Gesellschaft keineswegs aus dem Schlaf von Reform-Unfähigkeit und Unbeweglichkeit wecken – die Bundesrepublik der sechziger Jahre war bereits wach und in Bewegung, als die Studenten begannen, den Aufstand zu proben.

Die sechziger Jahre sind der Zeitraum, in dem nach dem Auslaufen der Gründungsperiode der Bundesrepublik und der Erschöpfung der produktiven Energien der Ära Adenauer der große Umbau der politischen und gesellschaftlichen Verhältnisse einsetzt und Gestalt annimmt, der zumindest bis zum Ende der siebziger Jahre unsere Wirklichkeit zum guten Teil bestimmt hat. Sie sind die Zeit, in der eine „zweite formative Phase" (Richard Löwenthal) in der bundesrepublikanischen Nachkriegsgeschichte wirksam wird. Das bedeutet zum einen, daß die Bundesrepublik den Maßstäben, Bedingungen und Konstellationen entwächst, die sie in den Nachkriegsjahren und den fünfziger Jahren geformt haben. Aber in den sechziger Jahren gibt eben nicht nur das Stützgewebe der unmittelbaren Nachkriegs-Existenz der Deutschen nach, nämlich die äußeren und inneren Zwänge, in denen sie als Demokraten und Kinder des Wirtschaftswunders wieder zu sich selbst gekommen waren – Kalter Krieg und Schatten des Zusammenbruchs, Wiederaufbau und Einbruch der Modernität. In diesen Jahren beginnt auch – und das ist der andere Aspekt, der diesem Jahrzehnt sein Gesicht gibt – die gewollte und schon in Gang gesetzte Veränderung der Bundesrepublik Politik und Gesellschaft zu beschäftigen.

Es ist schon merkwürdig und am Ende nur mit dem Schock erklärbar, den die Protestbewegung im kollektiven Bewußtsein hinterlassen hat, daß die Erinnerung daran mühsam zurückgeholt werden muß – gegen das Bild, zu dem dieses Jahrzehnt inzwischen geronnen ist. Ein Fanfarensatz wie der, daß die „Aufgaben der Bildung und Forschung" für die Gegenwart „den gleichen Rang besitzen wie die soziale Frage für das 19. Jahrhundert", klingt in unseren Ohren wie die Programm-Erklärung eines sozial-liberalen Ministers, dem die aufbegehrenden Studenten endlich beigebracht haben, was die Stunde geschlagen hat. Er stammt aber aus der ersten Regierungserklärung Ludwig Erhards, abgegeben 1963. Den „Zwang zur Modernisierung", dem sich auch die „Strukturen und Institutionen des Staates nicht entziehen" dürfen, hat weder Willi Brandt als Bundeskanzler noch einer der Modernisierungs-Apostel in den siebziger Jahren beschworen, sondern Kurt Georg Kiesinger in eben jenem Jahr 1968, in dem er, von heute aus gesehen, gleichsam von Amts wegen die Galionsfigur des selbstgenügsamen Establishments darstellte. Und was die Große Koalition angeht, die inzwischen durchweg als Auffangstellung einer ratlos gewordenen Politik gilt, so ist sie ziemlich das Gegenteil davon gewesen: nämlich eine der folgenreichsten Erneuerungsperioden, die es in der Bundesrepublik gegeben hat.

Selbst die Bildungspolitik, gemeinhin das Paradeexempel für die behauptete Erneuerungs-Wirkung der Studentenrevolte, belegt, bei Licht besehen, eher das Gegenteil. Denn sie geriet in Bewegung lange bevor die 68er auf die Straßen gingen: 1964 schrieb Georg Picht seine aufsehenerregende Studie über „Die deutsche Bildungskatastrophe", 1965 Ralf Dahrendorf sein Plädoyer für „Bildung als Bürgerrecht"; in die gleichen Jahre fielen die Freiburger Aktion „Bildung aufs Land", der Beginn der Bildungs- und Hochschulentwicklungsplanung in Baden-Württemberg, die Gründung des Bildungsrates. Aber es wurde nicht nur gefordert und geplant. Der Schwerpunkt der Hochschul-Neugründungen, die die Zahl der Universitäten in der Bundesrepublik in einem Jahrzehnt um rund ein Viertel zunehmen läßt, liegt bereits in der erste Hälfte der sechziger Jahre. Von der Mitte dieses Jahrzehnts an steigen die Übergangsquoten auf die Gymnasien rapide an, überholen die Steigerungsraten der Bildungsetats das Wachstum der öffentlichen Ausgaben, setzt die stürmische Vermehrung der Studenten und des Personals an den Hochschulen ein.

Gewiß hat die Studentenbewegung gerade im Bildungswesen tiefgehende Wirkungen gehabt, im Institutionellen wie, vor allem, im Klimatischen. Sie mag auch dazu beigetragen haben, viele Entwicklungen dringlicher zu machen und Widerstände auszuräumen. Doch kann keine Rede davon sein, daß die Reform des Bildungswesens die Antwort auf die Studentenbewegung gewesen sei. Eher ergibt der aufmerksamere Rückblick den Eindruck, daß die wesentlichen Veränderungen im Bildungswesen jenseits ihrer Forderungen, ihres Einflusses und wohl auch ihres Interesses stattgefunden haben.

Es gehört dazu, daß die Bildungsreform kein singulärer Vorgang ist, sondern im Kontext anderer Veränderungen steht, die sich dem auf die 68er-Revolte fixierten Blick erst recht entzogen haben. Stichworte müssen hier genügen: In der Wirtschafts- und Finanzpolitik wird in diesem Jahrzehnt das Instrumentarium für eine neue Haushalts- und Finanzpolitik geschaffen. Das beginnt mit der Erarbeitung von Jahreswirtschaftsberichten und der Berufung des Sachverständigenrates für Wirtschaftsfragen Anfang der sechziger Jahre. Es kumuliert im Stabilitäts- und Wachstumsgesetz, der mittelfristigen Finanzplanung, der Haushaltsreform und der Großen Finanzreform, alle zwischen 1967 und 1969 verabschiedet. Die meisten der Begriffe, mit denen wir in der Wirtschafts- und Finanzpolitik seither hantieren, gibt es erst seitdem.

In der Sozialpolitik vollzieht sich der Wandel von der traditionellen, immer noch fürsorgerisch angehauchten Sozialpolitik zu einer Politik, die sich ausdrücklich als Gesellschaftspolitik begreift. In der Rechtspolitik wird die seit den zwanziger Jahren geforderte, immer nur schrittweise vorangebrachte Strafrechtsreform verwirklicht. Die Raumordnung wird – mit dem Raumordnungsgesetz von 1965 und den gegen Ende der sechziger Jahre Gestalt gewinnenden Landesplanungsgesetzen – überhaupt erst zu einem ernstgenommenen Gegenstand der Politik. Mit Diskussionen, Entwürfen und ersten Maßnahmen beginnt schließlich die Reform des Politikmachens selber: der Versuch, Politik nicht nur reaktiv, sondern aktiv und gestaltend zu betreiben – auf der Ebene der Regierungen, auf der die Überzeugung wächst, daß es notwendig sei, die politische Maschinerie umzukonstruieren, ebenso wie auf der der Verwaltung.

Das alles mag zum Teil auch die Reaktion auf krisenhafte Erscheinungen gewesen sein, die teils – wie die „Bildungskatastrophe" – nur erwartet, teils – wie die Rezession 1966/67 – tatsächlich eingetreten waren. Aber man wird den in den sechziger Jahren konzipierten und bereits exekutierten Veränderungen nicht gerecht, wenn man sie lediglich als Reparaturen einer in Schwierigkeiten geratenen Staatsapparatur begreift. In ihnen ist über alle korrigierenden und reparierenden Ansätze hinaus ein politisch-moralischer Überschuß enthalten. Er wird getragen von der Überzeugung, daß Staat und Gesellschaft verändert werden können und – mit dem Ziel einer Modernisierung beider, aber auch eines Zuwachses an Liberalisierung und sozialem Ausgleich – verändert werden müssen. Schon den Regierungserklärungen Ludwig Erhards von 1963 und 1965 ist abzulesen, daß der gesellschaftliche Wandel als Herausforderung für die Politik zumindest wahrgenommen wurde. Erst recht gilt das für die Große Koalition.

Diese Bewegung in den sechziger Jahren ist denn auch keineswegs mit der Charakterisierung abzutun, es handele sich bei ihr lediglich um „technokratische" Reformen, die nur den Status quo funktionsfähig halten sollten. Gewiß mag sich das im Rückblick vielfach so ausnehmen, und es kann auch gar nicht bezweifelt werden, daß ein guter Teil der Reformen, die in den sechziger Jahren verwirklicht wurden, so konzipiert worden ist. Aber nicht nur mit den Veränderungen der Richtpunkte, Maßstäbe und Themen der Politik, die sie bewirkten, reichten die damals vollzogenen Reformen über die Sicherung des Bewährten hinaus. Sie waren auch der Ausdruck eines sich in den sechziger Jahren zunehmend spürbar machenden und zum politischen Faktor werdenden Wandels des öffentlichen Klimas.

Tatsächlich ist ja die Öffentlichkeit auch vor dem Ausbrechen der Protestbewegung keineswegs der stille, mit der Entengrütze der Selbstzufriedenheit bewachsene Teich gewesen, als der sie seither zumeist gesehen wird. Seit dem Beginn der sechziger Jahre geriet sie vielmehr in Bewegung, und es ist dieser Wandel, aus dem die politischen Veränderungen der sechziger Jahre am Ende erwachsen. Er bereitet den

Boden und eröffnet den Problemhorizont, auf dem und in bezug auf den der Umbau der politischen Szene überhaupt erst vorstellbar, dann aber auch zwingend wird. Dafür steht die wachsende Schärfe der intellektuellen Kritik, nun fast epidemisch als taschenbuch-gebundener Anspruch von Schriftstellern und Publizisten auftretend, ihr Wort zu den öffentlichen Angelegenheiten zu sagen. Das gleiche gilt für die Debatten, die damals fallwindartig in die deutsche Bildungsschicht einbrechen – sei es veranlaßt durch Rolf Hochhuths Stück „Der Stellvertreter" mit seiner Kritik an Pius XII., sei es ausgelöst durch die herausfordernde neue Deutung des Ausbruchs des Ersten Weltkriegs, die der Hamburger Historiker Fritz Fischer in seinem Buch „Griff nach der Weltmacht" vornahm. Denn diese Debatten reichten, erbittert geführt, voller nur zum Teil an die verhandelten Sachen gebundener Untertöne, weit über ihre Anlässe hinaus. Was sich als Streit über die Rolle des Papstes oder die deutsche Kriegsschuld gab, rüttelte in Wahrheit an den Schlußsteinen des damaligen, in den fünfziger Jahren so überraschend bald konsolidierten westdeutschen Selbstverständnisses.

Aber diesen Wandel bezeugt zumindest ebenso nachhaltig eine Äußerung wie das „Tübinger Memorandum", mit dem acht protestantische Professoren und Intellektuelle nach der Bundestagswahl 1961 an die Öffentlichkeit traten, um die Aufmerksamkeit auf drohende Gefahren in der Außenpolitik und im politischen Innenleben der Bundesrepublik zu richten. Möglicherweise ist der Stellenwert dieses Nachdenk-Anstoßes noch höher zu bewerten als jener der Kritik an „Deutschland, dem großen Konsumverein" (Horst Krüger), die bald zum intellektuellen Klischee erstarrt. Denn ihre Verfasser waren keine Außenseiter, sondern Repräsentanten des wissenschaftlichen und kulturellen Establishments der Nachkriegszeit. Mit ihrer Akzentuierung der Probleme der Außen- und vor allem der Ostpolitik standen sie ganz in der Fluchtlinie der Diskussion über die Rolle der Bundesrepublik innerhalb der damals beginnenden Neuorientierung im Ost-West-Verhältnis. Aber zugleich wiesen sie auf die heraufziehenden innenpolitischen Herausforderungen hin und markierten Sozial- und Bildungspolitik als entscheidende Politikbereiche. Die Verfasser dieser Denkschrift spielten jedenfalls seitdem, jeder für sich und alle zusammen – der Philosoph und Physiker Carl Friedrich von Weizsäcker wie der Jurist Ludwig Raiser, der Kulturphilosoph Georg Picht wie der damalige WDR-Intendant Klaus von Bismarck – eine wichtige Rolle in dem Prozeß einer zunehmenden Öffnung der politischen Diskussion.

Solche Öffnung gewinnt in den sechziger Jahren zunehmend in der Öffentlichkeit an Raum. Ein spektakuläres Ereignis wie die Spiegel-Affäre im Jahre 1962 macht bereits wie in einem Wolkenloch sichtbar, wie sehr unter der noch ziemlich geschlossenen Decke der Adenauer-Ära die politische Landschaft in Bewegung und – auch dies schon – verkantet ist. Die Begeisterung, mit der vor allem die junge Generation die Gestalt des amerikanischen Präsidenten Kennedy erlebt – zumal bei seinem Besuch in der Bundesrepublik 1963 –, signalisiert die Sehnsüchte, die sich in der Gesellschaft angesammelt haben. Unübersehbar ist, daß von den Rändern des politischen Feldes nun ein zunehmend und intensiver werdendes Interesse an den öffentlichen Angelegenheiten auf die Politik einzuwirken, zu drängen und zu drükken beginnt. Mitte der sechziger Jahre ist diese Veränderung des öffentlichen Klimas bereits ein politischer Faktor. Und ganz offenkundig ist, in welche Richtung sie geht. Man kann es zum Beispiel daran ablesen, wie unterschiedlich sich die Auflagen bei den Wochenzeitungen entwickeln. 1962 liegen die Hamburger „Zeit" und das Stuttgarter Blatt „Christ und Welt" mit rund 140 000 Auflage noch gleichauf. Bis zum Ende des Jahrzehnts wächst die dezidiert liberale, allem Neuen aufgeschlossene „Zeit" auf rund das Doppelte, „Christ und Welt" jedoch, eher konservativ und gegenüber dem Zeitgeist skeptisch, stagniert.

Selbst die Politiker entsprachen in diesem Jahrzehnt zunehmend nicht mehr so ganz dem Ruf, der ihnen anhing. Gewiß standen in der ersten Reihe noch die Repräsentanten von Nachkriegszeit und fünfziger Jahren, die Erhard, Barzel, Mende, und es ist wahr, daß viele Vertreter der politischen Führungsschicht damals den etwas wilhelminisch anmutenden, aus den Wirtschaftswunderzeiten herausgewachsenen Wir-sind-wieder-wer-Stolz ausstrahlten, an dem sich gerade die Studenten rieben. Aber dahinter ist der Wechsel der Generationen schon im Gange, und in diesen Jahren ist er auch ein Wechsel des politischen Typs. Am auffälligsten ist das bei der SPD. Denn nun rücken die politisch interessierten Söhne aus den bürgerlichen Häusern auf die vorderen Ränge der Partei, die sich durch das Godesberger Programm gegenüber der Nachkriegs-Gesellschaft geöffnet hat. Spätestens in der zweiten Hälfte der sechziger Jahre verändert sich dementsprechend ihr Gesicht. Doch auch das Profil der Union verschiebt sich. An die Stelle honoratiorenhafter Politiker treten zunehmend jüngere, beweglichere Kräfte – etwa Heiner Geissler, der langjährige CDU-Generalsekretär, der spätere rheinland-pfälzische Ministerpräsident Bernhard Vogel oder Manfred Wörner, der erste Verteidigungsminister im Kabinett Kohl. Sie alle gelangen bei der Bundestagswahl 1965, im Zuge eines großen Verjüngungsschubes der CDU/CSU-Fraktion, in den Bundestag.

Man wird diesen Jahren in der Tat nicht gerecht, wenn man sie mit dem Etikett der Unbeweglichkeit versieht und nicht die „gereizte Stimmung", das „fiebrige, auf Veränderung drängende Meinungsklima" ins Bild dieser Jahre einfügt, auf das damals, wie Elisabeth Noelle-Neumann berichtet hat, die Demoskopen stießen. Erst recht kommt man ihnen nicht auf die Spur, wenn man sich nicht vergegenwärtigt, wie sehr die damals einsetzenden Debatten die Kraft- und Orientierungslinien des öffentlichen Bewußtseins verschoben haben. Schließlich ist offenkundig, daß die politische Sensibilisierung in diesen Jahren auch im Kontext der Lockerung der Verhaltensnormen und der Erweiterung des Ausdrucks- und Wahrnehmungsvermögens steht, die in den sechziger Jahren beginnen. Gewiß hat gerade die Veränderung der Normen und der Wertungen in der Studentenrevolte ihren expressiven und exzessiven Höhepunkt gehabt. Aber auch diese Kulturrevolution hatte sich nicht gegen die unverändert bewahrenden fünfziger Jahre durchzusetzen. Der Abschied von diesem Jahrzehnt mit seinem betont bürgerlichen Konformismus, seinen Verengungen und Verdrängungen beginnt bereits früher – auch gerade auf der Ebene des Lebensgefühls, dem bislang Tabuisiertes zugemutet wurde, von der Darstellung praktizierter

Sexualität in Ingmar Bergmanns Film „Das Schweigen" über die Musik der Beatles bis zum Minirock.

Diese politisch-sensitive Bewegung, die erst mehr untergründig, dann immer unübersehbarer das Gesicht der sechziger Jahre bestimmt, spart im übrigen auch die grundsätzlichen Dimensionen des Problems der deutschen Existenz nach dem Zweiten Weltkrieg nicht aus. Im Gegenteil, zu den Problemfeldern, die für die langsame Intensivierung des politischen Bewußtseins die Rolle eines Katalysators und entscheidenden Anstoßgebers spielen, gehört – neben dem Vietnam-Krieg – gerade das Verhältnis zur nationalsozialistischen Vergangenheit. Jetzt erst bricht diese Vergangenheit in Gestalt der großen NS-Prozesse, zumal des Frankfurter Auschwitz-Prozesses mit seiner Öffentlichkeitswirkung, aufwühlend und frontenaufreißend in die Gegenwart der Bundesrepublik ein. Jetzt erst gewinnt die Auseinandersetzung mit dem Dritten Reich beispielsweise durch universitäre Vortrags-Veranstaltungen in der nachwachsenden, vom Nationalsozialismus nicht mehr gestreiften Generation eine aufsehenerregende Breitenwirkung.

Nun wird aber auch sehr viel nachdrücklicher als in den Jahren zuvor die Frage zum Problem, was denn die Bundesrepublik sei. Sie drückt sich zum einen aus in den betont reservierten Diagnosen, die der Bundesrepublik gestellt werden; sie gelten einem in wesentlichen Bereichen defizienten Gemeinwesen, einer Wirtschaftsgesellschaft „ohne politische Kultur, auch ohne eigentlich soziale Kultur" (Johannes Gross). Und sie äußert sich zum anderen in den neu entflammenden deutschlandpolitischen Disputen. Sie relativieren die traditionelle Wiedervereinigungs-Diskussion zunehmend, nähern sich statt dessen vorsichtig der Erörterung eines praktikablen Verhältnisses zur DDR und landen schließlich bei der Frage nach dem Selbstverständnis der Bundesrepublik. Angesichts der „unbestimmten Identität" der Bundesrepublik stünden ihre Bürger vor der Aufgabe, „heute die Bestimmung der Existenz der Bundesrepublik nachholen [zu] müssen, die wir zwanzig Jahre verschoben haben". So formulierte es der Soziologe M. Rainer Lepsius, und der Politikwissenschaftler Waldemar Besson konstatierte, zur Debatte stehe „das Bedürfnis nach neuer nationaler Identität". „Wie es befriedigt werden kann", so Besson weiter, „ist offenbar heute die deutsche Frage".

Daß die Ost- und Deutschlandpolitik in den sechziger Jahren zu jenem geschürzten Knoten der politischen Auseinandersetzung wird, dessen Lösung, je länger, desto mehr, kaum noch aufschiebbar erscheint, hat mit diesen Diskussionen zu tun. Aber das ist es nicht allein, was sie zu einem der entscheidenden Gegenstände der politischen Diskussion macht. Die Anstrengung, sich über die Rolle der Bundesrepublik im west-östlichen Kräftefeld und über ihr Verhältnis zur DDR klarzuwerden, ist auch ein Teil des Bemühens, die Bundesrepublik zu erneuern, sie politisch in Form zu bringen und in der Zustimmung ihrer Bürger zu verankern. Es ist diese innenpolitische Seite der Ost- und Deutschlandpolitik, die sie in die Lage versetzt, in diesem Jahrzehnt zur Drehscheibe für die Veränderung der politischen Konfiguration, für Rollen- und Koalitionswechsel zu werden.

Natürlich wäre es aber ganz unsinnig, die sechziger Jahre zu idealisieren. Es gibt ja gute Gründe dafür, daß die Umbrüche, die sich in ihnen vollziehen, zumeist auch einen Abschied von den fünfziger Jahren bedeuten. Und was die Veränderungen in den Einstellungen und im Lebensgefühl angeht, so gewinnen sie ihre Gestalt in erster Linie aus dieser Abwendung von dem ersten Jahrzehnt der Bundesrepublik. Sie leben von dem In-Distance-Gehen zu dem selbstgenügsamen Konformismus, zu der Milieu-Gebundenheit und den honoratiorenhaften Zügen, die damals die Politik bestimmten. Das alles ist ja in den sechziger Jahren noch Gegenwart. Aber es ist abziehende Gegenwart, vielfach schon zurückgedrängt, in seinem Anspruch erschüttert und in seiner Verbindlichkeit schon aufgelöst.

Die Dinge so zu sehen, bedeutet im übrigen auch nicht, die Rolle zu leugnen, die die Protestbewegung in der Umbruchsituation der sechziger Jahre gespielt hat. Das wäre aberwitzig, denn sie ist unübersehbar. Allerdings legt der Blick, der dieses Jahrzehnt in seiner Gänze ins Auge faßt, nämlich: einschließlich der von ihm bewirkten Modernisierung und der liberalen Möglichkeiten, die es freilegt, die Frage nahe, *welches* denn eigentlich die Rolle der Studentenrevolte gewesen ist.

War die 68er-Bewegung wirklich der Anstoß der Reformpolitik oder eher eines ihrer Ergebnisse? Geht von ihr aus, was an unserer Zeit Veränderung, Emanzipation und neues Selbstgefühl ist? Oder hatte sie zumindest ein Janus-Gesicht, das zugleich nach vorn und ins Abseits sah, zugleich Beschleunigung und Menetekel, Reform und Reaktion, Revolution und Gegenrevolution bedeutete? War sie gar – wie viele der Rückblicke suggerieren, die ihr gewidmet wurden – der eigentliche Höhepunkt aller der kleinen Emanzipationen und Lockerungen, die in den sechziger Jahren spürbar waren – von der Musik der Beatles bis zur Durchsetzung der Jeans als Alltagskleidung? Oder bedeutet sie vielmehr ein Entgleisen der Entwicklungen in diesem Jahrzehnt – ein protuberanzenhaftes Ereignis, halb schon wieder kontraproduktiv, in den erregten Randzonen dieser Jahre?

Kurz: Die Frage ist, wie sich das studentische Aufbegehren zu den reformerischen Bewegungen in den sechziger Jahren verhält. Und da kann natürlich gar kein Zweifel daran sein, daß die Protestbewegung in ihren Anfängen und Ansätzen Stoff vom Stoff der Öffnung und der Lockerung ist, die sich damals ereigneten. Die intellektuellen Protagonisten dieser Veränderung, die Professoren und Publizisten von, sagen wir, Ralf Dahrendorf bis zu Hartmut von Hentig, von Rudolf Augstein bis zu Eugen Kogon, waren ja zunächst auch ihre Götter. Sieht man von heute aus auf die Protestbewegung zurück, über die Radikalisierung hinweg, in die sie geführt hat, so ist man ohnedies davon überrascht, wie sehr die Revolte in ihren Anfängen in den bürgerlich-intellektuellen Zuschnitt der frühen Reformjahre hineinpaßt.

Da sitzen, auf den Photos bewahrt, unverkennbar junge Leute aus gutem Hause, mit hellen Hemden, kurzen Haaren, gar Krawatte. Das sind noch nicht die Kinder von Karl Marx und Coca Cola, als die sie später etikettiert wurden; es sind vielmehr die Kinder der politischen Bildung und der Überflußgesellschaft, die nun beim Wort nehmen wollen, was man ihnen gelehrt hat, und überzeugt davon sind, daß alles möglich ist. Noch die ersten großen Debatten in der Hörsälen der Freien Universität Berlin, in Frankfurt oder Heidelberg waren ja weithin beherrscht von den Auseinandersetzungen, die der kritischere Teil der Öffentlichkeit damals überall führte: über die Notwendigkeit der Universitätsformen, die Große Koalition, den Zustand der Demokratie in der Bundesrepublik, das Verhältnis zum Dritten Reich.

Aber auf der anderen Seite liegt auf der Hand, daß sich die Protestbewegung bald, in Theorie und Praxis, aus diesem Zusammenhang herauskatapultiert hat. Sie hat den Gedanken reformerischer Veränderung in eine kurze, steile und schließlich nachgerade selbstzerstörerische Bahn hineingejagt. Sie hat ihn in einer Weise totalisiert und doktriniert, daß er am Ende keine Ähnlichkeit mehr mit sich selber hatte, sondern zur Konventikel-Ideologie und zum pseudorevolutionären Gehabe wurde. Der Reform entliefen ihre Kinder, um sie, je länger, desto mehr, zu diskreditieren – und zwar, das muß hinzugefügt werden, nicht nur wider besseres Wissen, sondern auch mit Vorsatz. Der Reform-Gedanke schlägt um in ein Revolutions-Postulat, das Engagement für mehr Politik in eine mehr oder minder totale Politisierung – die mit der Verweigerung gegenüber den möglichen Formen der politischen Praxis einhergeht –, die Forderung nach mehr Demokratie in eine Demokratisierungs-Ideologie, welche Idee und Praxis der repräsentativen Demokratie ad absurdum führt.

Man kann schließlich nicht ganz daran vorbeisehen – auch nicht im Abstand von gut zwei Jahrzehnten, die viele Wunden geheilt haben und zum harmonisierenden Erinnern einladen –, daß die studentische Protestbewegung nicht nur einen ungestümen Emanzipationsschub, Entkrampfung in allen Lebenslagen und jenes neue, sensitive Selbstgefühl hervorgebracht hat, das dann in den siebziger Jahren ein Ferment für die Entstehung der sogenannten neuen sozialen Bewegungen gebildet hat. Gewiß sind die Konsequenzen, die diese Bewegung in bezug auf die Wandlung des Lebensstils gehabt hat, am dauerhaftesten gewesen; in gewissem Sinne kann man sagen, daß sie das große Selbsterfahrungs-Experiment einer ganzen Generation war. Aber nicht weniger tief als die Erfahrungen und gewandelten Einstellungen, mit denen sich die Protestbewegung in das Bewußtsein vieler junger Menschen eingrub, gingen die Verletzungen, die sie anderen zufügten, reichte die Verbitterung, mit der viele Ältere – Professoren, Lehrer, Eltern – auf sie reagierten. Die 68er-Revolte hat eben auch einer fatalen Re-Ideologisierung den Weg bereitet – bei ihren Parteigängern wie, in der Reaktion darauf, bei ihren Gegnern –, und sie hat politisch, intellektuell und menschlich in zahlreiche Sackgassen geführt, von den unterschiedlichen kommunistischen Kader-Gruppen bis hin zum Terrorismus. Daß sie die Vision eines unverkürzten, freieren und selbstbewußteren Lebens in das Bewußtsein vieler junger Menschen eingesenkt und mit dieser Veränderung in ihren Biographien weiter gewirkt hat, ist nur die eine Seite der Protestbewegung; die andere, nicht weniger tiefreichende besteht in den Verstörungen und Verletzungen, die sie hinterließ.

Insofern führte die Studentenrebellion auch dazu, daß sich Positionen und Überzeugungen verhärteten, und zwar nicht nur in den selbstzufriedenen Zonen der Gesellschaft, sondern auch – und nicht zuletzt – an ihren aufgeschlossenen Rändern. Es ist kein Zufall, daß viele der hartnäckigsten Kritiker der Protestbewegung und ihrer Folgen zu jenen gehört haben, die sich in den sechziger Jahren für Reformen einsetzten. Gerade sie wurden zur bevorzugten Zielscheibe für die rebellierenden Studenten; sie traf dieses Aufbegehren aber auch an einer besonders empfindlichen Stelle, nämlich der ihrer eigenen Hoffnungen und Erwartungen. Neben den Protest-Geprägten haben die Protest-Geschädigten über Jahre hinweg eine der unsichtbaren, aber keineswegs unwirksamen Parteien im öffentlichen Leben der Bundesrepublik gebildet. Vielleicht ist es diese eigentümliche, antreibend-blockierende Querlage der 68er-Bewegung zu den Tendenzen der Modernisierung und der Öffnung in den sechziger Jahren, die den historischen Ort dieses dramatischen Ereignisses am ehesten angeben könnte.

Freilich wird gerade dieser schwierige Charakter der 68er-Bewegung – halb Treibsatz, halb Rohrkrepierer – verdeckt, wenn sie zum großen Anfang, zum Urknall so ziemlich aller tiefergehenden Veränderungen in den späten sechziger und den siebziger Jahren bis hinein in die Gegenwart stilisiert wird. Es ist richtig, daß viele der Akteure von damals sie so erlebt haben, und für nicht wenige auf der politischen Linken ist diese Deutung inzwischen zu einer Art Ursprungsmythos geworden, mit dem sie sich und ihr Bild der Bundesrepublik rechtfertigen. Lange galt übrigens das gleiche für die andere, rechte Seite des politischen Spektrums, nur eben mit umgekehrten Vorzeichen. Da war dann die Protestbewegung der Anfang allen Übels, und was ihre Parteigänger als Zeit des Immobilismus beklagten, erschien den Kritikern dieses Aufbegehrens als die Ära, in der die Dinge noch in Ordnung waren.

Die sechziger Jahre, die im öffentlichen Urteil unter dem Verdacht der Stagnation, der satten Zufriedenheit und der geistigen Verkrustung stehen, erweisen sich also bei genauerem Hinsehen als eine Zeit des Aufbruchs, in erster Linie unter dem Zeichen der Modernisierung. Sie sind darüber hinaus eine Zeit spürbar werdender Widersprüche. Denn zugleich werden in der Protestbewegung die Grenzen dieser Modernisierung deutlich, brechen ihre problematischen Seiten auf. Insofern weisen in der Tat auch die Fluchtlinien der radikalen, auf In-Frage-Stellung der Institutionen und neue Lebensformen gerichteten Herausforderungen auf sie zurück, die in den siebziger und achtziger Jahren Politik und Gesellschaft in der Bundesrepublik zunehmend beschäftigten.

Am deutlichsten ist das sichtbar an der Großen Koalition, und zwar nicht nur in den politischen Prozessen, die in diesen zweieinhalb Jahren, zwischen 1966 und 1969, ablaufen, sondern auch in der Art und Weise, in der sie wahrgenommen wurde – und wird. Es ist ja kein Zufall, daß diese Periode, kaum daß sie zu Ende gegangen war, einem fast vollständigen Vergessen anheimfiel und fast nur noch als Schauplatz der Debatten um die Notstandsgesetze in Erinnerung blieb; erst sehr viel später hat sie zumindest ansatzweise eine gewisse Rehabilitierung gefunden. Aber der beklemmende Eindruck einer herausfordernden Widersprüchlichkeit ist älter; er gehört zu dieser Zwischenphase der bundesrepublikanischen Politik selbst. Während sich der exorbitante Ausbau des Bildungswesens vollzieht, skandieren die Studenten „In der Rüstung sind sie fix/Für die Bildung tun sie nix" – und es ist der Eindruck, der sich als feste, durch keinen Hochschulneubau und keine Steigerungsrate der einschlägigen Etats zu gefährdende Überzeugung im öffentlichen Bewußtsein festsetzt, daß es um die Bildung miserabel stehe. Zur gleichen Zeit, da der Bundestag wichtige reformerische Gesetze beschließt, steigert sich die öffentliche Debatte in ein Gefühl hinein, das zwischen Zerknirschung und euphorischem Reformverlangen hin- und herpendelt und den Anstoß künftiger Politik eher in dem Aufbegehren der Studenten sieht als in dem, was in den Parteien, Parlamenten und sonstigen Gremien debattiert wird. Und es ist ja auch wahr, daß gerade diese Koalition, die Staat und Gesellschaft auf das Niveau der Forderungen des Tages gebracht hat, in der Gefahr war – wie der damalige SPD-Vorsitzende Brandt, zugleich Vizekanzler der Koalition, resümierte –, „für die Neigung zur Staatsverdrossenheit und Staatsverneinung eine Art Schwungrad zu werden".

Wenn man in der 68er-Revolte eine Wurzel für die Spannung zwischen „alter" und „neuer" Politik erkennt, die die Diskussion seit dem Ende der siebziger Jahre mitbestimmt hat, dann ist gerade auch die Problematik dieser Unterscheidung damals vorgezeichnet – nämlich in dem Verhältnis zwischen jener langfristigen Politik der Modernisierung sowie der Öffnung, welche die sechziger Jahre in ihrer Gänze charakterisiert, und dem Ausbruch der 68er-Revolte. Tatsächlich vollzieht sich ja damals fast so etwas wie eine Spaltung des politischen Feldes. Während die praktisch exekutierte Politik absinkt ins Halbdunkel jener Beschlüsse und Prozeduren, die das Leben und Überleben des Gemeinwesens sichern, gewinnt auf der anderen Seite eine „symbolische" Politik an Bedeutung, die kaum noch Beziehung zur praktisch möglichen und zu verwirklichenden Politik hat. Vielleicht ist dieses Auseinanderfallen beider Dimensionen das folgenreichste Erbe der sechziger Jahre.

Literatur

Bracher, Karl Dietrich/Jäger, Wolfgang/Link, Werner, Republik im Wandel 1969–1974. Die Ära Brandt, Stuttgart/Wiesbaden 1986.
Fenner, Christian, Demokratischer Sozialismus und Sozialdemokratie. Realität und Rhetorik der Sozialismusdiskussion in Deutschland, Frankfurt a. M. 1977.
Hartwich, Hans-Hermann, Sozialstaatspostulat und Reformpolitik, in: Politik und Wirtschaft. Festschrift für Gert von Eynern, Opladen 1977, S. 137–155.
Hildebrand, Klaus, Von Erhard zur Großen Koalition 1963–1969, Stuttgart/Wiesbaden 1984.
Korte, Hermann, Eine Gesellschaft im Aufbruch. Die Bundesrepublik in den sechziger Jahren, Frankfurt a. M. 1987.
Löwenthal, Richard/Schwarz, Hans-Peter (Hrsg.), Die zweite Republik. 25 Jahre Bundesrepublik Deutschland – eine Bilanz, Stuttgart 1974.
Nahamowitz, Peter, Gesetzgebung in den kritischen Systemjahren 1967–69. Eine Rekonstruktion spätkapitalistischen Staatshandelns, Frankfurt a. M./New York 1978.
Rudolph, Hermann, Die Herausforderung der Politik. Innenansichten der Bundesrepublik, Stuttgart 1985.

Dieter Simon
Zäsuren im Rechtsdenken

Recht ist materiell nicht vorfindlich, weil es lediglich aus einer Summe normativer Vorstellungen besteht. Die Geschichte des Rechts ist daher als Phänomenologie jener Vorstellungen zu schreiben. Hierfür können die Bilder rekonstruiert werden, welche sich Juristen und andere von den tragenden Prinzipien oder den einzelnen Fugen dieses Ordnungs- und Regelsystems gemacht haben (Geschichte der Rechtstheorie, der Rechtsdogmatik). Nur um den Preis der Enthistorisierung könnte eine solche Ikonographie von der Geschichte der Einrichtungen und Konzepte absehen, mit denen die normativen Entscheidungen der Gemeinschaft durchgesetzt werden sollen (Geschichte der Gerichtsverfassung, der Gesetzgebung, der Rechtsprechung). Zäsuren in den Regelungsvorstellungen und Umorientierungen in der Durchsetzungslogik lassen sich nicht aufeinander abstimmen, da spezifische Bildungs- und Entwicklungsmotive beteiligt sind. Durch die Festsetzung historischer Dezennien werden im folgenden entsprechende Überlappungen und Distanzen kaschiert. Der farblose Ausdruck „Rechtsdenken" soll nicht kognitive Leistungen oder mentale Operationen bezeichnen, sondern die fundamentale Verbundenheit aller auf „Recht" bezogenen Vorstellungen andeuten.

1945–1948: Irrtümer und Illusionen

Wie die meisten Deutschen blickten 1945 auch die Juristen auf die Trümmer ihrer Welt. Was sie sahen, war entmutigend. Der Gesetzgeber zeigte sich als ein auf der Anklagebank sitzender Verbrecher. Die vorhandenen Gesetze waren mit Normen aus staatlich verordneter Willkür durchmengt. Die Rechtsprechung schien gedemütigt, beschmutzt und blutbefleckt. Die Rechtskunde war eben noch eine korrupte Legitimationswissenschaft gewesen. Überall begegnete man Schreibtischtätern und Opportunisten; Makellose waren, wie immer, vorhanden, aber sie waren verstreut, betäubt, erschöpft und allseitig beargwöhnt. In dieser Lage stellten sich den in Praxis und Theorie arbeitenden Juristen zwei Fragen: Warum war dies geschehen? Was war jetzt zu tun?

Auf die erste Frage gab Gustav Radbruch eine ebenso falsche wie verhängnisvolle Antwort. Sie lautete: „Der Positivismus, den wir schlagwortmäßig zusammenfassen können in die Formel ‚Gesetz ist Gesetz' hat die deutsche Rechtswissenschaft und Rechtspflege wehrlos gemacht gegen noch so große Grausamkeit und Willkür, sofern sie nur von den damaligen Machthabern in die Form des Gesetzes gebracht wurden."

Handgreiflich falsch war diese Antwort, weil die Juristen des Dritten Reiches bedauerlicherweise jeglichen Positivismus hatten vermissen lassen. Statt sich entschlossen an die gültigen Gesetze zu klammern, welche doch zunächst überhaupt nicht (und später nur in quantitativ eher geringem Umfang) nationalsozialistisch geprägt waren, hatten sie sich von der ersten Stunde an eifrig bemüht, die überkommenen Rechtsmaterien im neuen „Geist" umzuinterpretieren. In kürzester Zeit wurde durch die Neudefinition der Rechtsbegriffe und eine eilfertige Füllung der Entscheidungsspielräume durch den Rückgriff auf die Prinzipien der aktuellen „Weltanschauung" die gesamte vorhandene Normenmasse nationalsozialistisch infiziert. Die beflissene Selbstverseuchung bedurfte der Nachhilfe durch den Tyrannen nicht. Verhängnisvoll war diese Antwort, weil sie billige Entlastung anbot. Denn, so durfte man interpretieren, der „wehrlose" Jurist hätte sich sicher gewehrt, wenn er nur gekonnt hätte. Aber verbildet durch die falsche Rechtsidee, war er schon nicht in der Lage, den Unrechtsstaat als solchen zu erkennen, und wenn er ihn doch durchschaute, dann fehlte ihm das Rüstzeug, um standzuhalten.

Zwei Faktoren bewirkten, daß diese fatale These allgemein – teilweise sogar bis heute – als hinreichende Erklärung angenommen wurde. Einmal die redliche Figur des demokratischen Radbruch, dessen persönliche Integrität außer Zweifel stand – eine Rarität, die noch dadurch überhöht wurde, daß er sich in der Weimarer Zeit als energischer Positivist bekannt gemacht hatte. Die Selbstanklage eines Untadeligen ließ auch solche verstummen, die unter anderen Umständen vielleicht gefragt hätten, ob hier nicht etwa betroffene Wohlanständigkeit einen Mangel an philosophischer Kraft und analytischer Schärfe verdecke. Zum anderen bestand aber für die meisten nicht der geringste Anlaß, derartige Fragen zu stellen. Wurde doch aus berufenem Munde ein Sündenbock angeboten, an dessen lautstarker Vertreibung sich zu beteiligen lustvoller und karrierefördernder war, als den selbstschädigenden Nachweis zu führen, daß es sich um einen Irrtum handelte.

Damit war auch die Antwort auf die andere Frage, was jetzt zu tun sei, vorentschieden. Jenseits des Positivismus war in der neueren Disziplingeschichte – nachdem man Carl Schmitt und sein „konkretes Ordnungsdenken" bis zum Zitierverbot tabuisiert hatte – nur eine einzige theoretische und methodische Alternative diskutiert worden, an die man sich jetzt erleichtert und hoffnungsvoll erinnerte: Rechtswissenschaft und Rechtsprechung machten sich auf den Rückweg zum Naturrecht. Die Bahn war schnell geglättet. Helmut Coing hatte schon in der Kriegsgefangenschaft mit einer Niederschrift begonnen und ließ 1947 „Die obersten Grundsätze des Rechts. Ein Versuch zur Neugründung des Naturrechts" erscheinen. Fritz von Hippel warnte vor einem „juristischen Nihilismus" (1946) und suchte „elementare Rechtssätze" (1947). Radbruch versah seine Vorlesung über Rechtsphilosophie im „Lektionskatalog" (1947) mit dem Nebentitel „Naturrecht". Und die Süddeutsche Juristenzeitung veröffentlichte bereits in ihrem ersten Jahrgang (1946) mehrere Entscheidungen, in denen wiedereingesetzte Gerichte die vormals legalen Denunziationen, Enteignungen und Hinrichtungen als Naturrechtsverstöße qualifiziert hatten.

Damit waren die Ausgangsbedingungen festgelegt: keine revolutionäre Stimmung, keine Aufbruchsvisionen, keine Gerechtigkeitsgesänge. Anders als unter den Politikwissenschaftlern gab es bei den Juristen auch keine „Stunde Null", keine umfassende Neuorientierung. Statt dessen: Ruhebedürfnisse, Vergessenswünsche, Reparaturgesinnung – die bewährten Juristenrezepte für unangenehme Zeiten. „Ruhe und Ordnung" für alle, „Rechtssicherheit" mit Hilfe des vorhandenen Personals. Die Zumutung, den Feind vom Vortage als guten Gesetzgeber, fairen Richter, demokratiegeübten Besserwisser und Umerzieher anzuerkennen, wurde akzeptiert. Die Vorschriften, welche „nationalsozialistisches Gedankengut" enthielten, wurden entfernt. Im übrigen unterließ man alles, was den „Wiederaufbau" stören konnte.

1948–1958: Wunderbare Reinigung und friedvoller Aufbau

1955 erschien ein Buch von Fritz von Hippel: „Die Perversion von Rechtsordnungen". Es zeigte, daß Währungsreform und Kalter Krieg die moralische Landschaft schon nachhaltig geprägt hatten. Es zeigte auch, daß für die Juristen bereits weitgehend feststand, was erst mehr als 30 Jahre später im „Historikerstreit" zum Angelpunkt der Kontroverse wurde: die deutsche Vergangenheit war keine besondere mehr. Die eben erst untergegangene „Perversion" war nur eine von vielen. Als „Rechtverkehrung" erschien sie als ein „Dauerproblem irdischer Existenz", über dessen Erscheinungsweise sich Zitate von Sophokles bis Rabindranath Tagore sammeln und betrachten ließen. Es hatte uns, „um es mit Goethe auszudrücken, das Gefühl der *Aufgeregten* für den Augenblick wenigstens verlassen".

Man war also wieder eingerichtet. Die Wiedergutmachung lief und beruhigte das Gewissen. Das gelang um so besser, als der Anblick der Opfer den Tätern überwiegend erspart blieb. Denn die zur „Gutmachung" ernannten Zahlungen konzentrierten sich auf die nicht mehr vorhandenen, weil ermordeten Juden und „sparten" andere Opfer aus. Diese wurden umdefiniert. Die Kommunisten, deren politische Bewegungsfreiheit auch schon vor dem Verbot der Partei durch das Bundesverfassungsgericht (1956) stark eingeschränkt war, wurden als altneue (Verfassungs-) Feinde etabliert, für deren Verfolgung der Bundesgerichtshof 1956, gestützt auf das Staatsschutzgesetz von 1951, es genügen ließ, wenn sich ihre feindseligen Tätigkeiten im „Festhalten an Gedankengängen erschöpften, mit denen einer der freiheitlichen Demokratie entgegengesetzten Staatsauffassung gehuldigt wird".

Störende Minoritäten (Homosexuelle, Zigeuner), an deren Existenz man sich weder gewöhnt hatte noch gewöhnen wollte und für deren Eliminierung nicht wenige Hitler klammheimlich dankbar gewesen waren, wurden zu Nichtverfolgten ernannt, indem man behauptete, sie seien als Deviante und Asoziale „lediglich" kriminalpräventiven Maßnahmen ausgesetzt gewesen. Den Zwangssterilisierten wurde bescheinigt, daß „die Sterilisation nicht etwa eine Verfolgungsmaßnahme war, sondern allein aus erbbiologischen Gründen vorgenommen" worden war. Zahlreiche andere Opfer wurden nicht entschädigt, sondern fielen mit den verschiedensten Begründungen durch die interpretativ ausgeweiteten Maschen des 1953 erlassenen Bundesentschädigungsgesetzes.

Verantwortlich für diesen schändlichen Sachverhalt war in erster Linie die Restauration der alten Richterschaft. Obwohl man es aus der Weimarer Justizgeschichte besser hätte wissen müssen, wurden die meisten Richter nach kurzer Zeit – selbst wenn sie an höchster Stelle oder sogar am Volksgerichtshof tätig gewesen waren – wieder eingestellt, und sie judizierten, wie sie es gelernt hatten. Nicht wenige von ihnen waren noch auf den Kaiser vereidigt worden und wendeten nun unverdrossen die Gesetze von schon „vier Reichen" auf die gern als „Rechtsunterworfene" titulierten Bürger an.

In den Urteilen dieser weißgewaschenen Weißwäscher breitete sich das Naturrecht über alle Rechtsmaterien aus und mutierte allmählich zu einem bigotten Neothomismus. Der Bundesgerichtshof stilisierte sich zum Nachfolger des untergegangenen Reichsgerichts, weil er, ohne die unrühmliche Rolle dieser Behörde im Dritten Reich zu reflektieren, an deren „ausgezeichnete Leistungen" in vorvergangener Zeit anknüpfen wollte. Die Verteidigung der prinzipiellen Unauflöslichkeit der Ehe (1955) und die Entdeckung der Naturwidrigkeit des Verlobtenbeischlafs (1954) waren allerdings keine sehr eindrucksvollen Leistungen des neuerrichteten Obergerichts. Auch die Revision wohlüberlegter Regelungen des nüchternen Formalrechts der Jahrhundertwende, wie etwa die Ablehnung einer Geldentschädigung bei Ehrverletzung, war keine justizielle Großtat – auch wenn sie mit Hilfe eines vom Himmel gezerrten „Persönlichkeitsrechts" erfolgte (1958). Aber sie paßte in eine Rechtslandschaft, in der schon die Möglichkeit, die sparsam und dekorativ entblößte „Sünderin" Hildegard Knef zu sehen, die Staatsanwaltschaft beschäftigte. Den geschicktesten Wurf machte jedoch das 1951 ins Leben gerufene Bundesverfassungsgericht. Es spürte schon in einer seiner ersten Entscheidungen (BVerfGE 1, 14) die „Existenz überpositiven, den Verfassungsgesetzgeber bindenden Rechts" auf und erklärte sich kurzerhand zu dessen Verwalter. Damit schmiedete es sich einen goldenen Schlüssel zur Pforte der Freiheit vom Text der Verfassung, einen Schlüssel, den es begreiflicherweise bis heute nicht mehr aus der Hand gegeben hat.

Auch der juristische Unterricht an den Universitäten orientierte sich an der Vergangenheit. Nicht an der Weimarer Zeit, sonst hätten das öffentliche Recht, das Arbeits- und Wirtschaftsrecht wenigstens nominell eine gewisse Rolle spielen müssen. Aber der Mehrzahl der amtierenden Professoren hatte die erste deutsche Republik kein rechtes Vertrauen eingeflößt, und an die unordentlichen Zustände in dieser Epoche mochte man nicht anknüpfen. Im Dritten Reich waren diese Männer (Frauen konnte man sich bis in die siebziger Jahre hinein nicht als Rechtslehrer vorstellen) meist entweder entschiedene Anhänger oder entschiedene Gegner gewesen. In beiden Fällen verbot sich der Rückgriff auf die unverbindlich gewordenen tausendjährigen Unterrichtsmodelle. Also erinnerte man sich an seine Jugend und bildete den Nachwuchs nach vordemokratischen Kategorien aus. Die Schriften der

NS-Hochschullehrer wurden von pflichtbewußten Bibliothekaren in die „Giftschränke" eingeschlossen und nicht mehr ausgeliehen. Man wartete auf Europa.

Methodologisch setzte man auf die Topik. Theodor Viehweg hatte 1950 in einem Vortrag der ergriffenen Juristenwelt erzählt, daß ihre Hoffnungen auf Systematik vergebens seien, da es sich bei der Jurisprudenz letztlich um eine problemerörternde Kunst handele. Eine soziale Technik, deren Kennzeichen die an *loci communes*, leitenden Gemeinplätzen, orientierte „zetetische" Diskussion und nicht die logische Deduktion aus dem Gesetz sei. Obwohl vom Autor überhaupt nicht in methodischer Absicht verfaßt, wurde die kleine Schrift bei ihrem Erscheinen (1953) sogleich als Beitrag auch zur Methodologie (miß-)verstanden. Der Verfasser schien „einen Weg ins Freie" (Coing) zu zeigen, jenseits von diskriminierter Begriffsjurisprudenz einerseits und sachfremder Soziologie andererseits. Die den Fachvertretern hinreichend bekannte unzulängliche Determiniertheit der juristischen Entscheidung durch das Gesetz schien nicht nur theoretisch erklärt, sondern auch unvermeidlich. Das gebar eine unerwartete Sicherheit, denn die Rechtsanwendung konnte ohne genauere Prüfung als eine „freie Findung und Zusammenstellung von Lösungsmöglichkeiten" (Coing) in den intransparenten Arkanzirkeln der Honoratiorenwelt verschwinden.

Da traf es sich gut, daß die klassische geisteswissenschaftliche Dilthey-Hermeneutik mit ihren einprägsamen Kanones den philosophisch interessierten Juristen noch geläufig war. Denn diese Kanones ließen sich leicht als jene „Such"regeln auffassen, von denen sich die zetetische Topik das Interpretenheil versprach. Topik und Hermeneutik gewährleisteten eine neue Sorglosigkeit, welche nicht nur unerschütterlich schien, sondern es auch tatsächlich über lange Zeiten blieb.

1958–1968: Zufriedene und Pinscher

Eine Allensbacher Umfrage aus dem Jahre 1960 ergab, daß von den jungen Bürgern zwischen 16 und 30 Jahren 80% mit dem Staat der Bundesrepublik zufrieden waren. Es war die Zeit, als die CDU mit absoluter Mehrheit regierte (1957–1961) und die SPD sich mit ihrem Godesberger Programm gerade vom Marxismus befreit und von einer Arbeiterpartei zu einer Volkspartei gewandelt hatte. Der Blick richtete sich fest auf den Westen. In der eben zustandegekommenen Europäischen Wirtschaftsgemeinschaft (1957) sahen viele einen ersten Schritt zur Überwindung der nationalstaatlichen Zersplitterung Europas. Die europäische Einheit würde auch das bundesrepublikanische Provisorium endgültig von den Schatten der Vergangenheit befreien.

In der Justiz ging alles seinen gewohnten Gang. Die Münchener Staatsanwaltschaft ermittelte flüchtig gegen Hans-Joachim Rehse, den ehemaligen Kammergerichtsrat und Volksgerichtshofkollegen von Roland Freisler. Sie fand in ihrem Einstellungsbeschluß (1962), daß man dem Mann einen Tötungsvorsatz nicht nachweisen könne. Weniger penibel zeigte sich dieselbe Behörde bei der eifrigen Unterstützung der „Aktion saubere Leinwand", welche den an Romy Schneider und Sonja

Ziemann verzweifelten Kinogänger am Blick auf die mit der „nouvelle vague" aus Frankreich herüberwippenden Brüste hindern wollte.

Aber unter der zufriedenen Oberfläche begann die Inkubation der Aufsässigkeit. Nicht nur bei den von Bundeskanzler Erhard als „Pinscher" apostrophierten Künstlern und Intellektuellen, sondern auch bei einigen Juristen keimte kritische Nachdenklichkeit auf. Der Eichmann-Prozeß in Israel lenkte die Aufmerksamkeit der Profession auf die Konstrukteure und Bauleiter der faschistischen Mordarchitektur. Der Auschwitzprozeß in Frankfurt (1963–1965) machte erstmals die spießigen und wohlangepaßten Vernichtungshelfer des Dritten Reiches in der Öffentlichkeit sichtbar. Die Spiegel-Affäre erschütterte nachhaltig das bis dahin (1962) ungebrochene, fast naive Vertrauen in das rechtsstaatliche Handeln von Regierung und Exekutive.

1966 tat Theo Rasehorn einen ersten, weithin noch als skandalös empfundenen Schritt zur Entmythologisierung der Rechtspflege. Er veröffentlichte – bezeichnenderweise unter einem Pseudonym (Xaver Berra) – eine justizkritische Studie („Im Paragraphenturm"), die zahlreiche standesethische und standespolitische Postulate aufstellte und dadurch zugleich das Fortbestehen obrigkeitsstaatlicher Strukturen enthüllte und die manipulative Kaltstellung der unversetzbaren und unabsetzbaren Unangepaßten durch die Justizverwaltung dokumentierte.

Am „Fall Bartsch", dem seinerzeit (1968) zum „Jahrhundertprozeß" ernannten Strafverfahren gegen einen homosexuellen Jungen, der wegen der Tötung von vier Knaben vor Gericht stand, entzündete sich erstmals großflächig die Kritik an einer Justiz, welche nicht bereit war, die Pathologie eines Täters anders als mit strafender Eliminierung zur Kenntnis zu nehmen. Der vielzitierte Spruch des Vorsitzenden bei der Verkündung des Urteils („lebenslänglich"), „... und der Herrgott möge Ihnen helfen, daß auch Sie Ihre Triebe beherrschen lernen", zeigte selbst den affirmativ Gesinnten, daß die Moderne die Richterschaft noch nicht erreicht hatte.

Als im gleichen Jahr schließlich der „Volksrichter" Rehse (auf deutlichen Wink des Bundesgerichtshofs, welcher sich nicht vorstellen konnte, daß die protokollierten Wertungen „Verblendung" und „Rechtsblindheit" mit dem Vorsatz der Rechtsbeugung „vereinbar" seien) vom Landgericht Berlin freigesprochen wurde, da vermuteten auch Arglose, daß hierfür nicht falsches Recht, sondern falsche Richter verantwortlich seien. Dem Mann, welcher auf zahlreichen Filmen und Dokumenten über den Volksgerichtshof neben dem tobenden Freisler zu besichtigen war, konnte offenbar nicht einmal der magere Tatbestand der „Rechtsbeugung" nachgewiesen werden. Der gute Glaube an die „objektive" Umsetzung des geltenden Rechts durch die Justiz wurde endgültig schwindsüchtig.

Nicht wenig hatten dazu auch die ersten justizsoziologischen Studien beigetragen. 1960 ließ Ralf Dahrendorf seine Untersuchung „Deutsche Richter. Ein Beitrag zur Soziologie der Oberschicht" erscheinen. Wenig später veröffentlichte Klaus Zwingmann sein Buch „Zur Soziologie des Richters in der Bundesrepublik Deutschland" (1966). Walther Richter schickte 1968 „Zur soziologischen Struktur der deutschen Richterschaft" hinterher, und gleichzeitig publizierte auch erstmals ein Jurist (Walter O. Weyrauch: „Zum Gesellschaftsbild des Juristen") ein schon 1964 in Amerika erschienenes, richtersoziologisches Werk. Diese durch die langsam aus der Emigration zurückwandernde Soziologie angeregte Literatur vermittelte auch den Juristen den Eindruck, daß die autoritäre Persönlichkeit nicht als Folgeerscheinung der Institution anzusehen war, sondern daß eher umgekehrt das Aussehen der Institution von den dort wirkenden Persönlichkeiten abhing.

An den Universitäten herrschte Ausbaustimmung. Gründungspläne und (seit 1961) großzügige Neubauten, welche trotz der vorübergehenden Stockungen (1963) durch den Finanzstreit zwischen Bund und Ländern rasch vorwärtskamen, beflügelten die Phantasie. Die Beschwörung der Bildungskatastrophe hatte Maßnahmen zur nachhaltigen Vermehrung der Hochschullehrer stimuliert. Sie trafen auf eine infolge des Zweiten Weltkrieges stark deformierte Alterspyramide der aktiven Professoren. Erst viel später bemerkte man die fatalen qualitativen Konsequenzen, welche die Bereitstellung zusätzlicher Stellen im Zeitpunkt des Freiwerdens der vorhandenen Ämter gehabt hatte. Die Kohorte junger Professoren der Jurisprudenz, welche jetzt in die Universität einzog, hatte allerdings keinen Anlaß, deren quantitative Ausweitung zu beklagen. Nicht wenige hatten die 1960 publizierte Denkschrift des Arbeitskreises für Fragen der Juristenausbildung in der Hand gehabt und gelesen, daß die Juristenausbildung „in den letzten 100 Jahren keine entscheidenden Wandlungen erfahren hat". Das wollten sie ändern.

Auch in der Rechtstheorie handelte es sich um ein Dezennium der Inkubation. Das Naturrecht wurde immer häufiger von Akzeptanzkrisen befallen. Dazu trug nicht wenig Josef Esser bei, der – seiner Zeit häufig weit voraus – aus Amerika den Blick mitbrachte, der ihm schon 1956 die Niederschrift von „Grundsatz und Norm in der richterlichen Fortbildung des Privatrechts" erlaubte, ein Buch, das bereits durch seinen Titel andeutete, daß der Verfasser nicht der Ansicht war, Gerichtsurteile seien Ableitungen aus (menschlich gesetzten oder von der „Natur" gegebenen) Gesetzen. Franz Wieacker hat das Naturrecht schließlich 1965 vornehm und vorläufig beerdigt. Er erteilte „allen Normcodices, die sich nicht selbst als Diskussionsvorschläge, als Sinnentwürfe verstehen, sondern Ansprüche auf eine unbedingte dogmatische Autorität machen", eine scharfe Absage. Nur als „rechtskritisches Organ", als Wegbereiter „zur konkreten Rechtsvernunft", erhielt das Naturrecht einen kümmerlichen Stehplatz im Theorielager.

Methodologisch war nach wie vor die Topik in Mode. Hans Georg Gadamer fand mit seinem Versuch einer Revision der klassischen Hermeneutik („Wahrheit und Methode", 1960) große Aufmerksamkeit. Die am Paradigma der jurisprudentiellen Norm„anwendung" erläuterte Horizontverschmelzung in der Applikation, bei der Vorwissen und gegenwärtige Anstrengung eine neoidealistische Erkenntnishochzeit feiern, konnte von Juristen als philosophische Rechtfertigung ihrer Arbeitsgewohnheiten rezipiert werden. Horst Ehmke („Prinzipien der Verfassungsinterpretation", 1963) verschmolz Topik und erneuerte Hermeneutik zu einer topischen Begründungslehre, in welcher argumentativ miteinander ringende Vorverständnisse auf den „Konsens aller *vernünftig und gerecht Denkenden*" zusteuerten. Bis zum Ausgang der sechziger Jahre blieb dieses operative Modell in Kraft.

1968–1978: Demokratie, Utopie, Euphorie

Die politisch aufgeregten und aufregenden Jahre der sozialliberalen Koalition, der Studentenbewegung, des Radikalenerlasses, der Ölkrise und der Entdeckung der „Grenzen des Wachstums" bedeuteten auch für das Rechtsdenken einen tiefen Einschnitt. Eine wahre Explosion analytischer und kritischer Schriften erschütterte den bis dahin fachgebunden-besinnlichen Markt und überschwemmte alle Bereiche der juristischen Tätigkeit, gleichgültig ob es um die „Gesetzgebungslehre" (Peter Noll), die „Klassenjustiz" (Hubert Rottleuthner), die „Grundbegriffe des Rechts" (Roland Dubischar), die „Juristenausbildung im Zielkonflikt" (Fritz Kübler) oder auch um die apokryphe neuere Rechtsgeschichte (Bernd Rüthers, „Unbegrenzte Auslegung"; Michael Stolleis, „Gemeinwohlformeln") ging. Es waren die „Anforderungen an den Juristen heute" (Rudolf Wiethölter), welche plötzlich allerorten artikuliert wurden. Nicht nur die Soziologie erschien „vor den Toren der Jurisprudenz" (Rüdiger Lautmann), auch Marx und Freud kehrten aus der faschistischen Verbannung zurück. Erst jetzt wurden (Rechts-)Wissenschaft und (Rechts-)Kultur der Weimarer Zeit wiederentdeckt, bewußt rezipiert und die Ruinen aus den 15 Jahren vor 1933 auf ihre Renovierbarkeit geprüft. Die durch den totalen Zusammenbruch verursachte Lähmung, welche unter den väterlichen Schutzmänteln der „Mission des Abendlandes" (Adenauer) und der „sozialen Marktwirtschaft" (Erhard) fortbestanden hatte, schwand und wich der hektischen Betriebsamkeit und den euphorischen Erwartungen derjenigen, welche unversehens entdecken, daß sie Jahrzehnte verloren haben.

Die Justiz begann, über Reformkonzepte nachzudenken. Darunter war viel Äußerliches, wie die Abschaffung von Titeln, die Diskussion um die Robe, die Beseitigung der abgestuften Sitzhöhen von Anklägern, Angeklagten und Richtern, die versuchsweise Einführung von Verhandlungen an einem gemeinsamen Tisch. Die Vorschläge wurden regelmäßig unter dem Stichwort „Demokratisierung" gehandelt und häufig vermengt mit alten und neuen standespolitischen Forderungen vorgetragen, wie der nach Einschränkung der Kontroll- und Aufsichtsbefugnisse der Justizverwaltung, nach Transparenz des Beförderungswesens und allgemein nach Verbesserung der Arbeitsbedingungen. Manche Maßnahmen, wie etwa die einschneidende Erhöhung der Referendargehälter, dienten auch mehreren Zielen zugleich: der Befreiung aus einem abhängigen Schülerstatus, der Anerkennung der Leistung und der Legitimation von Leistungsdruck. Daß es hier jedoch noch um Marginalien eines tiefersitzenden Problems ging, zeigten die Auseinandersetzungen um die Figur des politischen Richters.

Nicht zuletzt wegen der Vieldeutigkeit des Politikbegriffs und der Flut von Assoziationen, zu denen diese Figur anregte, wurde dieses Thema in einer nicht mehr überblickbaren Fülle von Abhandlungen, Erklärungen, Reden und Manifesten traktiert. Einige beabsichtigten lediglich die Beseitigung obrigkeitsstaatlicher Mentalität und wünschten mehr demokratisches Bewußtsein in der Richterschaft. Andere dachten eher an die politische Funktion der Justiz und wollten darüber aufklären, daß ein unpolitischer Richter ein kryptopolitischer Verteidiger des jeweiligen *status quo* sei. Von hier aus – wenn nämlich der *status quo* als unbefriedigend empfunden wurde – war es nicht weit bis zur Forderung nach dem bewußt gesellschaftsgestaltenden „Sozialarzt". Dieser in manchen Beiträgen bis ins Utopische ausgemalte Typus war aber nicht konsensfähig, da er entweder als technokratischer Sozialingenieur diffamiert wurde, als parteiischer Klassenkämpfer Schrecken verbreitete oder als unlegitimierter Missionar privatistischer Überzeugungen galt.

Eine nun auch von Juristen betriebene Richtersoziologie mischte in diesen Auseinandersetzungen kräftig mit. Lautmann publizierte eine teilnehmende Beobachtung des Justizsystems und enthüllte längst untergegangen geglaubte hierarchische und reaktionäre Strukturen. Das Buch (1972) löste nicht nur allgemeine Bestürzung aus, sondern überholte auch jene, welche – ganz als lebe man noch in der Epoche von Karl Liebknecht – die Befreiung von der „Klassenjustiz" verlangten, ohne zu merken, daß die Klassen schon längst in den Mentalitäten steckten. Wolfgang Kaupen erklärte den oft beobachteten und unstreitigen Konservativismus der Richterschaft konsequent und ausschließlich mit der Herkunft, der Erziehung und der Ausbildung der Juristen (1969) – ein Ansatz, der erst Ausgang der achtziger Jahre von Rottleuthner unfreiwillig und unbemerkt zu Grabe getragen wurde.

Geblieben ist von dieser Art von Justizsoziologie ebensowenig wie von den teilweise äußerst polemischen und ins Persönliche gehenden Auseinandersetzungen um die Politisierung der Justiz. Es handelte sich, wie man heute sieht, um Versuche, Positionen und Funktionen in einer und für eine Institution zu bestimmen, welche in dieser Diskussion allmählich erreichte, was unter ihren Mitgliedern und Kritikern noch umstritten war: demokratische Justiz in einem demokratischen Staat zu sein. Dieser Gewinn ist um so bedeutsamer, weil die Terroristenprozesse der siebziger Jahre mehrfach befürchten ließen, daß die fundamentalen Herausforderungen, die diese Verfahren darstellten, ein rechtsautoritäres Roll-back auslösen könnten.

Auch in der Universität, der „Untertanenfabrik" (Stefan Leibfried), war in diesem Jahrzehnt viel von Demokratie die Rede. Damals war Studenten und Professoren auch die später vergessene Ausgangslage noch klar, daß der quantitative Ausbau der Hochschulen ohne einen begleitenden qualitativen Ausbau den Ruin der Einrichtung zur Folge haben müsse. Das aber konnte nicht nur Demokratisierung der Struktur heißen, sondern hätte auch Revision der Inhalte, Abstufung der Vermittlung und Ranking der Vermittler bedeuten müssen. Glanzvolle und utopische Pläne in dieser Richtung waren nicht zu verwirklichen. Die Juristen brachten sogar lediglich, und dies auch nur halbherzig, ein Versuchsmodell einphasiger Ausbildung zustande, in welchem die bisherigen zwei Phasen der Ausbildung – „Theorie" an der Universität, „Praxis" in Justiz und Verwaltung – zu einer einzigen miteinander verschränkt wurden. Da zentrale Inhalte der überkommenen Ausbildung nicht revidiert wurden – z. B. das Ausbildungsziel des Einheitsjuristen, welcher für alle juristischen Berufe qualifiziert sein soll, mit der Folge, daß er für alle immer weniger qualifiziert ist –, war das Experiment zum Scheitern verurteilt. Zu einer in die Fächer selbst eingreifenden, auf exemplarisches Lernen angelegten Reform kam es aufgrund der Unbeweglichkeit der Justizprüfungsämter praktisch nirgends. Die Idee, man könne der Schul-Situation, die durch die Zunahme der Studierwilligen faktisch eingetreten war, durch schulische Mittel (Fachdidaktik) Herr werden, zerschellte an der hochnäsigen Entrüstung der Professoren. Versuche, interdisziplinäre Studiengänge einzurichten, wurden von den auf ihren Disziplinen sitzenden Universitätsverwaltungen blockiert. Wille und Fähigkeit, Konzepte für theoriegeleitete Praxiseinheiten zu entwickeln, fehlten den meisten der Experten, die vorübergehend aus Universität und Justiz zusammengespannt worden waren. Nachdem schließlich Ein- und Zweiphasenausbildung sich nur noch durch den Namen und die verschiedenen Zeiten unterschieden, zu denen die Jurastudenten ihre Dressurorte aufzusuchen hatten, wurde das Unternehmen zu Recht für mißglückt erklärt und in den achtziger Jahren unauffällig gestrichen.

Rechtstheoretisch stand die Umwandlung der Jurisprudenz von einer „Geisteswissenschaft" zu einer „Sozialwissenschaft" zur Debatte. Ausgangspunkt war der Umstand, daß die weitgehend begrifflich operierende Rechtswissenschaft die Lebensfelder, auf die sich die Normen naturgemäß beziehen, nur über das alltägliche Wissen der Interpreten wahrnimmt. Die angesichts der modernen umfänglichen Verwissenschaftlichung dieser Felder nahezu unvermeidliche Erscheinung des Juristen als eines teils naiven, teils vorurteilsbefangenen, jedenfalls inkompetenten Begriffsjongleurs sollte verschwinden. Die „formalistische Realitätsferne und der partikuläre Erfahrungshorizont" (Rottleuthner) der Rechtsanwender waren aufzubrechen.

Man merkte schnell, daß dies nicht durch eine Überführung der Jurisprudenz in Rechtstheorie oder Rechtssoziologie zu schaffen war, sondern daß das gesamte Fach sozialwissenschaftlich neu zu strukturieren gewesen wäre, wenn die sozialen, ethischen und politischen Bedingungen, die das Formalrecht systematisch aus dem Rechtshaushalt verbannt hatte, wieder integriert werden sollten. Angesichts dieser gigantischen Aufgabe mit dubiosen Erfolgschancen mußte man sich alsbald mit einem interdisziplinären Konzept „Rechtswissenschaft und Nachbarwissenschaften" (Dieter Grimm, 1973/1976) zufriedengeben, in dem die Sozialwissenschaften als disziplinäres Sonderwissen in die Bruchstellen des Formalrechts eingekittet werden. Da die systematische Vermittlung eines solchen Konzepts teils wegen der Masse des Stoffes, teils wegen Dissenses über generalisierbare Exempel unterblieb, sah sich die justizielle Praxis am Ende dieser Debatte – wie vorher auch – auf die Allgemeinbildung des Richters und seine Fähigkeit zur Auswertung von Expertisen verwiesen.

Methodologisch hatte Josef Esser, auch hier wieder an der Spitze, den von Ehmke eingeschlagenen Weg durch seine berühmte und heftig angefeindete Schrift „Vorverständnis und Methodenwahl in der Rechtsfindung" (1970) auf eine schwindelerregende Höhe geführt. Er vereinte in diesem Buch die in der topisch-rhetorischen Tradition angelegte Absenkung des Gesetzes auf ein (wenn auch wichtiges) Argument mit verschiedenen Motiven aus der hermeneutischen Überlieferung („Vorurteil", „hermeneutische Spirale"), fachwissenschaftlichen Einsichten (Dogmatikfunktion, Wertungsevidenz) und standesethischem Raisonnement („Entscheidungsverantwortung"). Seine Ersetzung der „Wahrheit" durch „Plausibilität, die ein von den anerkannten Aufgaben des Rechts ... ausgehendes Bewußtsein schlechterdings nicht mehr bestreiten kann", und der „Richtigkeit" durch eine „soziale Richtigkeit, für welche der Konsens das einzig verifizierbare Indiz ist", schien mit einem Schlag alle bis dahin noch geltenden Gewißheiten der Juristenwelt in einem heillosen Subjektivismus aufzulösen. Nur wenig an diesen Thesen war aus geistesgeschichtlicher Perspektive wirklich neu. Die Auslegung als „Ergebnis ihres Ergebnisses" (Gustav Radbruch), der „hermeneutische Zirkel", bei welchem im „Hin- und Herwandern des Blicks" (Karl Engisch) Sachverhalt und Norm sich immer erneut im Bewußtsein des Exegeten begegnen (Winfried Hassemer), die Ununterscheidbarkeit von „Rechtsfortbildung", „Lückenfüllung" und „Auslegung", die Gesetzesbindung als Frage nach der Loyalität des Richters – alles alte Befunde, deren Kombination aber ein tiefes Erschrecken auslöste, zumal sie ein Jurist präsentierte, der vielen aus guten Gründen als der führende Zivilrechtler der Republik galt.

Das methodologische Vakuum wurde noch dadurch vergrößert, daß Gerhard Otte (1970) und Franz Wieacker (1973) durch eingehende kritische Berichte die Hoffnungen auf die Leistungsfähigkeit der Topik so nachhaltig erschütterten, daß in Zukunft nur noch ihre Gegner sich mit ihr befaßten. In dieser Situation wandten sich – nicht zuletzt affiziert durch den gleichzeitig in der benachbarten Soziologie erneuerten Positivismusstreit und beeindruckt durch den rigiden Moralismus der frühen Studentenbewegung – die methodologisch Engagierten den Vernunfts- und Gerechtigkeitsverheißungen der verschiedenen Diskurstheorien zu (Habermas, Perelman, Toulmin). Für die Juristen wurden diese Bemühungen am Ende des Jahrzehnts durch Robert Alexy verbindlich zusammengefaßt („Theorie der juristischen Argumentation", 1978).

1978–1988: Historisierungen und andere Rückzüge

Nach dem „Deutschen Herbst" (1977) signalisierten die Juristen, daß auch sie sich in einer Stimmungslage befanden, die sich republikweit bemerkbar machte und schließlich in der Wende von der sozialliberalen zur liberalkonservativen Regierung kulminierte: Es war genug mit den demokratischen Aufgeregtheiten und den reformerischen Zumutungen. Man wollte in Ruhe nach dem generalüberholten Strafrecht (1975) und dem neuen Eherecht (1976) judizieren. Dissertationen über die nichteheliche Lebensgemeinschaft waren zu schreiben, die niederkritisierten Lehrbücher durch andere zu ersetzen. Die vielen neuen Gedanken mußten in dickleibige „Alternativkommentare" gefaßt und damit den „JuristInnen" „alternative Argumentationen, Problemlösungen, Entscheidungen oder Verfahrensweisen angeboten oder vorgeschlagen (werden), die an die Stelle der überkommenen Auslegungs- und Verhaltensmuster treten sollten" (Rudolf Wassermann). Denn schließlich ging es um nichts geringeres als um diejenigen „Fragen, bei denen das Urteil der Juristen nicht bloße Normanwendung, sondern auch Disposition über konkurrierende rechtliche Wertungen darstellt". Bald erschienen auch allenthalben wieder jene auf der Bildfläche, welche schon zu Beginn des Dezenniums von allem nichts gehalten hatten, so daß einer schnellen Beruhigung der Lage nichts im Wege stand.

In der Justiz trat mit dem Ende der siebziger Jahre eine neue Generation von Richtern in Erscheinung. Sie waren nach dem Krieg geboren, in Wohlstand hineingewachsen und hatten an kritisch aufgescheuchten Universitäten studiert. Sie kannten vordemokratische Zustände und die frühen Jahre der „provisorischen" Republik nur vom Hörensagen, waren politisch interessiert, aber nur mäßig engagiert. Sonst wären sie nicht Juristen geworden. Außerdem wäre ein allzu weit von der Mitte abweichendes Engagement ohnehin spätestens durch den Radikalenerlaß unterbunden worden. Aber der Zeitgeist hatte diese ausgewogene Generation doch affiziert. Der Gedanke, daß Rechtsprechung die Wahrnehmung politischer Gewalt sei, war diesen Männern (und langsam zunehmend auch Frauen) nicht mehr befremdlich. Wer vortrug, daß der subjektive Rückzug hinter das Gesetz fadenscheinig geworden und daher die Verantwortlichkeit gestiegen sei, wer auf die dürftige demokratische Legitimation des Richterrechts und die dadurch verschärften Anforderungen an das politische Amtsethos hinwies, erntete Nachdenklichkeit und Beifall anstelle der früher üblichen Indignation.

Es gab die ersten „Jungrichter", welche ihre Beamtenpflichten gegen die allgemeinen staatsbürgerlichen Rechte abwogen und fallweise den letzteren den Vorrang gaben. Ungeachtet mancher Rückfälle und der fortbestehenden Attraktivität des Berufsbildes „Richter" für konservative und autoritäre Charaktere, breitete sich eine erfreuliche Sensibilität aus. Der Umgang mit den „Rechtsunterworfenen" verlor den obrigkeitlichen Ton, das Pathos der Macht verblaßte zugunsten entkrampfterer Formen. Ein neues Selbstbewußtsein löste die Verunsicherung der vergangenen Jahre ab. Nicht allein intern gegenüber den „vorsitzenden Vorgesetzten", sondern auch im Hinblick auf die Rolle im politischen System entstand demokratische Gelassenheit. Es wurde wieder allgemein akzeptiert, daß der Auftrag der Richterschaft nicht dahin geht, als Bannerträger des Fortschritts aufzutreten. Aber es war auch bewußt und angstfrei aushaltbar geworden, daß die Fragen, ob ein Kernkraftwerk gebaut, ob die Republik mit Teer überzogen und ob die Atemluft verpestet wird, heute letztlich die Justiz entscheidet.

Selbstbewußtsein erlaubt auch den freien Blick nach hinten. Man begann zurückzuschauen. Das NS-Thema wurde nicht mehr verdrängt und endlich sogar richterakademiewürdig. Allerdings waren inzwischen die letzten Nazirichter aus dem Dienst der Bundesrepublik ausgeschieden. Sie lebten im Ruhestand oder waren gestorben. Das machte vieles leichter, denn die amtierenden Entscheider, welche sich in quälenden Verfahren mit den vergreisten Verbrecherresten des Dritten Reiches herumschlagen mußten, waren alle der „Gnade der späten Geburt" teilhaftig geworden. Der Umstand, daß die Verfahren schon Rechtsgeschichte waren, als die Akten eröffnet wurden, erlaubte eine distanzierte Befassung mit den Relikten der Vergangenheit.

Je akribischer jedoch die historische Entfaltung und Ausbreitung des Nationalsozialismus studiert wurde, um so deutlicher sah man auch, daß nicht eine faschistische und antisemitische Horde den Staat überfallen hatte, sondern daß gerade die herkömmlich staatstragenden Kräfte, insbesondere Justiz und Jurisprudenz, eifrig mitgeholfen hatten. Und um so deutlicher bemerkte man auch, wieviel nach 1945 versäumt worden war. Man erkannte, daß die Vergangenheit nicht nur unbewältigt geblieben war, sondern daß es schon am Versuch zu einer mehr als oberflächlichen Glättung des verwüsteten Terrains gefehlt hatte.

Die Scham über diesen Sachverhalt, die Erbitterung, mit der nun allerorts die Finger auf Versäumtes und Unnachholbares gelegt wurden, waren sicher nicht die schlechtesten Regungen in der Mentalitätsgeschichte der deutschen Nachkriegszeit. Dafür mußte allerdings viel Heuchelei und Selbstgerechtigkeit in Kauf genommen werden. Der anstrengende Anblick des hämischen Triumphes billiger Moralistiker und selbsternannter Spurensucher bei jeder Entdeckung eines neuen Falles von *et tu quoque* blieb kaum jemand erspart. Peinliche Gesten von sinnloser Symbolik mußten toleriert werden – wie die groteske Deklaration, daß der Volksgerichtshof ein Nichtgericht gewesen sei, nachdem man die ehemaligen Mitglieder dieses Nichtgerichts jahrzehntelang mit üppigen Pensionen aus den Mitteln der Steuerzahler gefüttert hatte, bis sie unangefochten in ihren heimischen Betten verschieden waren. Es waren (häufig nicht einmal gutgemeinte, jedenfalls aber) vergebliche Versuche, die Historisierung eines Sachverhaltes aufzuhalten, dessen endgültige Geschichtlichkeit doch nur noch in den Papiergefechten eines angeblichen „Historiker"-Streites Gegenstand von Aufregung sein konnte.

Auffälligstes Ergebnis der Rechtsentwicklung nach 1978 war das bemerkenswerte Ausmaß, in dem der gesamte Rechtsstoff durch das öffentliche Recht, zumal das Verfassungsrecht, überformt wurde. Dieser Umstand verdeutlicht, mehr als andere Indizien, die Auflösung der überkommenen Trennung von Staat und Gesellschaft. Die Vergesellschaftung des Staates wird allerdings damit bezahlt, daß die staatliche Verfassung sich auch noch in den letzten privaten Winkel drängt und ihn auf Gleichheit, Würde, Verhältnismäßigkeit usw. durchleuchtet. Dem entspricht und hilft eine quasireligiöse Aufwertung der Verfassung, die von den geschickten Händen ihrer Interpreten zu einer Werteordnung stilisiert wurde, in der von den Arbeitsplätzen der Apotheker und den Studienplatzzielzahlen der Universitäten bis zur individuellen Selbstbestimmung und den sinnstiftenden nationalen Träumen schlechterdings alles aufbewahrt scheint, was das postindustrielle Herz begehrt.

Die rechtstheoretische Reflexion des Jahrzehnts ist von Verwirrung und Mattigkeit gekennzeichnet. Der abgewehrte sozialwissenschaftliche Angriff hat in erster Linie bewirkt, daß für die geschlagenen Kader wissenschaftsökologische Nischen in den Siedlungsräumen einer nur wenig beachteten und beachtenswerten empirischen Rechtssoziologie entstanden. Außerdem wurde eine nachsichtige Toleranz gegenüber der theoretischen Rechtssoziologie erreicht. Erste Lehrbücher, Dokumente akademischer Etablierung, haben sich auf dem Markt eingestellt und bezeugen die fachgerechte Einbalsamierung eines vormals kritischen Unternehmens.

Im übrigen haben sich die Verwalter der Rechtsidee, wie es bei der („autonomen") Rechtsphilosophie seit vielen Generationen üblich ist, an der spekulativen Großwetterlage orientiert, die sie bei den heutigen Theoretikern der Gesellschaftsmodelle antreffen. Sie zerfallen im wesentlichen in zwei Gruppen. Die Mehrheit stellen die Anhänger handlungstheoretisch angelegter, neoidealistischer Konsensstrategien, welche sich gern dem Gedanken des vernünftigen Arguments verpflichet sehen und – jenseits von Formalisierung und Materialisierung als den Typen historisch erledigter Rechtskonzepte – nach Rechtfertigungsprozeduren suchen, mit denen eine revisible Verbindlichkeit gestiftet werden könnte. Teilweise steigen sie auch bis auf die Ebene der Entscheidungsbegründung herab und haben nur noch die (methodologisch verortete) Hoffnung, über konsentierte Regelwerke Rationalität in die Entscheidungsfindung pressen zu können. Daneben steht eine nicht geringe Zahl von Theoretikern, die sich kybernetischen Regelungsmodellen verschiedener Art anvertrauen, ihre Ideen mit bizarren Namen (neokorporatistisches, ökologisches, postinterventionistisches, postmodernes, reflexives Recht) garnieren und – dem Spott ihres unfreiwilligen Ziehvaters Niklas Luhmann zum Trotz – auf irgendeine Steuerbarkeit der „blinden Rechtsevolution" hoffen. Ob dieser Brei eines Tages in eine Form läuft, die der beobachtbaren Verflüssigung des Rechtsstoffes, den ad hoc-Wertungen, dem Vorherrschen der Abwägung, kurz: der Prävalenz eines juridischen Kontextualismus, ihre geschliffene theoretische Fassung gibt, ist einstweilen noch völlig offen.

Immerhin kam als Reaktion auf neuen Sinnbedarf das unheilbare Hirngespinst „Naturrecht" bereits wieder zum Vorschein, notdürftig als „unverfügbares Recht", „Tugendlehre", „fundamentale Rechtssätze" u. ä. getarnt, aber untrüglich an der Selbstgewißheit seiner Verfechter identifizierbar. Eine aparte Kopfgeburt hat inzwischen sogar das „Recht *aus der* Natur" um ein „Recht *der* Natur" erweitert. Die durch den mangelnden Sinn ihres Seins und die Furcht vor der Selbstzerstörung nach endlicher Unterwerfung der Welt aufgestörte Rechtsvernunft plagt sich in unverdrossenem Rechtsvertrauen mit den „Ansprüchen" der künftigen Generationen gegen die jetzige, katalogisiert die vorstellbaren „subjektiven Rechte" der Tier- und Pflanzenpopulationen und entwirft eine „Aktivlegitimation" für Robben.

Methodologisch richtet den Blick nach innen, wer sich mit Logik und Begriffsanalyse beschäftigt. Unsichere Zeiten begünstigen die formale Logik. Eine Exaktifizierung der Problemerörterung stellt erfreulich klar, worüber eigentlich zu sprechen ist. Allerdings ist eine Formalisierung langwierig, so daß – nicht immer unwillkommen – fallweise die Sacherörterung in weite Ferne rückt. Wer überflüssige Fragen abzuschneiden beabsichtigt, gerät außerdem leicht in Gefahr, das Fragen selbst abzuschneiden.

Die analytische Sprachphilosophie, nach 1968 zunächst als ein kategoriales Netz unter vielen rezipiert, schob sich gegen Ende der siebziger Jahre energisch in den Vordergrund und reduzierte die hermeneutischen Skrupel und Verunsicherungen auf die Frage nach dem richtigen Ausdruck. Man verordnete sich wieder ein zweifelsfreies „Interpretationsziel" und formulierte, wie es in der ersten Hälfte des

19. Jahrhunderts üblich gewesen war, es sei „schlicht der wahre Gehalt des Gesetzes ... zu ermitteln" (Hans-Joachim Koch). Folgerichtig wurden die Kanones der klassischen Hermeneutik wiederbelebt und besetzten, sprachanalytisch exaktifiziert, erfolgreich die leerstehenden Räume der „Natur der Sache", der „Gesetzeslücke", der „objektiven Auslegung" und anderer kognitiver Schimären. Eine stattliche Zahl dickleibiger „Methodenlehren" signalisiert den raschen Niedergang des schöpferischen Denkens.

Als „neue Methode" haben die achtziger Jahre daher nur die durch die fortschreitende Ökonomisierung aller Lebens- und Denkbereiche hervorgetriebene Scheinfrucht „ökonomische Analyse des Rechts" vorzuzeigen. Sie erbringt sachliche Erträge von erstaunlicher Schlichtheit und fügt sich damit harmonisch in eine allgemeine Epoche juristischer „Rückbesinnung" ein.

Literatur

Eine Rechtsgeschichte der Bundesrepublik Deutschland liegt bisher noch nicht vor. Die Hinweise in den schon zahlreichen Darstellungen von Historikern (etwa dem monumentalen Werk von Karl Dietrich Bracher/Theodor Eschenburg/Joachim C. Fest/Eberhard Jäckel, Geschichte der Bundesrepublik Deutschland in 5 Bänden, Stuttgart 1981-87) sind rechtshistorisch selten befriedigend, da nicht von Juristen formuliert. Am besten sieht es im Staats- und Verwaltungsrecht aus. Hier findet man im ersten Band des von Josef Isensee/Paul Kirchhof herausgegebenen Handbuchs (Handbuch des Staatsrechts der Bundesrepublik Deutschland, Bde. I-III, IV, VI, Heidelberg 1987 ff.) vorzügliche rechtshistorische Abschnitte. Viele Informationen kann man auch der von Kurt G. A. Jeserich/Hans Pohl/Christoph von Unruh herausgegebenen Deutschen Verwaltungsgeschichte, Bd. 5: Die Bundesrepublik Deutschland, Stuttgart 1987, entnehmen.

Für die Rechts- und Justizpolitik der unmittelbaren Nachkriegszeit hat Bernhard Diestelkamp, von dem selbst eine Reihe einschlägiger Untersuchungen stammt, die Literatur kürzlich zusammengetragen: Bernhard Diestelkamp/Susanne Jung, Die Justiz in den Westzonen und der frühen Bundesrepublik, in: Aus Politik und Zeitgeschichte, Heft 13-14 (1989), S. 19-29. Die Literatur zur Justiz- und Justizverwaltungsgeschichte, zur Rechtstheorie- und Methodengeschichte (bis 1974) kann man fast vollständig aus Dieter Simon, Die Unabhängigkeit des Richters, Darmstadt 1975, erschließen.

Für die Gesetzgebungs- und Dogmengeschichte gibt es vorläufig noch keine Sekundärliteratur. Im übrigen können – bei entsprechender Vorsicht – historisch verwertbare Informationen aus systematisch angelegten Darstellungen gewonnen werden: Hierfür kommen in Betracht:

Zur Methodologie: Engisch, Karl, Einführung in das juristische Denken, Stuttgart ^{8}1983; Larenz, Karl, Methodenlehre der Rechtswissenschaft, Berlin/Heidelberg/New York u. a. ^{5}1983; Fikentscher, Wolfgang, Methoden des Rechts in vergleichender Darstellung, 5 Bände, Tübingen 1975-77.

Zur Rechtstheorie: Coing, Helmut, Grundzüge der Rechtsphilosophie, Berlin/New York ^{4}1985; Teubner, Gunther, Recht als autopoietisches System, Frankfurt 1989.

Zur Rechtssoziologie: Raiser, Thomas, Rechtssoziologie, Frankfurt 1987; Röhl, Klaus F., Rechtssoziologie, Köln/Berlin u. a. 1987.

Hermann Graml

Die verdrängte Auseinandersetzung mit dem Nationalsozialismus

Wenn über das Verhältnis debattiert wird, das die Deutschen der Nachkriegsjahrzehnte zu Hitler, Nationalsozialismus und NS-Regime gewonnen haben, dominiert, namentlich in Äußerungen der intellektuellen und kulturellen Eliten, Kritik an Intensität und Wirkung der Auseinandersetzung mit jener Periode unserer Geschichte. Nicht selten heißt es sogar, im Grunde habe eine große Mehrheit der Deutschen – jedenfalls der Westdeutschen, die Bevölkerung der DDR ist in dieser Hinsicht ja nie genauer beobachtet worden – sowohl die Trauer über das Leid, das durch nationalsozialistische Verbrechen in die Welt gekommen ist, wie auch die ernsthafte Arbeit an der Analyse und der inneren Überwindung nationalsozialistischer Ideologie und Politik praktisch verweigert.

I.

Schon in den Jahren der Besatzungsherrschaft, so ist zu hören und zu lesen, hätten die Westdeutschen sich an einer gründlichen Selbstreinigung, von der strafrechtlichen Ahndung und der praktischen Wiedergutmachung nationalsozialistischen Unrechts über eine moralische Katharsis bis zur „Bewältigung der Vergangenheit" durch Geschichtswissenschaft, Publizistik und Bildungssystem, vorbeigemogelt, dabei unwillentlich von den Siegermächten unterstützt, die, von Mißtrauen beherrscht und von Selbstgerechtigkeit geführt, die Geschlagenen entmündigt und durch einen arroganten Umerziehungs-Anspruch wie durch eine als Kollektivaktion völlig verfehlte Entnazifizierung in der verstockten Ablehnung jeder tiefer greifenden Beschäftigung mit der NS-Zeit noch bestärkt hätten. Danach seien die fünfziger Jahre eine Periode geradezu klassischer Verdrängung gewesen. Im Klima des „Wirtschaftswunders" und des politischen Wiederaufstiegs materialistisch, rücksichtslos und gegenwartsbesessen geworden, habe die Gründergeneration der Bundesrepublik mehrheitlich die moralischen und politischen Forderungen beiseite geschoben, mit denen sie durch die Erfahrung des Dritten Reiches konfrontiert gewesen sei. Welche Stumpfheit sie dabei an den Tag gelegt habe, könne u. a. auch daran abgelesen werden, daß Konrad Adenauer, der erste Bundeskanzler, mit Hans Globke jemand als engsten Mitarbeiter im Kanzleramt gehalten habe, der als Beamter im

Reichsinnenministerium einen Kommentar zu den antisemitischen „Nürnberger Gesetzen" vom September 1935 geschrieben hatte, und daß dem zweiten und dem dritten Kabinett Adenauer mit Theodor Oberländer ein Repräsentant der Vertriebenen angehört habe, der an der Exekution nationalsozialistischer Ostpolitik beteiligt gewesen war; ganze Berufsgruppen, und zwar vornehmlich jene, die am tiefsten ins NS-Regime verstrickt gewesen seien, also etwa Soldaten, Ärzte, Juristen, hätten sich jeder Säuberung des eigenen Standes beharrlich widersetzt.

Auch für die folgenden Jahrzehnte sei kein grundlegender Wandel zu konstatieren. Wohl habe sich der Kenntnisstand der Nation verbessert, so, in den sechziger und siebziger Jahren, durch die Prozesse gegen das Personal von Vernichtungslagern wie Auschwitz und Majdanek oder, Anfang 1979, durch den Schock, den die Fernseh-Serie „Holocaust" bewirkte. Jedoch hätten die Prozesse andererseits den fatalen Effekt gehabt, daß die Mehrzahl der Westdeutschen sich nun erst recht der Bemühung um eine angemessene Verarbeitung der NS-Vergangenheit enthoben geglaubt und die Delegierung dieser Aufgabe an die Justiz gewissermaßen als Alibi für die Fortsetzung der eigenen Tendenz zur Verdrängung benutzt habe, und die Erschütterung der Nation durch „Holocaust" sei offensichtlich nur kurzlebig gewesen und, als oberflächliche Reaktion auf ein bloßes Medienereignis, unfähig, wirkliche Einkehr zu erzwingen. An den Wällen aus trotziger Unbußfertigkeit, Gewissensträgheit und geistig-politischer Verstocktheit seien im übrigen selbst die bohrenden Fragen zur nationalsozialistischen Vergangenheit abgeprallt, die in den Protestbewegungen der sechziger und siebziger Jahren von Kindern und Enkeln der Gründergenerationen an die Älteren gestellt wurden. In solcher Sicht erscheint die Art und Weise, in der eine klare Majorität der Nation auf das Faktum der nationalsozialistischen Herrschaft in Deutschland reagiert hat, im Grunde als ein praktisch zäsurenloser Akt der Verdrängung. Gelegentlich entdecken Angehörige der intellektuellen Elite in verblüffter Selbstkritik, daß selbst dieser Elite die nämliche Flucht vor der Geschichte vorzuwerfen sei; z. B. hat Fritz J. Raddatz in seiner Einführung zu einer Auswahl von Texten der „Gruppe 47" 1962 geschrieben: „In dem ganzen Band kommen die Worte Hitler, KZ, Atombombe, SS, Nazi, Sibirien nicht vor – kommen die Themen nicht vor."

Daß die Sachverhalte, an denen sich derartige Kritik entzündet, stets richtig beobachtet sind und daß die mit Unmut, ja oft mit Ekel ausgesprochene moralisch-politische Verdammung der als anstößig empfundenen Tatbestände meist durchaus berechtigt ist, kann nicht bestritten werden. Die Interpretation aber, die – unter dem Einfluß von Abscheu und Empörung – aus den registrierten Vorfällen und Verhaltensweisen abgeleitet wird, ist dennoch falsch. Die These von der permanenten Verdrängung erweist sich bei genauerem und weniger leidenschaftsbestimmtem Zusehen als unhaltbar, als Resultat eines doppelten Irrtums. Erstens wird einigen Details – bei nicht selten schwer verständlichem Verzicht auf die Suche nach umfassender Unterrichtung – eine Repräsentativität zuerkannt, die ihnen nicht zukommt; das aus ihnen allzu eilig komponierte Gesamtbild hat mit der wirklichen Entwicklung der Nation nicht viel zu tun. Zweitens – und das ist wohl noch wichtiger – wird völlig verkannt, daß die mit Fug und Recht aufs Korn genommenen Erscheinungen selbst dann noch kaum etwas über das Verhältnis der Deutschen zur nationalsozialistischen Vergangenheit aussagen würden, wenn ihnen tatsächlich größere Repräsentativität zugebilligt werden müßte.

II.

Bereits die Vorstellung, daß die Deutschen in den Jahren der Besatzungsherrschaft versucht hätten, geschichtslos zu werden und der Beschäftigung mit dem Dritten Reich auszuweichen, hält einer näheren Prüfung nicht stand. Das wäre ja schon praktisch unmöglich gewesen. Schließlich hat damals jeder einzelne und hat jede Familie in Westdeutschland, ob Eingesessene oder Flüchtlinge und Vertriebene, die Folgen des Krieges – eigene Verwundung oder Gefangenschaft, Tod naher Angehöriger und Freunde oder Ungewißheit über ihr Schicksal, Verlust von Haus und Wohnung oder sogar der Heimat – aufs drastischste wie vor allem auch aufs frischeste an Leib und Seele gespürt. Selbstverständlich sind für ein gut Teil des Ungemachs die Siegermächte verantwortlich gemacht worden, namentlich von den Vertriebenen. Aber hinter und unter den – wie zu allen Zeiten – an die im Augenblick Herrschenden adressierten Vorwürfen war sich eine Mehrheit der Bevölkerung des entscheidenden Anteils und der Priorität der nationalsozialistischen Verursachung sehr wohl bewußt. Dem widerspricht nicht, daß Umfragen der Militärregierung bei vielen Interviewten immer wieder die Meinung zutage förderten, zwischen 1933 und 1939 sei es ihnen besser gegangen als jetzt, 1946 oder 1947. Dabei ist ja lediglich eine für jedermann evidente Wahrheit konstatiert worden, und das Aussprechen einer solchen Wahrheit ist als Indiz für das Grund- und Gesamturteil der Befragten über Nationalsozialismus und Drittes Reich gänzlich untauglich.

In Wirklichkeit hat eine erstaunlich große und für den künftigen Weg der Nation ausschlaggebende Anzahl der Deutschen – trotz der von den Umständen erzwungenen Konzentration auf das schiere Überleben in den Nöten der Gegenwart – schon in jenen Jahren und inmitten der fast noch rauchenden Trümmer ihrer Städte eine radikale und unwiderrufliche Abkehr von der „Weltanschauung", dem Herrschaftssystem und den politischen Zielen der Nationalsozialisten vollzogen. Eine Entwicklung kam in Gang und gewann rasch an Breite und Wucht, die es sicher machte, daß alsbald nur noch Randgruppen der Gesellschaft dazu neigen konnten, in ihren Speichern die Standarten und in ihren Köpfen die Ideen des erledigten Regimes für eine Renaissance aufzubewahren. Presse und Rundfunk haben diese Entwicklung getreulich widergespiegelt, namentlich dann, wenn sie sich unmittelbar zur NS-Periode äußerten, etwa in den Berichten über die Prozesse der Alliierten gegen deutsche Kriegsverbrecher oder in Rezensionen früher Zeugnisse aus dem Dritten Reich, z. B. der Tagebücher Ulrichs v. Hassell oder der Erinnerungsschrift „Bis zum bitteren Ende" von Hans Bernd Gisevius, die beide bereits 1946 erschienen, ihrerseits weite Verbreitung fanden und nachhaltige Wirkungen zeitigten. Darüber hinaus ist deutlich zu erkennen, daß nahezu jeder, der damals politische und kulturelle Rundfunksendungen verfaßte oder entsprechende Aufsätze für Zeitungen schrieb, seine Tätigkeit als missionarischen Beitrag zur Austilgung des Nationalsozialismus und zu einem geistigen und politischen Neubeginn in Deutschland verstand; das gilt erst recht für die Mitarbeiter der 1945, 1946 und 1947 entstandenen Zeitschriften wie „Der Aufbau", „Die Wandlung", „Die Gegenwart", „Der Ruf", „Nordwestdeutsche Hefte", „Frankfurter Hefte", „Merkur". Und die redliche Arbeit der publizistischen Elite lieferte einer Majorität der Nation in der Tat nützliche Orientierungshilfen.

Gewiß litt die kritische Analyse der NS-Periode – wie hätte es anders sein können – zunächst nicht nur unter einem Mangel an Kenntnissen der Fakten und Zusammenhänge, sondern vielfach auch unter methodischen Unzulänglichkeiten, begrifflichen Unsicherheiten, einem unvollkommenen theoretischen Rüstzeug. Aber solche Schwächen ändern nichts daran, daß die Analysen eben doch sowohl Beweise wie steuernde Impulse der Abkehr vom Nationalsozialismus waren. Auch ein „hilfloser Antifaschismus" ist Antifaschismus, und der Vorwurf der Hilflosigkeit umschreibt ohnehin meist nur den simplen Sachverhalt, daß die Getadelten Faschismus anders definieren und ihren Antifaschismus anders begründen als die Tadler. In Theaterstücken wie „Draußen vor der Tür" von Wolfgang Borchert, im Februar 1947 als Hörspiel gesendet und im November an den Hamburger Kammerspielen uraufgeführt, oder wie „Des Teufels General" von Carl Zuckmayer, zwischen 1946 und 1950 das meistgespielte Drama, finden sich naturgemäß ebenfalls manche Blindheiten gegenüber den wahren geistigen, gesellschaftlichen und politischen Ursachen von Nationalsozialismus und Krieg. Das hebt jedoch nicht auf, daß sie anti-nationalsozialistisch waren und sehr wohl dazu taugten, der Nation den Weg aus der NS-Welt bahnen zu helfen. In späteren Jahren hat der erste größere Erklärungsversuch eines Historikers, Friedrich Meineckes „Die deutsche Katastrophe", 1947 erschienen, viel herbe Kritik erfahren. Neben oberflächlichen Analysen und Urteilen machten die Kritiker sogar apologetische Tendenzen aus. Daran ist viel Wahres. Doch darf, im Hinblick auf die damalige Wirkung und Bedeutung des Buches, nicht übersehen werden, daß die Apologie keineswegs Nationalsozialismus und NS-Regime galt, sondern allein den Anteil entschuldigen oder doch als verständlich erscheinen lassen sollte, den bestimmte Gruppen des deutschen Bürgertums an der Entstehung, der Machtergreifung und der verbrecherischen Politik der NS-Bewegung gehabt hatten. Die Verurteilung des Nationalsozialismus selbst war unzweideutig, und daß ein derartiges Verdikt vom hochangesehenen Nestor der deutschen Geschichtswissenschaft ausgesprochen wurde, hatte erhebliches Gewicht.

Auf der Grundlage einer geistig-mentalen Wandlung, welche in allen Schichten der Bevölkerung rasch zur Etablierung von gleichsam missionsartigen Stützpunkten führte, die eine kontinuierliche Fortsetzung, Ausweitung und Stabilisierung der Konversion versprachen, geschah indes auch Handfestes. Nachdem die Besatzungsmächte, an ihrer Spitze am 10. November 1947 die USA, Rückerstattungsgesetze erlassen hatten, kam in den Ländern der Besatzungszonen die Rückgabe „arisierten" jüdischen Vermögens in Gang, und nachdem erst die Kommunen und dann die

Länder mit der sonstigen Entschädigung für die Opfer politischer und rassischer Verfolgung begonnen hatten, nahm 1946 zunächst der Länderrat der US-Zone die Arbeit an umfassenderen und einheitlichen Regelungen auf, und die Arbeit produzierte im Sommer 1948 das erste zonale Entschädigungsgesetz. So unvollkommen die Versuche zur materiellen Wiedergutmachung erlittenen Unrechts auch waren – und noch lange bleiben sollten –, so hemmend selbst auf diesem Felde die normalen Störfaktoren bei der Regelung öffentlicher Angelegenheiten, z. B. bittere Kompetenzstreitigkeiten, auch wirkten, so sperrig die Widerstände auch sein mochten, die sich aus nach wie vor bestehenden Vorurteilen gegen bestimmte Verfolgtengruppen, etwa gegen die Zigeuner, ergaben – daß die Parlamente und die Regierungen der westdeutschen Nachkriegsgesellschaft die kriminelle Natur des NS-Systems gewissermaßen amtlich feststellten, indem sie durch legislative Akte die übelsten Folgen einer kriminellen Politik zu lindern suchten, ist gleichwohl ein Faktum, das gewiß Respekt verdient – zumal angesichts der chaotischen wirtschaftlichen und finanziellen Zustände, in denen das Land unterzugehen schien –, das vor allem aber als Beweis für eine schon weit gediehene Lösung von dem gestürzten Regime verstanden werden sollte.

Ein solches Verständnis wird noch erhärtet, wenn man sich vor Augen hält, daß ja auch die deutsche Justiz – trotz des alliierten Monopols bei der Verfolgung nationalsozialistischer Gewalttaten gegen Nicht-Deutsche – erste Schritte zur strafrechtlichen Abrechnung mit dem NS-Regime unternahm. Am 26. März 1946 richteten die Ministerpräsidenten der britischen und der amerikanischen Besatzungszone eine Eingabe an den Alliierten Kontrollrat in Berlin, in der sie sogar forderten, „daß die Führer des Nationalsozialismus und ihre Helfershelfer wegen der ungeheuren Verbrechen", die sie nicht allein gegen fremde Länder und Nicht-Deutsche, sondern schon lange vor dem Krieg „gegen das deutsche Volk in seiner Gesamtheit und gegen zahlreiche deutsche Einzelpersonen" begangen hätten, vor deutschen Gerichten zur Rechenschaft gezogen werden müßten. Für den demokratischen Neubeginn in Deutschland sei „ein von einem deutschen Gericht ausgesprochenes Urteil" von weit größerer Bedeutung als Urteile alliierter Tribunale. Tatsächlich gaben die Besatzungsmächte dem deutschen Drängen einen gewissen Raum, so in der amerikanischen Zone mit dem Ende Mai 1946 erlassenen Gesetz „zur Ahndung nationalsozialistischer Straftaten", und in bestimmten Fällen konnten die deutschen Gerichte in Aktion treten. Zur Charakterisierung des Geistes, in dem die Juristen selbst an ihre Aufgabe herangingen, wird nicht selten darauf verwiesen, daß es ein Offenburger Gericht im November 1946 fertigbrachte, den ehemaligen Marineoffizier Heinrich Tillessen, der am 26. August 1921 zusammen mit Paul Schulz den Zentrumspolitiker Matthias Erzberger ermordet hatte und am 21. März 1933 amnestiert worden war, unter Berufung auf die Amnestie des NS-Staats und in Würdigung der „vaterländischen" Motive des rechtsextremen Terroristen freizusprechen. In der Tat kann der Finger auch noch auf andere Urteile und auf manche interne Debatten gelegt werden, die allesamt zeigen, daß es nicht wenigen Juristen schwer fiel, aus der Welt nationalsozialistischer und nationalistischer Maßstäbe oder aus der Enge eines sturen Rechtsposivitismus herauszufinden. Doch sollte darüber nicht vergessen – und wiederum als wesentliches Element der deutschen Abkehr vom Nationalsozialismus begriffen – werden, daß das Gros der Staatsanwälte und Richter immer dann, wenn es bei der Behandlung nationalsozialistischer Gewaltakte um eindeutige Straftatbestände ging, prompt, gründlich und fast stets ohne Tendenz zur Verharmlosung amtierte. So sind zahllose Funktionäre des NS-Regimes, die sich an der „Reichskristallnacht", dem Pogrom vom November 1938, beteiligt hatten, bereits in den vierziger und frühen fünfziger Jahren wegen Haus- und Landfriedensbruchs, wegen Brandstiftung und Körperverletzung, wegen Vergewaltigung und Mord verurteilt worden.

Im übrigen ist die Ansicht, die Entnazifizierung habe den Prozeß der geistig-mentalen Abwendung vom Dritten Reich und der politisch-administrativen Aufarbeitung seiner Hinterlassenschaft verzögert oder sonst behindert, wenig plausibel; sie scheint auf einer optischen Täuschung zu beruhen. Sicherlich bewirkte das Unternehmen, weil es zwar der Feststellung von individueller Schuld diente, jedoch eben deshalb zunächst einmal die Deutschen kollektiv in Anklagezustand versetzte, eine gewisse Solidarisierung der Betroffenen, und von diesem Effekt haben zweifellos zahlreiche untere und mittlere Funktionäre nationalsozialistischer Organisationen profitiert, denen es nun leichter fiel, in die Gesellschaft zurückzukehren und dort eine unangefochtene Existenz zu finden. Doch reichte die Solidarisierung keineswegs bis zur obersten Garnitur der NS-Führerschaft oder bis zu erkennbar schwerer belasteten Funktionären aller Ränge, und schon gar nicht ist im Zusammenhang mit der Solidarisierung eine Rückwendung zu den Werten, Formen und Zielen der NS-Herrschaft zu beobachten. Die Entnazifizierung hat im Gegenteil, als sie jeden erwachsenen Deutschen zwang, über seine Stellung und sein Verhalten zwischen 1933 und 1945 vor einem Gericht Rechenschaft abzulegen, eine Erfahrung vermittelt, die wesentlichen Anteil daran hatte, daß sich bei vielen das Gefühl oder die Überzeugung verstärkte, die nationalsozialistische „Weltanschauung" und der Staat Hitlers seien wohl tatsächlich anrüchiger und krimineller Natur gewesen. Daß man die Kriminalisierung für sich persönlich selbstverständlich zurückwies, hat die Akzeptierung der Kriminalisierung des Dritten Reiches eher gefördert.

III.

Die Ära nach Gründung der Bundesrepublik brachte dann eine bruchlose – wenn auch unter günstigeren Umständen stattfindende und mit laufend verbesserten Mitteln arbeitende, daher erfolgreich auf Ausweitung und Vertiefung gerichtete – Fortsetzung jener Anstrengungen, die also bereits in der Okkupationsperiode über die Grundtendenz der deutschen Auseinandersetzung mit der NS-Vergangenheit entschieden hatten. Daß die fünfziger Jahre in dem Ruf stehen können, eine Zeit der zögerlichen und eher ausweichenden Beschäftigung mit dem Phänomen des Dritten Reiches gewesen zu sein, ist nicht leicht zu verstehen. Es liegt ja auf der Hand, daß schon der unabweisbare Zwang, mit den nach wie vor bedrängenden konkreten Problemen fertig zu werden, die vom NS-Regime und seinem Krieg vererbt worden waren, jeden Versuch der Verdrängung unmöglich machte. Wir haben es denn auch ganz im Gegenteil mit einem Jahrzehnt permanenter und bemühtester gesetzgeberischer Aktivität zur „Bewältigung der Vergangenheit" zu tun. Um nur einige Beispiele zu nennen: das Heimkehrergesetz (19. Mai 1953), das Bundesergänzungsgesetz vom 18. September 1953, das seit seiner 3. Änderung vom 29. Juni 1956 Bundesentschädigungsgesetz hieß, das Bundesrückerstattungsgesetz (19. Juli 1957), das Allgemeine Kriegsfolgengesetz vom 5. November 1957.

Wiederum ist zu sagen, daß dieses Engagement aller wichtigen Parteien und der Regierung vielfach Stückwerk blieb, teils auf Grund der gewöhnlichen menschlichen Unvollkommenheit, teils auf Grund der in jenen Jahren noch recht beschränkten finanziellen Möglichkeiten der öffentlichen Haushalte, teils aber auch auf Grund einer immer wieder anzutreffenden moralisch-politischen Gefühllosigkeit, ja sogar auf Grund auch politisch motivierter Widerstände, nicht zuletzt bei der Durchführung der Gesetze durch die staatliche Bürokratie. Doch abgesehen davon, daß das redliche Bemühen stets überwog und am Ende eben doch – auch in Reaktion auf Kritik – für Resultate von respektabler Qualität sorgte, muß vor allem konstatiert werden, daß eine derart intensive und praktisch pausenlose politisch-administrative Beschäftigung mit den Folgen nationalsozialistischer Herrschaft nicht ohne ebenso intensive und ebenfalls überwiegend redliche – also die Loslösung besiegelnde – seelische und reflektierende Auseinandersetzung mit dem Dritten Reich möglich war, nicht für die in irgendeiner Form am Prozeß der Willens- und Entscheidungsbildung Beteiligten, nicht für die eher passiv beobachtenden Schichter der Bevölkerung. Erst recht brauchte ein Akt wie das „Luxemburger Abkommen" vom 10. September 1952, in dem sich die Bundesrepublik dazu verpflichtete, rund 3,5 Milliarden DM an Israel und an die „Conference on Jewish Material Claims Against Germany" zu zahlen, als Voraussetzung eine bereits genügend weit verbreitete und genügend fest verankerte Ablehnung nationalsozialistischer Grundsätze und nationalsozialistischer Politik. Gewiß gab es Widerspruch gegen das Abkommen, wobei die Opposition bis in Adenauers Kabinett reichte; schließlich ist die Ansicht, das moralisch Gute und Gebotene wie das politisch Vernünftige und Richtige müßten eigentlich kampflos triumphieren, weder der Natur des Individuums noch der Natur des politischen Lebens gemäß und mithin geschichtsfremd. Hier ist indes festzuhalten, daß die Opposition geschlagen wurde, ja von Anfang an – wie im Rückblick zu sehen – chancenlos war, und es ist diese Chancenlosigkeit, die verrät, wie entschieden sich ein mittlerweile dominanter Teil der westdeutschen Gesellschaft vom Nationalsozialismus losgesagt hatte.

Ähnlich Symptomatisches zeigte sich im Streit um die westdeutsche Wiederbewaffnung. Abgesehen davon, daß natürlich auch die überaus heftigen Debatten um die Wiederkehr deutschen Militärs nicht ohne ständigen Rekurs auf die NS-Zeit ausgefochten werden konnten, ob man nun für „Pro" oder „Contra" eintrat, daß sie deshalb einen gewichtigen Beitrag dazu leisteten, die fünfziger Jahre zu einer Periode lebhaftester und permanenter Auseinandersetzung mit der jüngsten Vergangenheit zu machen, davon abgesehen also, war es für den Stand des politischen Bewußtseins in der Bundesrepublik sehr bezeichnend, daß gerade die Verfechter und frühen Organisatoren der Wiederbewaffnung mit großer Selbstverständlichkeit die Meinung vertraten, die entstehende Armee müsse in politischer Hinsicht einen klaren Trennungsstrich zur Wehrmacht des Dritten Reiches ziehen; damit diese Meinung nicht bloß ein frommer Wunsch blieb, bildete die Regierung einen sog. Personalgutachterausschuß, der die Bewerber für das Offizierskorps der Bundeswehr zu prüfen und nicht zuletzt darauf zu achten hatte, daß jeder abgewiesen wurde, der seine Absage an den Nationalsozialismus nicht befriedigend dartun konnte.

Zwar ist auf der anderen Seite richtig, daß es nach der Gründung der Bundesrepublik zu einer Flaute bei der strafrechtlichen Verfolgung nationalsozialistischer Gewaltverbrechen kam. Doch sollte diese Erscheinung – die eine eigenartige Parallele in der DDR hatte – nicht vorschnell einer – nun praktizierbaren – politisch begründeten Abneigung gegen die Fortsetzung jener Verfahren zugeschrieben werden, die von alliierten und deutschen Gerichten bis 1949/50 geführt wurden, obwohl die Hartnäckigkeit, mit der deutsche Stellen – und nicht zuletzt die Kirchen – den westlichen Besatzungsmächten die Amnestierung der zum Tode verurteilten deutschen Kriegsverbrecher abrangen, einen solchen Verdacht durchaus nahelegt. Ohne daß sich die politischen Bedingungen im mindesten geändert hätten, fand ja der Prozeß, der schließlich den Anstoß zu den KZ-Verfahren der sechziger und siebziger Jahre gegeben hat, nämlich der Ulmer Einsatzgruppenprozeß, vom 28. April bis zum 29. August des Jahres 1958 statt, und mit der Errichtung der Ludwigsburger „Zentralen Stelle der Landesjustizverwaltungen zur Verfolgung nationalsozialistischer Gewaltverbrechen" ist auch die organisatorische Voraussetzung für Verfahren wie Auschwitz- und Majdanek-Prozeß bereits am 1. Dezember 1958 geschaffen worden.

IV.

Sucht man auf dem Felde der Literatur nach Erscheinungen, die zur Korrektur des Bildes nötigen könnten, das sich aus den Aktivitäten von Parteien und Kabinetten ergibt, so findet man stattdessen nur Bestätigungen. Zunächst muß ins Gedächtnis zurückgerufen werden, daß die fünfziger Jahren auch eine Periode lebendigster und von der Öffentlichkeit aufmerksam verfolgter literarischer Auseinandersetzung mit der NS-Zeit waren, danach ist daran zu erinnern, daß die Tendenz der beteiligten Autoren fast ausnahmslos auf Verdammung des Dritten Reiches hinauslief. So fanden etwa Ernst Jüngers Tagebücher aus den Kriegsjahren, die 1949 erschienenen „Strahlungen", allenthalben stärkste Beachtung, und es hat ihren anti-nationalsozialistischen Effekt nur gesteigert, daß hier gerade einer der wichtigsten Repräsentanten und der wohl einflußreichste Wortführer konservativer Gesinnung und soldatischer Haltung kein Hehl aus seiner – längst vor 1945 gegebenen – schneidenden

Verachtung der Nationalsozialisten und seiner schroffen Ablehnung des NS-Staates mitsamt den Kriegen Hitlers machte. Noch breitere Wirkung gewann Ernst v. Salomons „Fragebogen", der, 1951 veröffentlicht, zu einem der größten Bucherfolge des Jahrzehnts wurde. Gewiß beabsichtigte der Verfasser eine Verhöhnung des Unverstands der Entnazifizierer, namentlich der tumben Amerikaner, und eine Art Rehabilitierung des sozusagen gewöhnlichen deutschen Nationalismus. Da sich damit Hunderttausende seiner Leser noch partiell zu identifizieren vermochten, akzeptierten sie aber auch, oft ohne es so recht zu bemerken, Salomons geradezu wütende Distanzierung von nationalsozialistischer Ideologie und NS-Bewegung, nicht zuletzt von Rassismus und Antisemitismus. Auf der anderen Seite wurde die Nation vom „Tagebuch der Anne Frank" erschüttert: zwischen 1950 und 1958 sind von diesem Zeugnis des Leidenswegs der deutschen und europäischen Judenheit nicht weniger als 700 000 Exemplare verkauft worden, d. h. der Schock durch das Buch fiel mindestens so heftig aus wie später der Schock durch die Serie „Holocaust" und erreichte vermutlich tiefere Schichten des nationalen Bewußtseins als das bei vielen rasch von anderen Eindrücken überdeckte Fernseh-Erlebnis.

Bereits 1949 legte Helmut Bohn mit seinem Buch „Vor den Toren des Lebens" die erste Schilderung der Erfahrungen in sowjetischer Kriegsgefangenschaft vor, und 1951 folgten Helmut Gollwitzers „und führen, wohin Du nicht willst" wie Graf Einsiedels „Tagebuch der Versuchung". Solche Verarbeitungen äußerster leiblicher und seelischer Not konnten naturgemäß nicht auf der Stufe simpler Erlebnisberichte bleiben. Die Frage nach den geistigen und politischen Ursachen des eigenen Schicksals wurde vielmehr scharf gestellt und in Schriften, die zwar nicht selten eine antikommunistische Überzeugung, aber bezeichnenderweise nie antirussische Tendenzen propagierten, ausnahmslos in einem anti- oder nicht -nationalsozialistischen Sinne beantwortet. Ähnlich lautete die Botschaft jener Bücher, die den Krieg selbst behandelten. Die fünfziger Jahre sahen davon – auch das sollte man nicht vergessen – eine formidable Flut: 1951 erschienen z. B. Heinrich Bölls „Wo warst Du, Adam?" (1953 gefolgt von „Und sagte kein einziges Wort") und Curt Hohoffs „Woina, Woina"; 1952 kamen „Dreimal Orel" von Josef Michels und „Die Kirschen der Freiheit" von Alfred Andersch, 1953 „Nikolskoje" von Otto Heinrich Kühner, 1955 „Im Sperrkreis" von Felix Hartlaub, „Das geduldige Fleisch" von Willi Heinrich und „Die Stalinorgel" von Gert Ledig. Die Unterschiede in der literarischen Qualität waren beträchtlich, doch eines verband all diese durchweg redlichen Auseinandersetzungen mit dem Schicksal des Menschen in den Schlachten moderner Kriege: Es findet sich in ihnen nicht ein Wort der Glorifizierung des Krieges an sich, geschweige denn der Glorifizierung oder doch Rechtfertigung des Krieges, den Hitler vom Zaun gebrochen hatte, und solche Abwendung von den martialischen und nationalistischen Tönen, die den überwiegenden Teil der deutschen Erinnerungsliteratur nach dem Ersten Weltkrieg beherrscht hatten, charakterisierte auch jene Werke, in denen – wie etwa in den 1952 unter dem Titel „Don und Wolga" publizierten Aufzeichnungen des Grafen Clemens Podewils – Sympathien für soldatische Haltung bekundet sind.

Sicher tauchten bald auch Bücher und vor allem Filme auf, die – im Blick auf die entstehende Bundeswehr – keineswegs pazifistische Tendenzen zu fördern, sondern im Gegenteil militärische Tugenden und deutsche militärische Leistungen während des Zweiten Weltkriegs zu rühmen suchten, so Filme über den Widerstand von Offizieren wie „Canaris" (1955) oder der Film über Joachim Marseille, der – 1942 gefallen – zu den besten Jagdfliegern gehört hatte („Der Stern von Afrika", 1957). Nicht zuletzt dürften die außerordentlich erfolgreichen „08/15"-Bücher und -Filme von Hans Hellmut Kirst, da sie sowohl Kameradschaft und Landser-Humor beschworen wie vom Schützen bis zum General auch durchaus positiv gezeichnete Repräsentanten der alten Armee vorstellten, als subtile Werbung der Bundeswehr zugute gekommen sein. Pazifisten mögen das beklagen. Indes ist zu konstatieren, daß selbst derartige Produkte nicht eine Zeile und nicht eine Szene enthielten, die als offene oder versteckte Verteidigung des NS-Regimes und seiner Kriegsziele gedeutet werden oder gewirkt haben konnten, hingegen viele Zeilen und Szenen, in denen der Staat Hitlers und sein „Führer", die beide die Tugenden und Leistungen der deutschen Soldaten nur „mißbraucht" hätten, ohne jede Einschränkung und aufs schärfste verurteilt wurden. So ist – obschon die Verdammung des Dritten Reiches hier nie eine tiefere Begründung fand und die These vom „Mißbrauch" nichts weiter war als eine bequeme Konstruktion zur eigenen Salvierung – ausgerechnet diese Art der öffentlichen Behandlung des Nationalsozialismus zum fast zuverlässigsten Indiz und überdies zu einem starken Impuls dafür geworden, daß einer eindeutigen Majorität der westdeutschen Bevölkerung die Abweisung jeder Erscheinung, die als nationalsozialistisch einzuordnen war, selbstverständlich zu werden begann. Im übrigen saßen, während Harald Reinl einen Film über den Kommandanten von U 47, Kapitänleutnant Prien, drehte und Gèza v. Radvàny einen Streifen über den Heroismus des „Arztes von Stalingrad", Autoren an ihren Schreibtischen, die es bei ihrer kritischen Gestaltung der NS-Zeit weder an Kraft und Schonungslosigkeit der Analyse noch an Tiefe fehlen ließen: „Die Blechtrommel" von Günter Grass z. B. ist 1959 erschienen.

V.

Freilich meldeten sich in den fünfziger Jahren erstmals auch Funktionäre des untergegangenen Regimes zu Wort, die apologetische Legenden unter die Leute zu bringen trachteten. Aber über das Verhältnis der Nation zum Nationalsozialismus gab nicht die Veröffentlichung dreist verlogener Bücher wie „Auch Du warst dabei" von Peter Kleist (1952) oder wie „Das Spiel um Deutschland" von Fritz Hesse (1953) Auskunft, sondern die nahezu einmütige Ablehnung, auf die solche Machwerke stießen. Daß dabei die Widerlegung der Legenden bereits mit soliden Argumenten arbeiten konnte, lag daran, daß die Dekade auch eine außerordentlich intensive und ungewöhnlich fruchtbare Auseinandersetzung der Geschichtswissenschaft mit der Weimarer Republik und dem Dritten Reich erlebte. Heutzutage kann man grämliche Kritiker hören, die vorwurfsvoll vermerken, daß nicht schon die ersten drei oder vier Jahre nach Kriegsende eine Blütezeit der wissenschaftlichen Literatur zum Nationalsozialismus beschert hatten. Aber eine Instant-Historie gibt es nicht. Erst müssen Quellen zur Verfügung stehen und durch Sammlung wie durch Erschließung benutzbar gemacht werden. Dies konnte in der unmittelbaren Nachkriegsperiode noch nicht der Fall sein. In dem Maße jedoch, in dem die Materialgrundlage breiter und fester wurde, gewann die deutsche Zeitgeschichtsforschung eine Vitalität, die in einem nicht zu erwartenden oder gar zu fordernden Tempo bedeutende und überdies erstaunlich zuverlässige Ergebnisse zuwege brachte.

Das Bedürnis nach politik- und propagandafreier Aufklärung war in der Bevölkerung enorm und wurde ebenso von Repräsentanten der Parteien wie der staatlichen Verwaltung empfunden. So haben Vertreter der jungen Bundesbürokratie und zuvor schon der neuen Bürokratien der Länder – vor allem auch Bayerns – bereits 1949/50 in München eine Einrichtung geschaffen, die – zunächst „Institut für die Erforschung der nationalsozialistischen Zeit", dann bald „Institut für Zeitgeschichte" genannt – ausschließlich jener Aufklärung dienen sollte und in der Tat auch gedient hat. Seit Anfang 1953 erschienen im Auftrag des Instituts neben den Buchreihen die „Vierteljahrshefte für Zeitgeschichte", die nun Heft für Heft mit ebenso nüchternen wie tief dringenden Aufsätzen und mit der Veröffentlichung aufschlußreicher Quellen dafür sorgten, daß Vorgeschichte und Geschichte der nationalsozialistischen Herrschaft, anfänglich noch dunkel und zu einem guten Teil noch von den Nebelschleiern der NS-Propaganda verdeckt, erkennbar und deutbar wurden. Daß die Zeitgeschichte nach wenigen Jahren als eigener Zweig der Geschichtswissenschaft anerkannt war, innerhalb und außerhalb der Historikerzunft, ist nicht zuletzt – wenn auch keineswegs allein – das Resultat der engagierten und zugleich gründlich-genauen Pionierarbeit gewesen, die neben den damaligen Angehörigen des Instituts die beiden ersten Herausgeber der Vierteljahrshefte, Hans Rothfels und Theodor Eschenburg, und ihr erster Redaktionsleiter, Helmut Krausnick, geleistet haben.

Im übrigen beschränkte sich diese Pionierarbeit mitnichten – wie eine zählebige Legende will – auf die ungebührliche Hervorhebung des bürgerlich-nationalen Widerstands gegen Hitler, um damit die Reputation des deutschen Bürgertums wiederherzustellen und die politische Legitimierung der Bundesrepublik als eines vom Bürgertum geprägten Staatswesens zu erleichtern. Gewiß hat Rothfels 1948 die erste – und gleich zum Standardwerk geratene – Darstellung der deutschen Opposition gegen Hitler vorgelegt und die Vierteljahrshefte gerne Beiträgen zur Geschichte des Widerstands geöffnet, doch hat er in der Zeitschrift 1953 auch den sog. Gerstein-Bericht ediert, einen der ersten und wichtigsten Augenzeugenberichte über die Massenvergasung der Juden, den ein Funktionär der SS geschrieben hatte, und 1958 den „Generalplan Ost" veröffentlicht, das Programm für SS für die Versklavung und partielle Ermordung der osteuropäischen Völker. Welche Vitalität, Leistungsfähigkeit und sehr wohl auch Themenvielfalt die deutsche Zeitgeschichtsforschung der fünfziger Jahre auszeichnete, beweist im übrigen nichts besser als das Faktum, daß die bahnbrechende, forschungsbestimmende und bis heute Standardwerk gebliebene

Studie zur Vorgeschichte des Dritten Reiches, Karl Dietrich Brachers „Die Auflösung der Weimarer Republik", schon 1955 Wissenschaft und Öffentlichkeit überraschte. Selbst eine handlich-knappe und für ein breites Publikum gedachte Gesamtdarstellung des Dritten Reiches ist gewagt worden: In der ersten Hälfte der fünfziger Jahre entstand eine „Deutsche Geschichte der jüngsten Vergangenheit 1933-1945", die, von Hermann Mau, dem früh verstorbenen zweiten Leiter des Instituts für Zeitgeschichte, begonnen und von dessen Nachfolger Helmut Krausnick vollendet, noch immer durch ihre genaue Vermittlung der politischen Atmosphäre im Dritten Reich und durch die präzise Erfassung wesentlicher Züge des Geschehens besticht; sie hatte denn auch mit vielen Auflagen und mit Übersetzungen in zahlreichen Sprachen einen kaum zu überschätzenden Einfluß außerhalb der Wissenschaft.

Die Vorstellung, es sei damals nicht gelungen, die frühen Erkenntnisse der Zeitgeschichtsforschung der Öffentlichkeit zu vermitteln, ist aber auch noch aus einem anderen Grunde falsch. In den politischen Parteien und in der staatlichen Bürokratie fehlte es nicht an der Einsicht, daß es nach einer geistigen, moralischen, politischen und militärischen Katastrophe, wie sie die Deutschen erlebt hatten, unerlaubt war, einfach abzuwarten, bis die Ergebnisse der wissenschaftlichen Arbeit auf den holprigen und langen Wegen normaler Umsetzung Schulen und Öffentlichkeit erreichten. So ist 1952 die Bundeszentrale für Heimatdienst geschaffen worden, und diese 1963 endlich in Bundeszentrale für politische Bildung umbenannte Institution hat es von Anfang an als ihre vornehmste Mission betrachtet, jenen Umsetzungsprozeß zu beschleunigen. In welcher Gesinnung die Mitarbeiter der Bundeszentrale an ihre Aufgabe herangingen, zeigte sich u. a. darin, daß sie Anfang 1953, auch selber als Anreger der Forschung auftretend, mit einem ihrer ersten Aufträge dem gleichfalls noch jungen Institut für Zeitgeschichte vorschlugen, zum fünfzehnten Jahrestag der „Reichskristallnacht" eine wissenschaftlichen Ansprüchen genügende Darstellung jenes Pogroms vom November 1938 herauszubringen, und mit welcher Effizienz sie ihre Aufgabe bewältigten, bewiesen sie, als sie die von einem Historiker des Instituts tatsächlich geschriebene Studie während der folgenden Jahre in vielen Auflagen in die Hände zahlloser Interessenten brachten. Vor allem sorgte die Bundeszentrale dafür, daß die wichtigsten und interessantesten Entdeckungen der Zeitgeschichtsforschung möglichst rasch zu den Einrichtungen der politischen Bildung und in die Schulen gelangten, wo das angebotene Material dann auch erstaunlich oft – wenngleich nicht immer und überall – mit Eifer und sinnvoll genutzt worden ist.

VI.

Am schlagendsten bewiesen die Westdeutschen ihre Abkehr vom Nationalsozialismus jedoch auf andere Weise und auf anderem Felde: Sie akzeptierten und gaben sich ein politisches System, das demokratisch, liberal, parlamentarisch und damit so weit wie nur irgend möglich vom Staat Hitlers entfernt war. Gewiß hat die Entnazifizierung auch in diesem Zusammenhang eine durchaus positive Rolle gespielt. Indem sie dem Gros der NS-Funktionäre auf Jahre hinaus jede Mitwirkung am politischen Leben verwehrte und indem sie sowohl in Parteien und Verbänden wie etwa auch in der Presse oder in vielen Schlüsselpositionen der diversen Ebenen des öffentlichen Dienstes für eine oft unterschätzte, in Wahrheit jedoch recht drastische Auswechslung des Personals sorgte, schirmte die Entnazifizierung den Prozeß der Demokratisierung und Liberalisierung in seiner ersten Phase gegen potentielle Störer ab. Indes ist deutlich zu sehen, daß sich eine eindeutige Mehrheit der Bevölkerung wohl kaum hätte stören lassen. Nach den bösen Erfahrungen, die sie bis 1945 gemacht hatten, ob mit der Zerstörung des Rechtsstaats und der Etablierung eines Polizeistaats, ob mit dem in allen Lebensbereichen praktizierten Anti-Individualismus und den Leiden und Nöten der Kriegsjahre, auch nach einem gewissen Wandel des Lebensgefühls und der gesellschaftlichen Verhältnisse, der auf die grundsätzliche Traditionsfeindschaft und die mobilisierenden und egalisierenden Effekte nationalsozialistischer Politik zurückging, nahmen die meisten Westdeutschen die von den westlichen Besatzungsmächten offerierten und propagierten politischen Werte und Prinzipien mit einer Bereitwilligkeit auf, wie sie am Ende des Ersten Weltkriegs gänzlich gefehlt hatte. Im Grunde kam dem liberaldemokratischen Missionarismus der Sieger ein noch während des Dritten Reiches gewachsener und durch die Kapitulation einfach befreiter Wille zur liberalen Demokratie auf halbem Wege entgegen. Wie rasch und wie mächtig sich die von diesem Willen bestimmte Entwicklungstendenz entfaltete, zeigte sich daran, daß bereits bei der Gründung der Bundesrepublik eine Majorität der Bürger des jungen Staates – ohne Rücksicht auf frühere Mitgliedschaft in der NSDAP oder in anderen nationalsozialistischen Organisationen – nicht mehr bereit, ja nicht mehr fähig war, sich eine Wiederkehr von Elementen der nationalsozialistischen Staatsidee vorzustellen oder gar zu wünschen, und die fünfziger Jahre haben auch hier lediglich kontinuierliche Fortsetzung und Stabilisierung gebracht; politische Gruppierungen und Parteien, die in nationalsozialistischen Traditionen standen, blieben stets am Rande der Gesellschaft. Dabei war es eine bemerkenswerte Erscheinung, daß solch definitive Loslösung vom Nationalsozialismus sich ohne weiteres mit individueller und kollektiver – etwa bei Richtern – Unbußfertigkeit vertrug. Die „Unfähigkeit zu trauern", von der Alexander und Margarete Mitscherlich gesprochen haben, war und ist sicherlich allenthalben anzutreffen. Aber wenn sie bei einem Individuum oder bei einem Kollektiv festgestellt werden kann, verrät das allein deren Mangel an moralischer Sensibilität. Die Unfähigkeit zu trauern als Hinweis auf die politische Orientierung – hier also auf das Verhältnis zum Nationalsozialismus – zu nehmen, führt in die Irre.

VII.

Ist in den Jahrzehnten zwischen der Ära Adenauer und der Gegenwart eine Revision oder eine zu ganz neuen Horizonten vorstoßende Fortentwicklung des zuvor gewonnenen und befestigten Urteils über die NS-Periode erkennbar? Die Stabilität des parlamentarischen Systems – die hier nicht näher dargetan werden muß – zu konstatieren, erlaubt für den wichtigsten Aspekt des Urteils bereits eine negative Antwort. Doch ist es auch ansonsten nicht zu grundsätzlichen Veränderungen gekommen. Zwar hat in den sechziger und siebziger Jahren das Verdikt über den Nationalsozialismus durch die Verfahren gegen das Personal der Vernichtungslager zusätzliche emotionale und rationale Begründungen erhalten; die ständige Erinnerung an die versuchte Ausrottung der europäischen Judenheit und die beträchtliche Erweiterung unserer Kenntnisse hat naturgemäß das Ergebnis der Debatten um die Verjährung der schwersten nationalsozialistischen Gewaltverbrechen beeinflußt, die im August 1969 zur Verlängerung der Verjährung von Mord auf 30 Jahre und im Juli 1979 zur Aufhebung der Verjährung von Mord führten. Aber die Prozesse haben den weitreichenden Konsens über die kriminelle Natur nationalsozialistischer Theorie und Praxis, dessen Produkte sie selber ja bereits waren, lediglich ein weiteres Mal besiegelt, und auch an den Verjährungsdebatten ist vor allem bemerkenswert, wie sehr sie im Zeichen dieses Konsenses standen; von wenigen Ausnahmen abgesehen, haben auch die Befürworter einer Verjährung nie Argumente oder Formulierungen verwendet, die auf einen Hang zur Verdrängung der NS-Zeit hätten schließen lassen.

Am besten wird die Solidität der im ersten Nachkriegsjahrzehnt getroffenen Entscheidung dadurch charakterisiert, daß die Geschichtswissenschaft – anders als früher etwa im Falle Napoleons und seiner Zeit – unverrückbar an der Verurteilung des Nationalsozialismus festgehalten hat. Gewiß kam es zu Ausweitungen des Blickfelds. Nachdem sich der Qualm und Rauch jener Schlachten etwas verzogen hatte, die in den sechziger Jahren während der Fischer-Kontroverse geschlagen wurden, zeigte sich als Resultat die allgemeine Erkenntnis, daß für ein zulängliches Verständnis des Dritten Reiches nicht nur die Weimarer Republik, sondern auch schon das wilhelminische Deutschland ins Auge gefaßt werden müsse, und die sozialgeschichtlichen Ansätze der siebziger Jahre, von denen z. B. die vom Institut für Zeitgeschichte vorgelegten sechs Bände „Bayern in der NS-Zeit" bestimmt waren, machten die Alltags-Existenz im Dritten Reich, Vorgänge unterhalb der Ebene der Haupt- und Staatsaktionen und die politischen Erfahrungen bislang weniger beachteter Gruppen der Bevölkerung sichtbar. Die moralische und politische Verwerfung des NS-Staats blieb von alledem völlig unberührt. Selbstverständlich ist immer wieder über wichtige Interpretationsfragen mit Fug und Recht heftig gestritten worden, so zwischen den Vertretern und den Kritikern der Totalitarismus-Theorie oder später zwischen „Intentionalisten" und „Funktionalisten". Aber für den hier zu behandelnden Zusammenhang ist allein das Faktum signifikant, daß bei Beginn der Auseinandersetzungen alle Kontrahenten gleich weit vom Nationalsozialismus entfernt waren und dann auch während der Gefechte weder ein Bedürfnis verspürten noch einen Anlaß sahen, die Distanz zu verringern; auch hier ist ein Grundkonsens über die moralische und politische Verwerflichkeit des Staates Hitlers jederzeit intakt geblieben. Die Forderung nach der „Historisierung" des Dritten Reiches wiederum, die Martin Broszat aufgestellt hat, war weder als Aufforderung zur Relativierung des Verdikts über den Nationalsozialismus gemeint noch ist sie bislang derart mißbräuchlich befolgt worden, und das wichtigste – wenn auch selbstverständliche – Ergebnis des seltsamen „Historiker-Streits" der letzten Jahre dürfte darin bestehen, daß die von Jürgen Habermas ganz zu Unrecht apologetischer Tendenzen geziehenen Koryphäen der deutschen Zeitgeschichtsforschung auch durch solch ungerechtfertigte Attacken nicht verführt werden, tatsächlich apologetische Positionen zu beziehen.

Als Fazit läßt sich wohl sagen, daß das Verhältnis einer überwältigenden Mehrheit der Westdeutschen zum Nationalsozialismus von einer zwischen 1945 und 1949 eingeleiteten, in den fünfziger Jahren konsolidierten und danach bis zum heutigen Tage praktisch zäsurenlos beibehaltenen Abwendung von nationalsozialistischen Theoremen, von nationalsozialistischen Ordnungsprinzipien, von nationalsozialistischen Zielen und von nationalsozialistischer Politik gekennzeichnet ist.

Literatur

Alfred Grosser, Deutschlandbilanz. Geschichte Deutschlands seit 1945, München 1970.
Martin Broszat, Nach Hitler. Der schwierige Umgang mit unserer Geschichte, München 1988.
Martin u. Sylvia Greiffenhagen, Ein schwieriges Vaterland. Zur Politischen Kultur der Deutschen, München 1980.
Alexander u. Margarete Mitscherlich, Die Unfähigkeit zu trauern, München 1967.
Adalbert Rückerl, Die Strafverfolgung von NS-Verbrechen 1945–1978, Heidelberg/Karlsruhe 1979.
Hermann Lübbe, Der Nationalsozialismus im deutschen Nachkriegsbewußtsein, in: Historische Zeitschrift, Bd. 236 (1983), S. 579–599.
Peter Graf Kielmansegg, Lange Schatten. Vom Umgang der Deutschen mit der nationalsozialistischen Vergangenheit, Berlin 1989.

Schriftenreihe der Vierteljahrshefte für Zeitgeschichte

Herausgegeben von Karl Dietrich Bracher und Hans-Peter Schwarz

Band 51
Arthur L. Smith
Heimkehr aus dem Zweiten Weltkrieg
Die Entlassung der deutschen Kriegsgefangenen
1985. 200 Seiten.

Band 52
Norbert Frei
Amerikanische Lizenzpolitik und deutsche Pressetradition
Die Geschichte der Nachkriegszeitung Südost-Kurier
1986. 204 Seiten.

Band 53
Werner Bührer
Ruhrstahl und Europa
Die Wirtschaftsvereinigung Eisen- und Stahlindustrie und die Anfänge der europäischen Integration 1945-1952
1986. 236 Seiten.

Band 54
Das Tagebuch der Hertha Nathorff
Berlin–New York.
Aufzeichnungen 1933 bis 1945.
Herausgegeben von Wolfgang Benz.
Vergriffen.

Band 55
Anfangsjahre der Bundesrepublik Deutschland
Berichte der Schweizer Gesandtschaft in Bonn 1949-1955.
Herausgegeben von Manfred Todt.
1987. 187 Seiten.

Band 56
Nikolaus Meyer-Landrut
Frankreich und die deutsche Einheit
Die Haltung der französischen Regierung und Öffentlichkeit zu den Stalin-Noten 1952.
1988. 162 Seiten.

Band 57
Italien und die Großmächte 1943-1949
Herausgegeben von Hans Woller.
1988. 249 Seiten.

Band 58
Helga A. Welsh
Revolutionärer Wandel auf Befehl?
Entnazifizierungs- und Personalpolitik in Thüringen und Sachsen (1945-1948)
1989. 214 Seiten.

Band 59
Die Deutschnationalen und die Zerstörung der Weimarer Republik
Aus dem Tagebuch von Reinhold Quaatz 1928-1933
Herausgegeben von Hermann Weiß und Paul Hoser.
1989. 264 Seiten.

Band 60
Andreas Wilkens
Der unstete Nachbar
Frankreich, die deutsche Ostpolitik und die Berliner Vier-Mächte-Verhandlungen 1969-1974.
1990. 213 Seiten.

Oldenbourg